农村金融市场对小微企业信贷融资问题研究

梁 佳 著

知识产权出版社
全国百佳图书出版单位

图书在版编目（CIP）数据

农村金融市场对小微企业信贷融资问题研究 / 梁佳 著. —北京：知识产权出版社，2019.6

ISBN 978-7-5130-6279-4

Ⅰ. ①农… Ⅱ. ①梁… Ⅲ. ①农业企业—中小企业—企业融资—研究—中国 Ⅳ. ① F324

中国版本图书馆 CIP 数据核字（2019）第 102167 号

内容提要

本书通过系统考察农村金融市场结构及小微企业融资需求特征，厘清不同金融部门向小微企业放贷的决定机制，进而基于新结构经济学框架下的最优金融结构理论，通过分析不同金融部门在供给主体、资金配置、交易成本、风险要求等方面的差异，以及不同类型小微企业对资金需求特征，阐述农村金融体系影响农村小微企业融资行为的原因和驱动机理。本书能够在一定程度上丰富我国农村金融体系建设的理论，为各融资机构支持农村小微企业的发展提供可供借鉴的模式与途径。

责任编辑：卢媛媛　　**责任印制**：孙婷婷

农村金融市场对小微企业信贷融资问题研究

NONGCUN JINRONG SHICHANG DUI XIAOWEI QIYE XINDAI RONGZI WENTI YANJIU

梁 佳 著

出版发行：知识产权出版社有限责任公司	**网　　址**：http：//www. ipph. cn
	http：//www. laichushu. com
电　　话：010-82004826	
社　　址：北京市海淀区气象路 50 号院	**邮　　编**：100081
责编电话：010-82000860 转 8597	**责编邮箱**：luyuanyuan@cnipr.com
发行电话：010-82000860 转 8101	**发行传真**：010-82000893
印　　刷：北京九州迅驰传媒文化有限公司	**经　　销**：各大网上书店、新华书店及相关专业书店
开　　本：787mm × 1000mm　1/16	**印　　张**：20.5
版　　次：2019 年 6 月第 1 版	**印　　次**：2019 年 6 月第 1 次印刷
字　　数：256 千字	**定　　价**：58.00 元

ISBN 978-7-5130-6279-4

前 言

作为农村金融市场发展的宏大叙事，农村小微企业的发展关系到我国农村金融市场体系的重大调整与变革，是实现农村经济发展、完善农村金融市场体系、健全农村金融服务体系、保障农民财产权利的必然选择。农村金融市场是农村小微企业发展的重要支撑和关键力量，农村金融市场的健康、有序发展，事关农村小微企业融资问题解决的顺利与否，对于有效调剂农村金融市场供求、缓解农村小微企业融资问题、促进农村经济和社会的发展至关重要。

在全面深化改革发展的大背景下，加快推进农村金融市场完善，直接关系到广大农民群众的根本利益，关系到农村基本经济制度、基本经营制度的发展方向，也关系到国家的战略布局。正因为兹事体大，党中央、国务院高度重视农村小微企业“融资难”“融资贵”的问题。2006 年，中国银行业监督管理委员会（简称为银监会）发布了《关于调整放宽农村地区银行业金融机构准入政策，更好支持社会主义新农村建设的若干意见》，强调要适度调整和放宽农村地区银行业金融机构准入政策，降低准入门槛，强化监管约束，加大政策支持，促进农村地区形成投资多元、种类多样、覆盖全面、治理灵活、服务高效的银行业金融服务体系，以更好地改进和加强农村金融服务，支持社会主义新农村建设。2017年中央“一号文件”《关于深入推进农业供给侧结构性改革加快培育农业农村发展新动能的若干意见》中提出，要加快农村金融创新，强化激励约束机制，确保“三农”贷款投放持续增长；支持金融机构增加县域网点，适当下放县域分支机构业务审批权限；对涉农业务较多的金融机构，进一步完善差别化考核办法。落实涉农贷款增量奖励政策；支持农村商业银行、农村合作银行、村镇银行等农村中小金融机构立足县域，加大服务“三农”力度，健全内部控制和风险管理制度。规范发展农村资金互助组织，严格落实监管主体和责任；开展农民合作社内部信用合作试点，鼓励发展农业互助保险；支持国家开发银行创新信贷投放方式。党的十九大报告也提出要继续放宽农村金融市场准入政策，深化改革、防控风险，促进农村金融适度竞争，建立多层次、广覆盖、风险可控的现代农村金融体系。立足城乡融合发展，构建由政策性金融、商业性金融、合作金融、新型农村金融机构及保险公司和期货公司等共同构成的既竞争又合作的金融服务供给体系，加快农村信用社特别是省联社改革，大力推动农村数字普惠金融发展，在适度竞争中增加农村金融供给，切实加强金融对“三农”的支持力度。由此可见，改善农村小微企业信贷融资问题对发展农村金融市场具有极其重大的意义，是政府及相关部门基于我国农村金融市场的发展现状，制定出符合广大农民群众的根本利益、顺应农村基本经济制度和基本经营制度发展方向的重大决策部署。

本书在现阶段农村金融改革的背景下，基于正规金融与非正规金融的对比，构建金融分工视角下农村金融体系对小微企业信贷融资的分析框架，通过调查我国多个地区农村金融市场对小微企业融资支持的具体做法，对比分析国内外农村金融市场对小微企业融资支持模式，深入剖析我国农村小微企业融资过程中存在的普遍问题，从而能够为构建出有效服务于农村小微企业的金融体系提出政策优化建议。本研究有助于为未来农村金融改革方向提供实证依据和决策参考，为各地农村金融市场的进一步发展提供一定的借鉴。

2019 年 1 月

目　录

第1章　绪　论……………………………………………………………**1**

1.1　问题的提出……………………………………………………………3

1.1.1　农业供给侧结构性改革引导农村金融服务体系建设 ………3

1.1.2　乡村振兴支持农村金融服务体系建设 ……………………6

1.1.3　精准扶贫助推农村金融服务体系建设 ……………………9

1.1.4　新型农村金融机构保障农村小微企业融资 ………………11

1.2　国内外相关研究综述……………………………………………………14

1.2.1　农村金融发展理论演变的研究 ……………………………14

1.2.2　农村小微企业融资结构与融资行为的研究 ………………17

1.2.3　小微企业融资渠道及方式研究 ……………………………19

1.2.4　小微企业融资难的困境及成因研究 ………………………21

1.2.5　研究述评 ……………………………………………………25

1.3　研究意义…………………………………………………………………25

1.4　研究内容与框架…………………………………………………………26

1.5 研究方法……29
1.6 创新之处……31
第 2 章 概念的界定与理论基础……32
2.1 概念的界定……32
2.1.1 农村小微企业……32
2.1.2 农村金融市场……34
2.1.3 新型农村金融机构……36
2.1.4 关系型借贷……39
2.2 相关理论基础……41
2.2.1 金融分工理论……41
2.2.2 金融抑制和金融深化理论……43
2.2.3 企业成长理论……46
2.2.4 企业生命周期理论……51
2.2.5 农村金融不完全竞争市场理论……54
2.3 本章小结……56
第 3 章 农村金融市场对小微企业融资行为的作用机理……57
3.1 农村小微企业向农村金融市场融资的需求能力分析……57
3.1.1 农村小微企业融资的特点……57
3.1.2 影响农村小微企业融资需求的因素……59
3.2 农村金融市场对小微企业融资的供给能力分析……63
3.2.1 正规金融机构的供给能力分析……64
3.2.2 非正规金融机构的供给能力分析……69

3.2.3 准正规金融机构的供给能力分析 ……72

3.3 农村金融市场对小微企业融资行为的作用机理 ……75

3.4 本章小结……79

第 4 章 我国农村金融服务供给状况分析……81

4.1 农村地区正规金融服务面临困境……82

4.1.1 农村政策性金融机构 ……83

4.1.2 农村商业性金融机构 ……85

4.1.3 农村合作性金融机构 ……88

4.2 农村非正规金融的蓬勃发展……89

4.2.1 我国目前主要非正规金融机构 ……90

4.2.2 非正规金融在农村的发展优势 ……91

4.2.3 非正规金融存在的问题 ……92

4.3 新型农村金融机构崛起……94

4.3.1 村镇银行的发展 ……94

4.3.2 农村资金互助社对民间金融的继承超越 ……98

4.3.3 小额贷款公司：最容易目标偏离的新型金融机构 ……101

4.4 农业保险发展困难重重……104

4.4.1 农民投保意识淡薄 ……105

4.4.2 保险公司进入农业保险市场的顾虑多 ……105

4.4.3 缺乏相应的税收及法律支持 ……106

4.4.4 补贴金额相对规模较小，补贴种类单一 ……106

4.4.5 从事农业保险的人才匮乏 ……107

4.5 本章小结……107

第 5 章 农村小微企业金融需求特征及融资状况……109

5.1 农村小微企业融资难的原因……109

5.1.1 农村小微企业融资渠道狭窄……110

5.1.2 农村小微企业融资条件缺乏……110

5.1.3 农村小微企业的财务状况不清……111

5.1.4 农村小微企业资金需求时间急，周期较短……111

5.1.5 银行支持力度不够，民间借贷风险高……111

5.1.6 相应政策扶持不到位，监管体系不完善……112

5.2 样本企业的基本特征……113

5.3 农村小微企业融资约束……116

5.4 农村小微企业融资渠道选择……120

5.4.1 可供渠道选择……120

5.4.2 样本小微企业融资渠道……130

5.5 企业规模与融资结构……131

5.6 本章小结……133

第 6 章 小微企业融资需求、可获得性及融资规模的实证分析……134

6.1 因素分析及研究假设……134

6.1.1 因素分析……134

6.1.2 研究假设……136

6.2 数据来源、变量选择以及描述性统计……141

6.2.1 数据来源……141

6.2.2 变量选择 ······142
6.2.3 描述性统计 ······144
6.3 模型构建······151
6.3.1 小微企业融资需求模型 ······151
6.3.2 小微企业融资可得性模型 ······152
6.3.3 小微企业融资规模模型 ······153
6.4 实证结果分析······154
6.4.1 对模型一的解释和分析 ······154
6.4.2 对模型二的解释和分析 ······157
6.4.3 对模型三的解释和分析 ······160
6.5 本章小结······163
第 7 章 农村金融市场借贷关系博弈分析······166
7.1 博弈论概述······167
7.1.1 博弈论的发展历程 ······167
7.1.2 博弈论的定义 ······168
7.1.3 博弈的类型 ······169
7.2 农村正规金融与小微企业的博弈分析······171
7.2.1 静态博弈分析 ······173
7.2.2 动态博弈分析 ······182
7.3 农村非正规金融机构与小微企业的博弈分析······183
7.3.1 完全信息博弈 ······183
7.3.2 不完全信息博弈 ······187

7.4 小微企业与政府及金融机构的博弈分析……190
7.5 小结……193
第 8 章 国内外农村金融市场对小微企业融资支持模式对比……195
8.1 美国农村金融市场对小微企业融资支持模式……195
8.1.1 美国的农村金融市场体系……195
8.1.2 美国农村金融市场对小微企业融资模式……200
8.2 日本农村金融市场对小微企业融资支持模式……203
8.2.1 日本的农村金融市场体系……203
8.2.2 日本农村金融市场对小微企业融资模式……206
8.3 国内农村金融市场对小微企业融资支持模式……208
8.3.1 浙江省探索典型小微企业融资模式……208
8.3.2 江苏省创新小微企业融资模式……210
8.3.3 安徽省构建普惠小微金融服务体系模式……213
8.3.4 湖北省推进小微金融服务网格化模式……214
8.3.5 深圳市打造科技“双创”小微金融模式……216
8.4 对比与启示……217
8.5 本章小结……219
第 9 章 个案研究：山西农村金融市场对小微企业融资支持……220
9.1 山西省小微企业概况……221
9.2 山西省小微企业投融资环境分析……223
9.2.1 政治因素……223
9.2.2 经济因素……225

9.3 山西农村金融供给分析······230
9.3.1 正规金融机构的金融供给······230
9.3.2 非正规金融机构的金融供给······234
9.3.3 准正规金融机构的金融供给······236
9.4 山西农村小微企业金融需求分析······243
9.4.1 融资服务需求现状······243
9.4.2 保险服务需求······245
9.5 小微企业融资难的原因······247
9.5.1 内部因素······247
9.5.2 外部因素······248
9.6 本章小结······250
第 10 章 对策建议······251
10.1 政府服务农村小微企业融资······251
10.1.1 完善法律制度与政策······252
10.1.2 提升政策性金融支农力度······253
10.1.3 建立和完善征信系统······255
10.1.4 拓展农业政策性担保业务······257
10.2 农村金融机构助推小微企业发展······258
10.2.1 推动正规金融体系的改进······259
10.2.2 引导非正规金融体系的发展······260
10.2.3 大力发展新型农村金融机构······262
10.2.4 加快农业保险的全面铺开······264

10.2.5 加快推广农村地区互联网融资 ······ 267
10.2.6 坚持农村利率市场化改革 ······ 269
10.3 提升农村小微企业自身融资能力 ······ 270
10.3.1 提升小微企业自身能力与素质 ······ 271
10.3.2 加强小微企业内部诚信建设 ······ 273
10.3.3 加强小微企业信息体系建设 ······ 274
10.4 本章小结 ······ 276
第 11 章 研究结论与展望 ······ 277
11.1 研究结论 ······ 277
11.2 未来展望 ······ 279
参考文献 ······ 280
附录：农村小微企业融资需求及融资可得性调查问卷 ······ 305
后 记 ······ 311

第1章　绪　论

农村金融市场是我国整个金融体系中的重要组成部分，其发展与完善对于深化金融体制改革，完善社会主义市场经济具有重要的意义。在经济新常态下，农村金融市场需要更完善的功能来支撑整个农村产业的发展，而农村小微企业在紧跟市场需求、灵活调整经营机制方面具有天然优势，在保障充分就业、推动技术创新、克服劳动力成本不断上升等方面具有其独特的作用。当前，我国经济正处在转变发展方式、优化经济结构、转换增长动力的攻关期，农村小微企业凭借其独特的优势，正发挥着越来越显著的作用。

随着农业产业化的快速发展，其生产经营规模不断扩张，市场化运作水平不断提高，对农村金融服务提出了新的更高要求，原有的融资渠道和规模已不能满足农村小微企业对资金的需求。尽管我国政府对农村小微企业融资难的问题逐步重视，采取了一系列政策措施，如加快农村金融创新、扩大农村金融供给、促进金融资金对“三农”的投入，使农村金融市场供求矛盾有所缓解，但农村金融供求矛盾仍是一大难题，究其原因，一方面是当前现代农业对金融需求的增长，另一方面却是农村金融机构为追求做大做强而导致的“脱农化”倾向。

农村小微企业作为农村金融体系的核心，是完善农村金融市场和加快农村金融发展的重要保障。为进一步加大金融对农村小微企业的支持力度，改善农村金融服务环境，2018年中央“一号文件”《中共中央国务院关于实施乡村振兴战略的意见》中提出：“要提高金融服务水平，坚持农村金融改革发展的正确方向，健全适合农业农村特点的农村金融体系，推动农村金融机构回归本源，把更多金融资源配置到农村经济社会发展的重点领域和薄弱环节，更好地满足乡村振兴多样化的金融需求。要强化金融服务方式创新，防止脱实向虚倾向，严格管控风险，提高金融服务乡村振兴能力和水平。要抓紧出台金融服务乡村振兴的指导意见，改进农村金融差异化监管体系，强化地方政府金融风险防范处置责任。”因此，各地各部门正在按照党中央、国务院的统一部署，采取有效措施，积极创造条件，努力改善农村金融服务环境。同时，制定正确的农村金融市场发展规划，增强监控的力度，创造良好的市场氛围，建设适合农村小微企业发展的经济体系，培育其自身的造血功能。

农村金融市场作为农村金融体系的重要组成部分，对于有效地调剂农村资金供求、缓解农村资金供求矛盾、实现农村资金的融通、促进农村经济和社会的发展至关重要，而小微企业在农村金融市场中占据重要地位，对于发展农村经济有不可替代的作用。鉴于此，本书正视和回应现实问题，通过系统考察农村金融市场结构及小微企业融资需求特征，厘清不同金融机构向小微企业放贷的决定机制和匹配关系；运用计量经济学模型对小微企业融资规模、融资需求以及融资可得性的因素进行实证研究；并进一步对正规金融机构、非正规金融机构向小微企业放贷问题进行博弈分析；最后通过国内外金融市场对小微企业融资支持模式对比分析，从政府、农村金融市场及小微企业等方面提出行之有效的对策建议。

1.1　问题的提出

1.1.1　农业供给侧结构性改革引导农村金融服务体系建设

当前，我国农业转型发展面临着诸多难题，农民增收后劲不足等问题日益突出，推进农业供给侧结构性改革是破解我国农业转型发展难题的必然选择。2015年12月，中共中央农村工作会议在北京召开，会议上首次提出了“农业供给侧结构性改革”。会议强调：“要着力加强农业供给侧结构性改革，提高农业供给体系质量和效率，使农产品供给数量充足、品种和质量契合消费者需要，真正形成结构合理、保障有力的农产品有效供给”。“农业供给侧结构性改革”这一新鲜表述，通过中国最高级别的“三农”会议，首度进入公众视野。2016年中央“一号文件”《中共中央国务院关于深入推进农业供给侧结构性改革加快培育农业农村发展新动能的若干意见》中提到，农业的主要矛盾由总量不足转变为结构性矛盾，突出表现为阶段性供过于求和供给不足并存，矛盾的主要方面在供给侧，并提出要强化激励约束机制，确保“三农”贷款投放持续增长，支持农村金融机构加大服务小微企业的力度。之后，2017年2月中央又发布了《关于深入推进农业供给侧结构性改革，加快培育农业农村发展新动能的若干意见》。在供给侧改革的背景下，农村经济的发展关系到改革能否成功，然而农村经济的发展离不开农村金融的支持。同时，这些政策的支持也无疑给农村金融带来了机遇和挑战。因此，在新形势下，农村金融机构应抓住有利时机，改善金融供给，加快金融创新，不断提高金融服务水平，助推农业供给侧结构性改革，开创农业现代化建设新局面。

在农村经济社会深刻变革、农村社会结构深刻变动、农村利益格局深刻调整的大背景下，农业供给侧结构性改革面临着前所未有的机遇。首先，社会各界的共识为农业供给侧结构性改革提供了强大的推动力。党中央高度重视，指出农业供给侧结构性改革是破解农业发展难题、厚植发展优势的有效途径，为加快农业供给侧结构性改革提供了总遵循。同时理论界也认为，农业供给侧结构性改革是发展现代农业、建设美丽新农村、促进农民增收的必由之路。其次，农业科技的不断进步为农业供给侧结构性改革提供了更强的驱动力。随着我国经济发展进入新常态，农业发展呈现出新态势，农村人口结构深刻变动，农业生产要素成本不断上升，农业发展正由生产要素驱动、投资驱动向创新驱动转变，农业发展方式正由粗放型向集约型转变。我国正坚定不移地走中国特色的农业现代化之路，不断破除阻碍农业发展的体制机制障碍，着力增强农业自主创新能力，最大限度地释放农业科技作为农业第一生产力所蕴藏的潜能，农业科技支撑体系基本建立，农业机械化水平不断提高，成为我国农业供给侧结构性改革的强劲引擎。最后，农村改革的不断深入为农业供给侧结构性改革提供了新活力。农村全面深化改革再度成为我国农村经济发展的主旋律，必将为农业供给侧结构性改革提供更多的活力。

农业供给侧结构性改革的核心是通过自身的努力调整，让农民生产出的产品，包括质量和数量，符合消费者的需求，实现产地与消费地的无缝对接，是以农产品“去库存、降成本、补短板”为方向，加速减少农产品库存量，根据市场需求来进行农业生产，合理配置农业资源，适度规模经营，增加有效供给，通过建立合理的供求调节机制引导生产，降低农业生产成本，与此同时还要补齐农业基础设施及生态环境保护的短板。随着农业供给侧结构性改革的推进，农业科技含量提高，农村地区“双创”活力也被激活，规模效益扩大，农村地区必将对融资产生巨大的资金需求，这就为农村金融机构业务发展提供了广阔空间。同时，农业供给侧结构性改革作为一项国家力推的政策，为了农村金融机构更好地拓展业务也必将配套相应的财政补贴、税收优惠等措施，营造良好的外部环境，使农村金融市场真正满足农业供给侧改革与实现农业现代化的融资需要，促进农业经济的发展。

农村金融供给侧改革的最终目标是要缓解农村金融市场上长期存在的供需不均衡的矛盾，以新理念、新技术降低金融服务成本、扩大金融服务覆盖面、提升金融服务质量，解决农户和小微型企业金融产品和服务的可获得性和便利性问题，强调通过提升供给体系的效率来实现农村金融的可持续发展。然而迄今为止，农村金融市场供需不均衡并没有得到根本改善，尤其是农村小微企业、农业生产经营者以及微型商户的信贷需求依然难以得到满足，农村金融运行中的信息不对称、交易成本过大、抵押品缺乏的系统性缺陷，阻碍了农村经济的发展，需要通过技术创新分散，降低金融机构的风险和成本。这就需要农村金融机构抓住农业供给侧改革的发展机遇，主动作为，创新出适应农村市场需求的金融产品和服务，有效助推农业供给侧改革，促进农业持续健康地发展。

农业供给侧结构性改革涉及农业产业结构调整、农业产业的转型升级、农产品加工业和农产品市场流通体系的完善、现代农业科技创新推广体系的构建、现代种业体系的培育、农业机械化水平的提升、农产品质量安全体系的构建和完善等多方面，对于我国传统金融业而言，也意味着新的机遇和挑战。因此，必须以创新的模式融入农业供给侧结构性改革，促进农村金融市场的创新发展。特别是在乡村振兴战略背景下，农村金融体制改革必须围绕农业供给侧结构性改革来进行，从金融广度这一视角入手，通过金融产品创新等不同金融体系完善与改进，增强投资者金融产品的选择性，实现金融市场的繁荣发展与居民投资满足、收入增长，推动社会全面发展。作为农村小微企业应抓住供给侧改革提供的机遇，加快自身的发展，保障农村经济健康快速发展。农村金融体系要把着力推进农业供给侧结构性改革和解决农村金融业自身结构性矛盾有机结合起来，加快农村金融制度改革创新，健全现代农村金融体系，为保障国家粮食安全、促进农业可持续发展和农民持续增收、加快推进中国特色农业现代化以及实现全面建成小康社会目标提供强有力的金融支持。

1.1.2 乡村振兴支持农村金融服务体系建设

2018 年中央“一号文件”《中共中央国务院关于实施乡村振兴战略的意见》中指出：“开拓投融资渠道，强化乡村振兴投入保障……提高金融服务水平，坚持农村金融改革发展的正确方向，健全适合农业农村特点的农村金融体系，推动农村金融机构回归本源，把更多金融资源配置到农村经济社会发展的重点领域和薄弱环节，更好地满足乡村振兴多样化金融需求。”党的十九大报告指出，要“实施乡村振兴战略，打好精准脱贫攻坚战”，“农业农村农民问题是关系国计民生的根本性问题，必须始终把解决好‘三农’问题作为全党工作的重中之重，实施乡村振兴战略”。从党的十九大报告明确提出，再到中央农村工作会议的召开以及中央关于“三农”“一号文件”的出台，乡村振兴一步一步上升为国家战略。实现乡村振兴战略，离不开强有力的金融支持。中央“一号文件”指出：“实施乡村振兴战略，必须解决钱从哪里来的问题。要健全投入保障制度，创新投融资机制，加快形成财政优先保障、金融重点倾斜、社会积极参与的多元投入格局，确保投入力度不断增强、总量持续增加。”虽然政府强调要通过财政投入和发展农村金融等方式共同解决农村资本不足问题，但是财政投入往往要控制在合理范围内，以避免造成财政赤字扩大，政府负担过重。并且相较于农村巨大的资本缺口，单纯依靠财政支出是明显不足的。因此，完善农村金融市场融通资金和配置资源的作用，是从根本上解决农村资本短缺问题的长效机制。

在乡村振兴战略推进下，农村金融机构要完善现代金融企业的治理结构，才能保障金融企业高质量的发展。要根据乡村振兴和市场化发展的形势要求，从内部经营体系、组织保证以及金融企业发展规划、资金供应等方面满足支农惠农的资金需求，完善农村金融服务体系，更好地发挥农村金融在乡村振兴战略推进中支持农业农村现代化建设的优势。一般地，农村金融可通过间接和直接两种方式作用：① 通过深化金融服务来振兴乡村经济，经济增长带来收入增加和分配制度完善，进而起到缓解贫困的作用；② 农村金融机构直接将资金投放到贫困人群，为农村产业发展和人力资源素质提升提供资金链上的帮扶，引导就业创业，以达到乡村振兴的成效。

农村金融市场不是一个完全竞争的市场，尤其是贷款一方对借款人的情况根本无法充分掌握，如果完全依靠市场机制可能无法培育出一个社会所需要的金融市场。为了补救市场的失效部分，有必要采用诸如政府适当介入以及借款人的组织化等非市场要素。特别是政府干预并出台政策深化农村金融改革，加大资本投入力度，促进产业振兴。在政策性干预和引导下，农村金融市场效率提高，随着农村金融规模扩大、结构优化和效率提高，逐渐形成投资效应、储蓄效应以及资源配置效应。贫困人口脱贫的内生动力增强，包括农村产业兴旺、人口素质提升、投资需求旺盛、收入和储蓄增加等，这样可以带动经济加速增长，贫困缓解，进而达到乡村振兴的良性循环。这种传导机制可用图 1.1 表示。

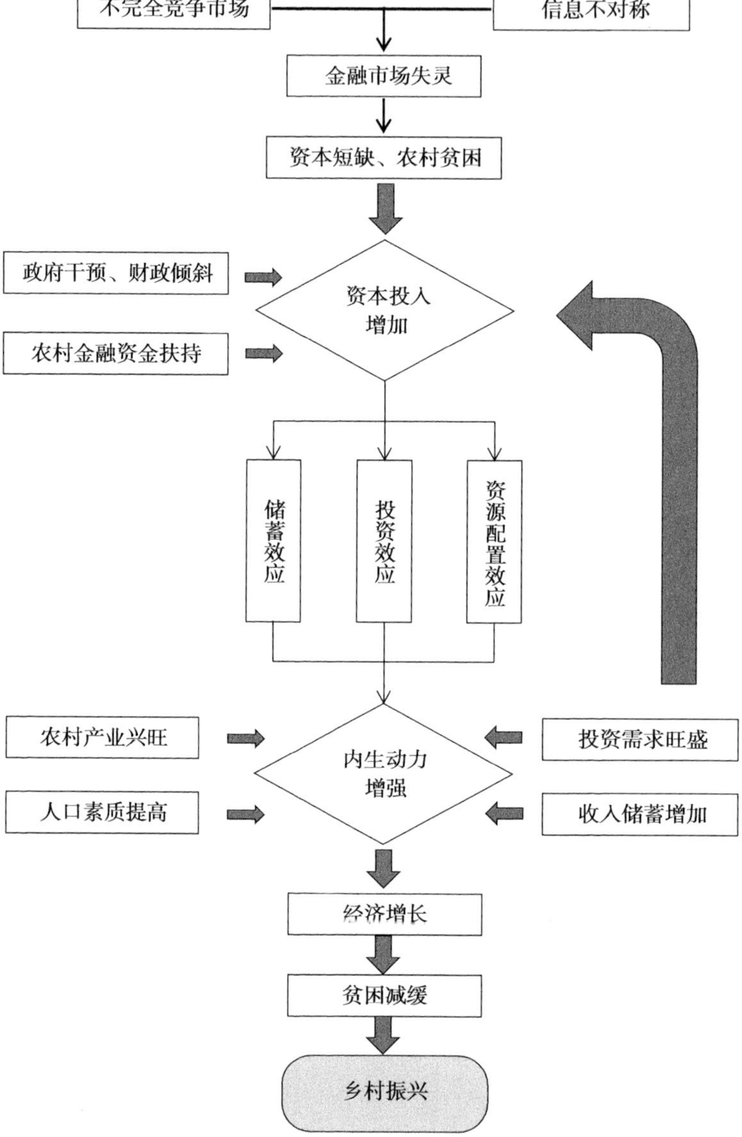

图 1.1　农村金融对乡村振兴的传导机制图

乡村振兴的最终目标，就是要不断提高村民在产业发展中的参与度和受益面，彻底解决农村产业和农民就业问题，确保当地群众长期稳定增收、安居乐业。通过完善农村金融服务体系，把更多金融资源配置到农村经济社会发展的重点领域和薄弱环节，关系着我国农业的发展、农村的繁荣以及农民的增收，对消除贫困、解决农村小微企业的融资难问题以及提高农村地区人口金融资源的可得性方面具有重要意义，对于促进“乡村振兴”、提高农村小微企业的发展活力和打赢“精准脱贫”攻坚战等意义重大。

1.1.3 精准扶贫助推农村金融服务体系建设

消除贫困、改善民生，确保在2020年前实现现行标准下的农村贫困人口实现“真脱贫、脱真贫”目标是党中央提出全面建成小康社会的重大历史使命，也是我国实现乡村振兴战略的重要有机组成部分。要实现这一目标，关键点在于精准扶贫，重点是要聚焦小微企业、农民、农村贫困人群等重点对象，痛点在于金融资源配置的结构性失衡以及农村金融服务体系不健全。为了解决这些问题，政府采取“抓重点”“补短板”和“强弱项”的重要举措，除了依靠政府财政向农村地区倾斜，完善农村金融体系解决农村融资难问题的重点外，积极探索将金融精准扶贫与乡村振兴战略相结合，走中国特色减贫之路。

2017年中央农村工作会议指出 :“实施乡村振兴战略，必须打好精准脱贫攻坚战，走中国特色减贫之路。坚持精准扶贫、精准脱贫，瞄准贫困人口精准帮扶，聚焦深度贫困地区集中发力。”2018年中央“一号文件”《中共中央国务院关于实施乡村振兴战略的意见》中提到 :“要打好精准脱贫攻坚战，增强贫困群众获得感。乡村振兴，摆脱贫困是前提，必须坚持精准扶贫、精准脱贫，把提高脱贫质量放在首位，坚决打好精准脱贫这场对全面建成小康社会具有决定性意义的攻坚战。”在精准扶贫的要求下，要聚焦深度贫困地区集中发力，加大政策倾斜和扶贫资金整合力度，完善农村金融服务体系，着力改善深度贫困地区发展条件，增强贫困农户发展能力，重点攻克深度贫困地区脱贫任务，增加金融投入对深度贫困地区的支持。

精准扶贫是一个系统的概念，核心是指集中社会各方力量，重视贫困问题，聚焦贫困村（户），对贫困申请者进行精准识别，引导各类扶贫资源优化配置，实现扶贫到村到户，构建精准扶贫工作长效机制，追求高质量的扶贫成绩。当前，我国正处于全面建成小康社会决胜阶段，农村金融支持精准扶贫的重要性日益凸显，扶贫成效显著提升，但在我国贫困地区，依然存在农村产业可持续发展能力弱，农民获得贷款难度大，农业扶贫资金发放精准度低；金融业竞争日益激烈，农村金融定位不明确，“脱农”现象严重等一系列问题。针对这些情况，农村金融要坚守“三农”市场定位，做到精准扶贫，积极响应并落实中央提出的乡村振兴战略，着重提高贫困人口脱贫质量，激发落后地区发展的内生动力。

同样，因信息不对称导致扶贫成本高昂，金融市场的功能难以发挥，市场失灵，金融扶贫难见成效。为解决这些难题，政府需要干预并出台政策深化农村金融改革，加大资本投入力度，促进产业振兴。在政策性干预和引导下，农村金融市场效率会大大提高，主要表现为农村金融机构扶贫信贷投放力度更大、对贫困人口帮扶更精准以及产业扶持的效率更高。反过来，精准扶贫必须创新农村金融服务模式。由于农村小微企业的贷款周期与农作物生长周期密切相关，受自然环境影响大，易发生坏账；信息不对称引发逆向选择和道德风险的可能性较大，一旦坏账发生，抵押物难以变现，金融机构面临严重亏损。因此，必须创新风险管控机制，完善金融机构的风险识别，提高资本充足率，提升经营管理水平，有效地应对各种风险。此外，传统金融扶贫“漫灌式”的资源投入方式导致扶贫资金使用不精准、扶贫对象选择不精确以及脱贫计划不切实际等现实性问题出现，造成了资源的严重浪费。对此，金融机构必须对传统的资源投入模式进行深入的反思，严格依照建档立卡情况识别贫困，因地制宜，精准施策，采取灵活多样的信贷政策，提升金融服务乡村振兴的能力和水平。党的十九大以后，中央出台承包地“三权分置”的政策，推进农村集体产权制度改革。相应地，农村金融应当准确把握政策指向，创新农村土地产权抵押担保方式，提升农民对于农村金融服务的感受度，提高农村金融市场的效率。

总之，农村金融服务体系的建设与完善为实现精准扶贫奠定了基础，精准扶贫则是农村金融强有力的推动力，我们必须坚定地走精准扶贫之路，坚持因人因地施策、因贫困原因施策、因贫困类型施策，让精准扶贫助力农村金融服务体系的建设，促进农村金融市场持续健康地发展。

1.1.4 新型农村金融机构保障农村小微企业融资

农村经济作为我国国民经济的重要组成部分，对我国国民经济的发展具有决定性的作用。但近年来，农村地区金融滞后阻碍了经济发展，反过来，经济下行又制约了金融发展。我国农村地区的金融发展长期得不到有效提高，小微企业、农户等的资金需求得不到有效满足，农村金融供给不足共同造成了农村金融的供需不平衡的矛盾。农村金融长期面临着“失血”难题，尤其大型银行从农村地区撤出效益低的网点，使得农村信用社在农村金融中的垄断地位日渐提升，农户及农村小微企业的融资渠道愈发狭窄，民间金融的不规范，挫伤了农村小微企业生产的积极性。

在金融改革深化发展的进程中，金融在新农村建设中的作用日渐显现，农村金融改革也成为经济改革的重中之重。相对于传统的金融组织来说，新型农村金融组织体现在“新”上，其设立目的主要在于对农村金融供给不足、网点有限及农村信用社垄断导致的竞争不充分等问题的解决，是对现有农村金融体系的补充。为完善农村金融体系，扩大农村金融服务范围，加强农村金融服务的深度，早在2006年银监会发布的《关于调整放宽农村地区银行业金融机构准入政策更好地支持社会主义新农村建设的意见》中就提出要建立新型农村金融机构。新型农村金融机构是指经中国银行业监督管理委员会批准设立的村镇银行、农村资金互助社及农村小额贷款公司等。

村镇银行主要为当地农民、农业和农村经济发展提供金融服务。村镇银行依托现有银行金融机构，具有机制灵活、融资便利等优势，自2007年以来取得了快速的发展，对我国农村金融市场供给不足、竞争不充分的局面起到了很大的改善作用。但同时村镇银行本身也有成本高、成立时间短等不足，而且面临着来自其他金融机构的威胁，其发展前景也并不十分乐观，故其依然还有很长的路要走。村镇银行的建立与发展是解决我国现有农村地区金融机构覆盖率低、金融供给不足、市场竞争不充分、金融服务缺位等“金融抑制”问题的创新之举，这对于促进农村地区建立种类多样、覆盖全面、治理灵活、服务高效的新型农村金融体系的形成，进而更好地改进和加强农村金融服务，支持社会主义新农村建设，促进农村经济社会和谐发展与进步，具有重要的现实意义。

农村资金互助社所扶持的对象主要是规模较小且效益不高、收入不稳定的农户或小微企业，在成立初期很难获得其他金融组织获得的平均利润，甚至有可能在某段时间内亏损。目前，现已成立的农村资金互助社，其前身大部分为农村专业合作社，农村资金互助社作为农村低端市场上市场份额较大的金融组织，有正规与非正规之分，但无论是哪种，对于受益成员来说，农村资金互助社所提供的信贷服务贷款程序手续较为简单，成本较低并且具有很强的本土化特征。

农村小额贷款公司专指经营小额贷款业务的公司组织，其所提供的借贷资金成本即贷款利率的浮动范围较大，并可以跨区县经营。目前小额贷款公司发展存在一系列问题，且针对小额贷款公司的监管等还未形成制度与体系，其经营风险相对较大。然而由于小额贷款公司具有立足本土的优势，对软信息的掌握较充分，门槛较低，能够解决农村小微企业的燃眉之急。

尽管在多年的发展过程中，新型农村金融机构数量与资本数量与日俱增，应国家及政策导向的要求不断推陈出新，创新金融产品与服务，新型农村金融机构的创新不断增加，但在真正满足农村小微企业信贷需求方面的贡献度及潜力远远没有达到大中型商业银行及非银行金融机构的程度，新型农村金融机构对小微企业的创新存在自身业务及环境制度方面的制约，不仅在满足农村小微企业信贷需求上达不到理想状态，自身的风险控制及盈利能力也没有得到提高，这就需要突破原有的信贷服务模式，为农村小微企业提供更具个性化、更具实用性的贷款品种，在有效控制风险的同时，提高服务水准，达到小微企业与金融机构自身的共赢。

总之，新型农村金融机构对于完善农村金融体系，弥补城镇金融机构的服务盲区，改善农村小微企业的融资难有积极的作用。但因其规模小，风险管理水平低及创新能力不足，发挥的作用仍相当有限。而农村小微企业作为新型农村金融机构的主要客户群体，在农村经济发展中担当吸收劳动力、创造效益、促进农民增收的重要角色。因此，加强新型农村金融机构建设，使其为农村小微企业信贷融资提供更加宽阔、更有保障的渠道，这对于加快农村现代化建设具有重大意义。

1.2 国内外相关研究综述

1.2.1 农村金融发展理论演变的研究

农村金融是金融系统的一个子系统，完善的农村金融组织体系对“三农”发展起积极的支持作用。各国金融发展的历史与实践表明，金融活动不仅深化了传统的中介作用，而且其逐渐衍生成为一种不依赖于真实商品生产和交换活动的独立行为或独立存在。目前，农村金融不仅仅局限于狭义的资本的借贷功能，而且更广泛地对经济和社会的发展起引导、渗透及扩散的作用。

1. 国外农村金融发展理论演变的研究

国外农村金融发展理论大致经过了四个阶段的演变。① 农业融资论。农业融资论是在借鉴“金融抑制理论”分析发展中国家农村金融问题的基础上形成的。该理论主张依靠政府从农村外围向农村注入资金，以较低的利率投向农户以解决由于农村居民普遍收入不确定、收益率低及经营风险大而导致的盈利性金融组织的排斥而得不到融资的问题。认为一些制约因素的存在致使政府需要成立专门的金融机构为农业提供服务，支持信贷供给先行的农村金融战略，该理论不支持农村非正规金融机构的存在。其局限性在于，若农民存在可持续的廉价资金，就缺乏储蓄激励使信贷机构无法动员农村储蓄建立自己的资金来源，形成巨大的财政压力；此外，低利率上限使得农村贷款机构无法补偿因贷款给农户而造成高交易成本时，官方信贷分配就会偏向于照顾大农户（Avishay Braverman and Minika Huppi，1991），这导致低息贷款的主要受益人不是农村的穷人而转向较富有农民身上，进一步加剧了贫富差距。农业融资论在实践中引发了一些问题：较低的资金回收率、较低的效率，农户存款意愿不高，致使农村金融组织不能长期稳定地与农户建立服务关系。② 农村金融市场理论。20 世纪 80 年代，农村金融市场理论占主导地位。该理论的观点是农村居民具有储蓄能力，但由于农村金融中存在的政府干预及利率管制，长期依赖政策性金融支持及外界投入抑制了农村金融体系的发展。Stiglitz（1981）以利率为界限将农村金融市场分割为正规与非正规金融部门，并且认为正规金融部门利率比较低，且供给曲线具有价格刚性是垂直的；相比之下，非正规金融部门利率高于正规金融部门，供给曲线是向上倾斜的 。这种观点认为正规与非正规金融之间是具有竞争性和替代性的。以 Hoff 和 Stiglitz（1990）为代表的学者则认为，正规与非正规金融是不完全替代的，非正规金融机构满足的是农村多样化的金融需求。与正规金融相比，非正规金融具有明显的信息优势，能够更好地满足农村对金融的强烈需求，且农村内部的社会经济网络加强了借款的偿还保证机制。③ 不完全竞争市场理论。该理论主张在市场配置的基础上，政府从监管及引导方面一定程度上扶持农村金融的发展，建立符合农村经济发展的农村金融组织，最终建立起符合农村经济发展的合理的农村金融体系。学者们将 Stiglitz 的金融约束理论运用到农村金融领域形成了不完全竞争市场理论。认为农村金融市场不是一个完全竞争市场，借贷双方之间存在着信息不对称，市场机制无法生长出一个农村社会所需要的金融市场，政府必须适当介入补充市场。该理论为新模式的小额信贷提供了理论基础。④ 金融创新理论。著名经济学家熊彼特在《经济发展理论》一书中最先提出了创新理论，认为经济发展的动力在于组织、制度和技术创新。该理论内容丰富，仅在金融创新研究上就包括了三大方面，即金融制度创新、金融业务创新和金融组织结构创新。这一理论为农村金融理论发展奠定了更坚实的理论基础，特别为新型农村中小金融机构的创新发展提供了广阔的空间和理论支持。

2. 国内农村金融发展理论演变的研究

国内有关农村金融发展的研究起步较晚，理论基础主要体现为：农村金融体系监管、农村金融组织和金融产品的创新、农村正规金融的发展及合作金融。最早将金融发展理论应用到农村金融领域的研究的学者是徐笑波等，这些学者通过建立金融相关率指标体系，进一步测算了“行社存款”与“农村国民收入”之比，通过分析研究揭示了二者之间的变化规律，在此基础上，又分析了农村信贷资金与农村国民收入增长的相关关系。代表性学者张元红（1999）通过金融相关率指标在农村的应用，采用“行社存款”与“农村 GDP”之比，通过计算发现,农业银行和农村信用社的业务领域已不再局限于农村,所以“行社存款”指标值显然大于农村实际金融资产数值。吴晓灵(2006)提出加快构建功能完善、分工合理、产权明晰、监管有力的农村金融体系，支持社会主义新农村建设和“三农”发展。特别指出应大力促进农村金融组织和金融产品的创新，积极探索更适合中国国情的农村金融组织形式。温涛等（2005）运用实际数据对中国整体金融发展、农村金融发展与农民收入增长的关系进行了实证研究。结果显示：中国金融发展对农民收入增长具有显著的负效应，用金融发展与经济增长的正向作用关系直接替代金融发展与农民收入增长的关系，与我国经济发展的事实并不相符；同时，也验证了制度和结构分析所揭示的“中国金融发展中防止结构和功能失衡”。纪森、李宏瑾（2007）通过对我国农业贷款、乡镇企业贷款等代表农村正规金融的指标与第一产业增加值进行的协整检验表明，目前我国农村正规金融与农村经济增长之间并不存在长期稳定的均衡关系，我国农村正规金融的发展远远没有满足农村经济增长的需要。刘锡良（2012）提出以熟人社会信用为基础的农村地区，合作制、合伙制的金融体系是我国当前农村最合适的金融组织形式，认为合作金融符合我国农村经济发展实际，有利于降低融资交易成本，其正确引导有利于解决农村金融的高利贷问题，强调遵循农村经济发展的实际，放松金融管制，充分发挥政策性金融及开发性金融的作用，重构农村金融体系。

1.2.2 农村小微企业融资结构与融资行为的研究

20世纪中期，国外学者对企业的融资结构问题进行了深入的理论探索，并已成为比较成熟的体系。关于融资结构的研究历来是金融发展理论所关注的热点问题，Goldsmith（1969）指出金融发展是金融机构、金融工具总量、规模、权重、性质和范畴的变化，以及金融结构由简单到复杂、由低级向高级发展变化的过程。继 Goldsmith 之后，众多学者对融资结构理论进行了发展，主流观点是认为银行业的发展对于经济增长有着显著的促进作用（King，1993）。

有关融资结构理论的研究一般可划分为两个阶段。

第一阶段，早期的融资结构理论。美国学者 Durand（1952）提出融资结构理论包括净收入理论、净经营收入理论和传统折中理论。其中，净收入理论假设“投资者以一个固定不变的比率估计企业净收入、企业能以固定利率发行债务、投资者所要求的收益高于债权人要求的收益，当企业负债率趋于100%，负债成本不断下降，企业价值上升”。净经营收入理论假设“投资者以固定的加权平均资本成本来估计企业的净收入、企业能以固定利率发行债务、投资者认为使用负债杠杆会增加股本现金流量风险，企业价值与资本结构无关”。传统折中理论假设“在某一财务杠杆比例内，权益资本成本与债务资本成本不会有显著变化，超过该点，则权益资本成本与债务资本成本会明显增加，因而认为存在最佳资本结构，当权益资本成本的边际成本等于债务资本成本的边际成本时，企业价值最大”。总之，早期的融资结构理论有一定的局限性，即忽视了财务风险，而夸大了财务杠杆效应。

第二阶段，现代融资结构理论。以美国金融学家 Modigaliani 和 Merton H. Miller（1958）为代表的现代融资结构理论，该理论有四个分支：以 Farrar 和 Selwyn（1967）等为代表的税差理论，主要研究利得税和所得税的税差与融资结构之间的关系；以 Aitman（1968）等为代表的破产成本理论，主要研究破产成本对融资结构的影响；上述两个分支又形成了以 Scott（1976）、Myers（1984）等为代表的平衡理论，主要研究最佳资本结构取决于税收庇护效应与破产成本之间的平衡。其后，随着新理论的发展，使得对中小企业融资行为的研究逐渐从信息不对称条件下的市场行为方面重新审视中小企业的融资结构问题。该理论的几个基本假设为：不考虑企业所得税，企业经营风险相同且可以计量；现在和将来的投资者对每个企业未来的净收入估计完全相同；债券和股票在完全竞争市场上进行交易，市场上交易费用为零；发行新债务不会对企业已有的债务市场价值产生影响；企业不存在破产成本；资本市场完善，信息充分，个人与企业能以同样利率借款。在这些假设基础上，该理论论证了企业的加权资本成本完全和其资本结构无关，企业对外负债利益正好被其自有资本成本的上升所抵消，因而认为，在无税赋条件下，即企业的价值与其资本结构无关。现代融资结构理论开创性地把资本结构研究从应用性、描述性的传统财务学领域纳入一般均衡分析的理论框架。在此之后，资本结构理论的发展基本就是不断放宽其假设条件的过程。

国内学者普遍认为，农村信用合作社的垄断地位，不仅损害自身效率，也会影响农村金融供给的增加，阻碍农村金融自身的发展。李志赟（2002）认为小银行在小微企业贷款中更具优势，这也从另外一个侧面说明，农村信用合作社在农村金融信贷市场上具备市场优势。林毅夫等（2009）提出“最优金融结构理论”，为符合经济发展需要的金融结构才是最优的，才能最有效地发挥对经济增长的支持作用，发展中国家的最优银行业结构应以区域中小银行为主体，发达国家的金融体系应以大银行、资本市场为主导。常青（2013）运用8个西部民族省区在研究期间的面板数据，运用双向固定效应模型对农村金融结构对经济增长影响的研究证明，在农村地区设立中小银行，将有利于提高信贷资金的配置效率，促进经济增长。但是，有关农村金融结构失调问题研究，张鹏和梁辉（2011）认为，20世纪90年代开启的国有银行商业化改革，直接导致城乡金融机构分布严重失衡和农村金融有效供给不足，制约了农村经济的发展。丁志国等（2012）认为我国农村信贷结构失调制约了农村金融对农村经济发展的促进作用，金融组成结构和信贷市场结构的多元化可能会对经济增长有利。当然，除了对农村金融机构结构的研究之外，还有学者对农村金融产品结构进行了研究，在产品结构方面，普遍的研究结论认为当前中国农村金融市场产品结构单一，产品同质化严重，难以适应当前农村经济的发展。

1.2.3　小微企业融资渠道及方式研究

金融为实体经济服务不仅仅是依靠贷款融资服务。这些年，小微企业一直都存在着对银行信贷过度依赖的问题。其实，支付、并购、财富管理都是金融为实体经济提供服务的重要内容。Berger等（2013）研究了Prosper平台上社会资本对借款结果的影响，发现关系型社会资本，对于因信息不对称带来的信息逆向选择风险，能使其明显地减少，但结构性社会资本无法做到这一点。Green C. J.（2013）认为社会资本既使借款利率降低，而且可以提高借款成功率，特别是借款人信用不高时，对其更有帮助。Moyi E. D.（2011）认为那些信用不高的借款者，如果其说明比较合理，那么更能打动出借人的信任，对其出借决策造成影响。其说明的内容包括：借款人的个人情况，解释筹措资金的用途等。事实上，给出了说明的借款者，在还款时间方面，出现拖延的概率会更高一些，因此，依据借款者说明进行借款决策还是不靠谱的。Tavassoli S. 和 Carbonara N.（2014）认为，借款者有没有提交自己的全部信息，通常会影响到借款成功的概率，但借款利率受到的影响微乎其微。

国内学者郭雅（2011）认为，小微企业的融资主要来源是内源融资的方式，银行和民间信贷为辅助方式。罗军（2013）以中西部小微企业的调研报告为基础，分别从内外两方面分析小微企业融资困境的产生原因，即从小微企业自身来看主要是由于规模小、经营状况不透明及创新能力低而导致外源融资受阻；从外界原因来看，主要是由于小微企业税负较高、商业银行看重抵押物、民间金融未能走上正规化及资本市场的门槛远远高于小微企业。据此，提出从商业银行、民间金融、资本市场角度出发提出创新性的融资方式，并建议政府采取相应辅助措施支持小微企业发展。马凯（2013）研究了创新的网络融资模式，提出应利用网络融资，解决小微企业的融资问题。牛海霞（2014）以小微企业网络融资为研究对象，认为小微企业在网络融资方面有流程短、费用少、利息计算灵活等优势，因此网络融资更利于小微企业融资的开展，尤其适用于贸易类和电商类的小微企业。张文彬（2013）通过研究发现，对于信息不对称，银行没办法通过传统信贷合约加以缓解，那些小微企业如果没有足够的抵押物，就得不到银行的贷款支持。为了让二者间不再存在信息不对称的矛盾，提出依托电商平台，便于银行掌握真实的企业信息；并依靠电商信用体系的构建，使电商信用转化成金融信用。另外一个方式就是风险池共建，使信贷风险减少，这样一来，那些比较好的小微企业不用提供抵押品，就能进行贷款。姜熹（2018）认为，大数据背景下，小微企业的融资渠道主要有商业银行和电商平台，新的融资渠道有利于改善银企间的信息不对称性，打破传统小微企业抵押和第三方保证的担保方式，帮助小微企业快速融资。李萍（2018）认为，互联网的广泛应用对金融行业迅猛发展起到积极推动作用。互联网金融给参与者提供了更多的选择与机会，如电商企业的大数据金融、P2P 网贷、众筹、传统金融的网络化创新和电商化创新等，为金融参与者提供了多元化的金融服务。互联网金融凭借低门槛、高效率、便捷性等特点，成为小微企业主要的青睐对象。

1.2.4 小微企业融资难的困境及成因研究

1. 国外小微企业融资困境及成因

国外学者对农村小微企业融资问题的研究，主要集中于农村金融体系建设与农业融资困境的原因和解决途径两个方面。发达国家的城乡金融体系建设已经日益结合为一体，经过多年的探索研究，已经从政府资助补贴向自由市场的运转模式转变，特别是在如何配置农村金融体系的问题上，形成了一系列值得参考和借鉴的理论基础。

Berger（1998）认为大多数农村小微企业的规模较小，经营产品单一，市场上的风吹草动都会为其带来很大风险，这就造成其具有融资困难的问题。当遇到融资困难时,这些小微企业大多选择内部融资方式。Becky Yang Hsu（2014）认为，这种针对中国农村的微型金融机构反而会加剧不平等，使城镇与农村的差距更大。Glenn Pederson（2015）认为，虽然小额信贷使得农村小微企业获得更多融资，但是小额信贷并不代表农村金融，农村金融还应包含更丰富及广阔的金融政策与形式。Thorsten Beck（2017）对一项中国农村家庭金融情况的调查数据展开分析后认为，目前农村市场中的农村小微企业大多是从非正规金融机构获得投资，这些金融机构弥补了银行的不足，从而使农村金融市场的发展更具活力。

对于农村小微企业融资难的成因，国外学者主要从发展中国家的金融抑制和转轨国家的法制不完善这两个方面对制约中小企业融资的宏观制度环境进行研究。20 世纪 60 年代提出了“金融抑制”（Financial Repression），指一国政府通过对金融活动和金融体系的种种管制抑制了金融体系的发展，其主要表现在对利率的控制、信贷限额或信贷指标配给、金融机构业务经营范围的限制等方面。Cole 等（1999）则认为国有金融机构往往肩负政治任务，有时可能会有悖市场原则。Berger（2005）的研究表明，国有金融机构所占市场份额越高，可能会对民营或外资金融机构产生挤出效应，中小企业信贷可获性越小。中小企业信贷融资难是各国普遍存在的一个现象，这说明一定存在着一般性的原因。信息不对称造成的事先的逆向选择和事后的道德风险问题可能是中小企业信贷融资难一个更为根本性的原因。此外，信息不对称也是小微企业融资难的根本原因。由于小微企业和金融机构之间存在信息不对称，从而导致“逆向选择”和“道德风险”，特别是银行出现的信贷配给现象，进一步加剧了小微企业的融资瓶颈。Patriek Behr 和 Andre Guttler（2007）等利用各国数据从信息不对称的角度验证了中小企业贷款难问题的存在性。Berger 和 Ude11.（2002）认为，关系型融资主要取决于银行的信贷员对企业“软信息”的长期积累，这是因为“软信息”具有强烈的人格化特征，难以量化和传递，所以长期化和交易对象集中化的关系型融资有助于这种软信息成本的降低。Beck（2006）则指出信息结构会影响资金成本以及信贷契约的执行，从而影响银行的贷款供给意愿。

2. 国内小微企业融资困境及成因

国内学者针对农村金融问题的研究，成果较为丰富。对于农村小微企业融资问题主要涉及信息不对称、外部体制与企业自身问题等多个方面。代表性学者刘洋（2012）认为，要解决小微企业融资难，政府扶持只能起到部分的、辅助性的作用，主要是要坚持市场的原则，而“软信息”则是重中之重。软信息是从企业非财务及非标准化经营信息中得来的，例如经营人员的信用、股东品行及企业还款能力等，其缺点是在验证、传递及衡量上具有一定的难度，“软信息”的掌控者主要是基层经理或者信贷人员，这些人应该有权定夺关系型借贷。李莉（2013）认为，仅从单一的角度去解决小微企业金融支持难题是不可取的，需从宏观、中观以及微观的角度，进行金融支持体系的打造。吕佳宸（2014）认为导致小微企业融资难的因素有两方面，即内因和外因。内因指小微企业本身的不足，比方说缺乏完善的财务制度、管理水平不高等；外因主要是指有必要对保护和支持小微企业的法律法规进行完善。杨静（2016）认为，农村小微企业融资依赖性较强，融资渠道受到限制，目前融资供需存在矛盾，所以应该对融资体系进行重新构建。李秀婷（2017）指出，目前的经济形势使银行调高了贷款利率，农村小微企业更难获得贷款。因此，农村小微企业要想存活下去，只能尝试不同类型的贷款渠道。

对于农村小微企业融资难的成因，国内学者主要从农村小微企业融资的制度困境及信贷融资中的信息不对称等方面研究的。栾天虹等（2001）基于金融改革和深化的角度，提出应给民营企业国民待遇，要增强金融机构对民营经济和民营企业的渗透和支持力度，并按市场化的原则配置资金。梁鸿飞（2007）认为，由于我国现有的金融体制基本上还是一种间接金融体制，直接融资市场不发达，这种体制的安排导致了我国中小企业的融资主要来源于银行信贷部门。另外，银行与企业之间的信息不对称是中小企业融资难的一个重要原因，有学者甚至认为它是分析和解决这一问题的“牛鼻子”。张维迎（1997）指出由于在资本市场上存在投资项目质量、投资项目选择与企业家经营能力等信息不对称，所以造成中小企业融资难。杨思群（2001）研究得出我国中小企业融资难主要原因是在融资过程中受到信息不对称因素的影响，此外还受到转轨经济特有的制度障碍和结构缺陷的影响。林毅夫、李永军（2001）指出，小微企业选择何种融资方式，按照这种融资方式能否取得资金，都取决于能否成功地解决信息不对称问题，降低道德风险和逆向选择。刘艳新（2004）认为中小企业的融资方式选择信息因素的影响，其可得性和充分度与投融资双方交易成本和风险密切相关，然而它们的资金来源渠道又各不相同。由于信息不对称对中小企业的融资会产生不同的影响，表现为：在直接融资中，信息不对称导致中小企业要支付高于大中企业的成本；在间接融资中，信息不对称又会带来金融机构信息成本和风险的增加，从而将导致银行“惜贷”现象。刘维奇、高超（2008）认为由于道德风险的存在影响了中小企业的融资，导致中小企业融资难。

1.2.5 研究述评

综上所述，国内外学者的研究成果比较丰富，对于进一步研究农村小微企业融资具有重要的参考价值。但是由于发达市场国家的融资市场体系、政策扶持体系和制度环境比较完善，其理论解释和所提出的政策措施还不完全适合我国实际。国内学者主要从农村小微企业的融资行为，以其设立需求、地位与完善农村金融体系的作用为主，较少从农村金融市场和小微企业两方面互相作用进行研究。

首先，从研究视角看，由于农村小微企业成长过程中的融资是动态变化的，而真正将其从系统的、动态的角度来深入探讨并提出切实可行的调控体系的研究还不多。

其次，从研究内容看，国内主要集中在小微企业融资行为特征及理论分析上，对农村金融服务体系结构变化对小微企业融资行为影响的研究还不够深入。

最后，从研究方法看，综观国内外大量相关文献可以发现，在对农业小微企业融资进行实证研究大多采用静态分析法，本章从动态的、系统的角度进行分析，研究在环境变化之中的农村小微企业融资意愿、融资途径等融资行为，对解决农村小微企业融资困境提供有价值的参考。

1.3 研究意义

在全面深化改革的大背景下，农村金融发展成为推动我国经济发展的关键性问题，党中央持续采取措施加强农村金融服务质量，不断加大流入市场中的“三农”贷款数额，目的是引导农村金融市场稳定运行。可见，金融服务质量有待进步而且重心应当在农村。农村金融市场在我国金融体系中占有重要地位，农村小微企业对农村金融市场的发展有重要的推动作用。农村小微企业信贷“融资难、融资贵”问题的有效解决，对于完善农村金融市场，推动乡村振兴、精准扶贫战略具有重要作用。因此，分析研究我国农村金融市场与小微企业信贷融资的关系具有重大意义。

（1）本书的理论意义在于：通过对农村金融体系对小微企业融资行为的机理分析，厘清农村小微企业融资行为特征，并从农村金融市场的供求方面对我国农村金融市场体系进行分析，找出我国农村金融市场供求失衡的成因。该研究是对农村金融市场理论和农村小微企业融资理论的有效补充。

（2）本书的现实意义在于：农村小微企业融资难是我国农村存在的普遍问题，当前越来越多的农村金融机构积极响应国家政策，探索创新金融扶贫项目，赋予农村小微企业更多的融资渠道，小微企业得到更多的机会实现自身的发展。本章对小微企业的融资需求、可获得性及融资规模进行了实证研究，找出影响农村小微企业融资行为的影响因素，并根据农村小微企业发展过程中制度演进的规律，从政府、企业及金融机构方面提出可行路径及前瞻性的思路。

1.4 研究内容与框架

本书分为理论总结与实证分析两大部分。首先，在国内外研究述评的基础上，对相关概念进行界定并对农村金融体系对小微企业融资行为的驱动机理进行了概括和总结；其次，系统地阐述了我国农村金融服务供给现状、农村小微企业金融需求特征及融资状况，在此基础上对小微企业融资需求、可获得性及融资规模进行实证分析，并提出相应的对策建议。

本著作共分为十一章，各章的主要研究内容如下。

第1章：绪论。主要论述了研究背景、国内外研究综述、研究的理论与现实意义、研究内容及思路、研究方法等，这一章是全文的纲领。

第2章：概念的界定及相关理论基础。本章在对农村小微企业、农村金融市场、新型农村金融机构等概念进行界定的基础上，对金融分工、金融抑制和金融深化等相关理论进行归纳梳理，从而为后面的研究奠定理论基础。

第3章：农村金融市场对小微企业融资行为的作用机理分析。本章首先从农村小微企业融资需求和农村金融机构供给能力两个角度展开研究，对小微企业融资特点、影响融资需求的内外部因素做出分析；然后对不同类型金融机构的供给能力进行了分析，得出影响金融机构向小微企业放贷的原因以及促进金融机构向小微企业放贷的方式。

第4章：我国农村金融服务供给状况分析。本章总结了我国农村金融服务供给现状，即正规金融服务业务日渐萎缩，非正规金融蓬勃发展，新型农村金融机构开始崛起。提出了现阶段农村保险的发展仍然困难重重的问题，为后面的实证分析奠定分析基础。

第5章：农村小微企业金融需求特征及融资状况。本章首先剖析了农村小微企业融资难的原因；然后从样本企业入手，分析了农村小微企业融资的约束条件、渠道选择以及结构，并分析了小微企业规模与融资结构二者之间的关系，对农村小微企业的金融需求意识进行了预期分析。

第 6 章：小微企业融资需求、可获得性及融资规模的实证分析。本章的内容包括小微企业融资可获得性研究假设、模型构建、实证分析及检验，并对检验结果进行了讨论。

第 7 章：农村金融市场借贷关系博弈分析。本章首先分析了银行与小微企业的博弈均衡问题，从博弈理论视角探究了当下银行惜贷、小微企业违约高的现象机理；然后对非正规金融机构与小微企业借贷进行了博弈分析；最后分析了政府对博弈均衡的作用力，以期为后文政策扶持体系经验借鉴和对策的提出提供理论支撑。

第 8 章：国内外农村金融市场对小微企业融资支持模式对比。本章对比分析了国内外农村金融市场对小微企业融资支持模式上的差别，分析我国典型地区农村金融市场对小微企业融资模式，获得对农村小微企业融资支持的启示。

第 9 章：个案研究。山西农村金融市场对小微企业融资支持。本章以山西省为例，运用调查研究法，分析山西省农村金融市场对小微企业融资支持概况。

第 10 章：对策建议。本章从农村金融市场的改革、小微企业内部管理及农村金融机构完善方面，提出农村小微企业融资的具体路径与提升对策。

第 11 章：研究结论与展望。本章总结了全文的研究结论，并提出了进一步的展望和设想。

本书的框架结构图如图 1.2 所示。

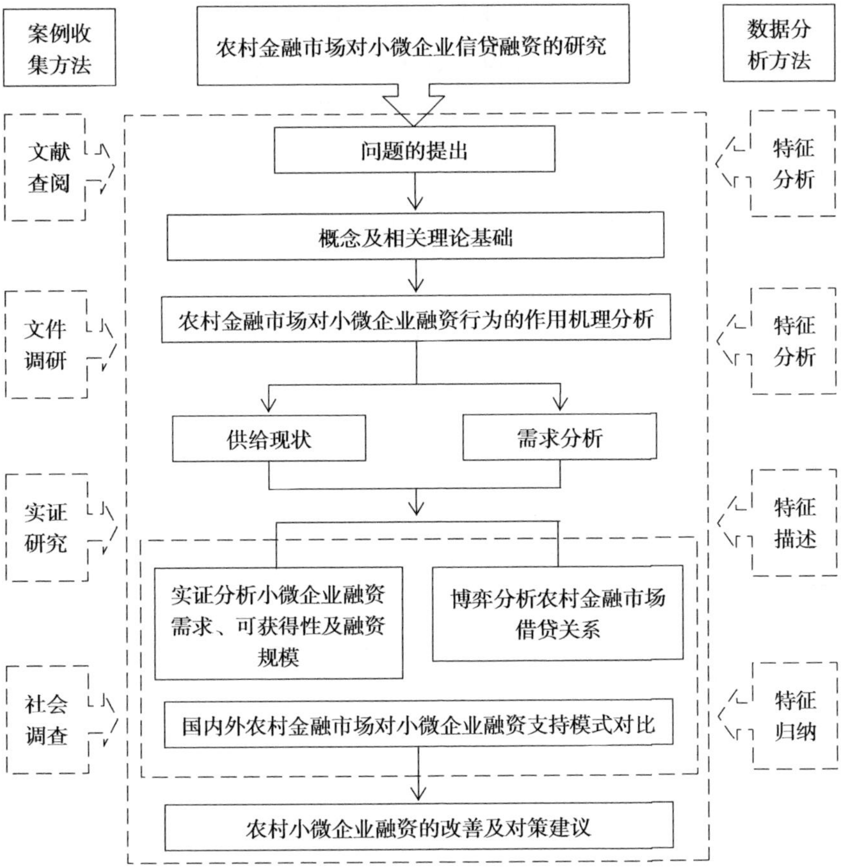

图1.2 框架结构图

1.5 研究方法

本书运用经济学和金融学等相关理论，对我国农村金融市场对小微企业信贷融资问题进行了详细的剖析，实证分析了小微企业融资需求、可获得性及融资规模，最后提出具体的对策建议。具体的研究方法如下。

1. 定性和定量结合法

本书在采用定量分析方法的同时，结合了定性研究法，使得本书的研究结论得到充分的数据支持，避免了以往研究过程中只重视定性研究忽视定量数据支持的问题，使得本书的研究结论更加的客观且科学。

2. 实证分析法

通过统计数据分析、构建模型，对小微企业融资需求、可获得性及融资规模进行分析，得出影响小微企业融资行为的因素，增加了本研究的说服力和可信度。

3. 问卷调查法

问卷调查法是搜集数据最常见的方法之一。以理性行为理论为基础，在此基础上对调查问卷的问题进行系统全面的设计并修正，对我国典型地区农村小微企业信贷融资进行问卷调查收集第一手数据，进而为后续实证分析部分的统计研究提供准确的数据。

4. 案例分析法

对国内外农村小微企业融资模式进行比较研究，选择具有代表性的案例进行经验借鉴，通过国内与国外多种模式的对比，对小微企业融资支持模式进行了理论分析，对完善我国小微企业融资模式提出了相应建议。

1.6 创新之处

1. 研究视角更独特

纵观以往研究，学者对农村小微企业信贷融资的研究主要是单方面研究，一般情况下，主要研究小微企业的信贷需求及影响因素，或者单方面考察影响农村金融机构信贷决策影响因素等。此外，对国内信贷的研究，主要集中在正规信贷部门的资金配置、正规部门对经济增长的作用等方面，较少有文献分别对正规金融、非正规金融、准正规金融对农村小微企业信贷融资进行研究。本章将农村金融市场与农村小微企业的发展相结合，兼顾了农村金融市场的可持续发展及农村小微企业融资问题的解决。

2. 利用博弈论分析农村金融市场借贷关系

本书借助博弈论分析工具，建立了农村金融市场各主体职能的分析框架，通过银企、民间金融等机构向农村小微企业放贷行为进行剖析，以进一步揭示农村小微企业贷款困难的深层次原因，以便提出可行的解决方案，该研究结果极大地丰富了博弈理论。

第 2 章　概念的界定与理论基础

近年来，农村小微企业已成为农村经济发展的主力军、就业的主渠道和创新的重要源泉。一些新型金融机构的产生也促进了农村小微企业的发展，为其创造了融资条件,并且丰富了我国的金融市场。本章首先对农村小微企业、农村金融市场和新型农村金融机构等概念进行科学界定的基础上，并对相关的理论基础进行梳理，从而为农村金融市场的发展及小微企业的融资提供理论支撑。

2.1　概念的界定

2.1.1　农村小微企业

小微企业是小型企业、微型企业、家庭作坊式企业及个体工商户的总称。《中华人民共和国中小企业促进法》在 2003 年 1 月 1 日正式实施，同年 2 月 19 日，国家发展和改革委员会正式出台了中小企业划分标准。在 2011 年工业和信息化部、统计局、发改委及财政部《发布关于印发中小企业划型标准规定的通知》后，小微企业的概念被独立划分出来。目前，我国有 7000 多万户小微企业，分布在各行各业，贡献了 60% 以上的国内生产总值、50% 以上的税收、80% 以上的城镇和农村的就业岗位、65% 左右的发明专利和 80% 以上的新产品开发。

农村小微企业是位于农村的小型、微型企业、个体工商户和家庭作坊企业的统称。农村小微企业的融资规模比起城镇小微企业往往更加小，涉及的行业范围也较窄。根据《中华人民共和国中小企业促进法》，农村小微企业的划分也包括营业收入和从业人员两个方面。农村小微企业划分标准见表 2.1。

表 2.1　农村小微企业划分标准

行业	划分标准	单位	农村小微企业
农林牧渔业	营业收入 Y	万元	$Y<50$
工业	营业收入 Y	万元	$Y<300$
	从业人数 X	人	$X<20$
批发业	营业收入 Y	万元	$Y<1000$
	从业人数 X	人	$X<5$
零售业	营业收入 Y	万元	$Y<100$
	从业人数 X	人	$X<10$
其他	从业人数 X	人	$X<10$

一般来讲，农村小微企业有以下五个特点：

（1）农村小微企业一般与老百姓生活息息相关的行业有关，如批发和零售业、住宿餐饮业和其他行业等。它直接面向市场，与普通消费者、农民和农户联系紧密。

（2）农村小微企业的进入门槛较低，相比大型企业的成熟完善，农村小微企业在管理体系、人才配置和资本方面有着较大差距，它对从业人员的综合素质、资本以及技术的要求不高。农村小微企业的劳动力、劳动手段或劳动对象集中程度较低，生产和交易数量的规模较小。

（3）农村小微企业的组织结构层级较为单一，企业融资决策的制定者往往就是靠小微企业业主一人或合伙人负责。农村小微企业管理者往往没有学历，没有经过专业的管理者培训，在做出经营决策时依靠的是自身经验及他人经验的积累与总结，对当下经济形势、市场状况、经济发展的结构调整方向掌握不足。

（4）农村经济主体是以家庭为单位的作坊式模式，家庭观念根深蒂固，农村小微企业家深受家庭血脉关系影响，会选择内源融资或向家庭及亲人求助的方式来作为主要的融资渠道，较少依赖于外部资金。

（5）相较于城市的大中型企业，农村小微企业的地理分布非常广泛，数量也有很多，处在产业链的最底端，在农村等广大区域都随处可见小微企业的身影。

农村小微企业对于正在发展中、寻求财富快速增长的中国意义非凡，它是提供新增就业岗位的主要渠道，是企业家创业成长的主要平台，是科技创新的重要力量。农村小微企业的发展对于经济的全面进步和发展起着重要作用，其发展直接影响到经济的微环境运行。

2.1.2 农村金融市场

农村金融市场理论兴起于 20 世纪 80 年代，它以农业信贷补贴理论为基础并吸纳了美国著名经济学家罗纳德・麦金农（Makinnon R. J.）和爱德华・肖（Show E. S.）的“金融抑制”理论和“金融深化”理论。该理论认为，自由市场才能调动农民的储蓄热情和从事农业生产的积极性，政府应该减少对农村金融市场的政策性干预，自由市场这只“看不见的手”会保证和调节金融秩序的建立和发展。整个农村金融市场是由许多零散而分割的市场所构成，而且这些不同的市场内部的结构有着各自的特殊性，表现为借贷交易群体的固定化与借贷交易的互联性和差异极大的利率。此外，该理论认为非正规金融和正规金融之间存在的是一种有效的补充关系，从而应当保留农村非正规金融，并且发展农村金融市场应该完全依靠市场机制，防止政策性金融对农村金融市场的扭曲，推动自由化的农村金融改革。虽然农村金融市场理论替代了早期的农业补贴论，强调市场机制的作用，但是它的作用也是有限的，它主张的利率自由化会导致融资成本过高，在一定程度上会降低农户融资贷款的参与度，不利于农村经济的长期发展。因此，对于发展中国家来说，农村金融市场仍需要政府的调控和政策性的指导来避免过度市场化带来的麻烦。

随着“三农”政策的推进和新农村建设的加快，我国农村金融市场已经逐步形成了较为完善的农村金融体系。我国农村正规金融机构主要有中国农业发展银行、中国农业银行、农村信用合作社，分别作为政策性银行、商业银行和合作性组织，它们之间不相互冲突，各自负责一个领域，推动我国农村金融体系的发展。其中，农村信用社在农村金融市场所占比重最大，不论是在营业网点数量还是在机构从业人数上都占据着明显优势，是支持农村金融市场发展的重要力量。可以说，农村信用合作社是推动我国农村金融市场发展的中流砥柱，也是我国农村金融产品和服务创新不可或缺的力量。此外，还有一些新型的金融机构如村镇银行，小额贷款公司和农村资金互助社。这些新型的金融机构起步较晚，有地下钱庄、农村合作基金会、私人借贷和合会等，一般处在官方的控制之外。

由此可见，我国的金融市场具有典型的城市金融市场和农村金融市场“二元结构”特征，由政府主导的农村正式金融机构和市场结合，民间非正规金融组织进行补充。随着农村金融市场的不断改革，由政府引导的正式农村金融组织将会是农村金融市场中的主要发展对象，组织结构和人员机构也将得到不断的完善，成为推动农村金融市场发展的主要力量，通过引导农村正规金融和非正规金融整合，可增加农村金融市场的资金供给总额，进一步促进农村金融发展，最终实现城乡一体化发展。

2.1.3 新型农村金融机构

我国农村地区的金融发展长期得不到有效提高，农村金融组织网点少，服务范围有限。随着大型银行陆续从农村地区撤出效益低下的网点，农村信用社在农村金融体系中的垄断地位逐渐提升，导致了农村地区的融资渠道严重不足。小微企业和农户的融资需求也得不到满足，农村融资供需不平衡的程度进一步加深，从而阻碍了农村的经济发展。农村金融需求的特点决定了在二元经济背景下，必须通过发展新型金融组织来解决农户和农村小微企业的融资需求。2006 年年底，为了完善农村金融体系、缓解农村金融供给严重缺乏与农村金融需求的矛盾，银监会发布了《关于调整放宽农村地区银行金融机构准入政策，更好地支持社会主义新农村建设》，正式认可了村镇银行、小额贷款公司和农村资金互助社三种新型农村金融机构。中央“一号文件”持续不断明晰的“三农”战略及“精准扶贫”的战略目标，为新型农村金融机构的建设提供了坚实的政策基础。相比传统的金融机构，新型农村金融机构与农村贴合得更加密切，最具独特之处是出资人多元化与自然人入股。同时，新型农村金融机构的设立，对农村金融制度改革起到了突破、探路和示范的作用，是对现有金融体系的补充。

1. 村镇银行

村镇银行是由境内外金融机构、境内非金融机构企业法人、境内自然人出资，在农村地区为当地“三农”提供金融服务的银行业金融机构。村镇银行的市场定位主要是满足农户的小额贷款需求以及服务当地中小型企业。村镇银行具有银行性质，它的业务范围除吸储、放贷、办理支付结算等业务，还涵盖了代理其他的保险及代理政府发行、兑付并承销政府债券，代理包括银行在内的金融组织业务。就目前我国农村金融供给主体而言，农信社、邮政储蓄等其他金融机构也是农村金融供给的承担者，村镇银行在与它们共同为农村提供金融服务的过程中应如何协调彼此的关系对于村镇银行自身发展也至关重要。村镇银行设立在县乡镇地区，对于不同层级的地区分别设立了不同的进入门槛：乡镇的村镇银行注册资本要求在 100 万元人民币以上；县级的村镇银行注册资本不得低于 300 万元人民币；地级的注册资本要求在 5000 万元人民币以上。

2. 农村资金互助社

农村资金互助社是经银行监督管理机构批准，由公民自愿入股组成的社区互助性银行金融业务，所扶持的对象主要是规模较小，收益不稳定的小微企业或没有固定收入的农户。设立农村资金互助社，首先要召集有意愿入股的农户、村民，再收取社员的存款并制定利率。农村资金互助社有社区互助性银行特征，向社员提供金融服务和信用贷款。借贷的种类多样，既可以为社员提供资金，也可以为社员提供某些优惠的专利技术。同时所有社员对发放的每一笔贷款共同负责，对每一个贷款项目做出相应评估，共同承担风险。设立农村资金互助社的要求较高，发起人必须在10人以上，社员的户口所在地必须和资金互助地一致。为了防止出现大股东一株独秀的现象，每个农户或者企业的控股率不得超过5%，超过的必须上报银保监会。

目前，农村资金互助社已经成为占农村低端市场份额较大的金融组织，具有明显的本土化特征，其信贷服务程序较为简单，基本上采用的是信用贷款，社员的贷款成本也较低，能够有效防范道德风险。农村资金互助社对建立贫困户信用评价体系、拓宽贫困地区融资渠道、设立扶贫再贷款和提高贫困地区不良贷款容忍度起到了积极的作用。然而，农村资金互助社的后天不足在于融资渠道有限，资金来源不足，缺乏细化的政策支持，服务能力有限，难以满足多样化的贷款需求等。

3. 小额贷款公司

小额贷款公司是由自然人、企业法人与其他社会组织投资设立，不吸收公众存款，经营小额贷款业务的有限责任公司或股份有限公司。小额贷款公司不同于银行业金融机构，它不能吸收公众存款，组织形式一般为有限责任公司和股份制公司，前者的注册资本要求为500万元人民币以上，后者要求在1000万元人民币以上，而且保证注册资本全部为实缴。

小额贷款公司的经营范围被限制在一个地区，在坚持服务“三农”的基础上，它可自主选择符合自身风险水平的客户，可以促使其在特定地区深入了解客户的信息和各方面的情况，有助于缓解信息不对称。小额贷款公司办理信贷业务的资金主要由自有资金和来自发起单位（金融组织）提供的资金两方面组成。小额贷款公司通过改变贷款合约，利用客户群体自身的其他软信息，减少客户的交易成本，成功地降低信贷风险，从而使得借款者获得足够的贷款。小额贷款公司的制度安排，可以有效地降低客户交易成本和自身的控制操作成本，这样有利于小额贷款公司与客户保持长期的合作关系，进一步了解客户、发掘客户，并保持自身经营的稳定发展。

2.1.4　关系型借贷

"关系型借贷"（Relationship Lending）自 20 世纪 80 年代被提出以来，一直深受广大学者的关注。关系型借贷是指银行通过与企业建立长期、稳定、密切的关系，收集企业相关信息，利用与中小企业之间的长期往来，从而做出是否贷款、贷款额度、期限、价格等方面的决策，从而尽可能地减少中小企业借贷风险的一种贷款协议（Berger 和 Undell，2002）。关系型借贷具有以下特点：

（1）银行信息收集是一个耗费时间比较长的过程。中小企业的信息一般都是不透明的，所以以财务报表为基础的交易性借贷也不能顺利进行，若要获得更可靠的信息，银行等金融机构与贷款企业就必须保持长期紧密和相对封闭的合作关系，在长期的合作中，银行才会尽可能更多地掌握企业的相关信息。

（2）关系型借贷主要根据银行与企业保持长期信贷关系过程中获取的"软信息"进行决策，即不容易被数码化及难以传递的信息，比如企业的财务状况，企业的信用等，并且这些"软信息"只能在关系银行与借贷企业之间流通，不得外传。

（3）关系型借贷是一种解决中小企业融资问题的有效方式，特别是强的银企关系能够减少由于信息不对称带来的逆向选择和道德风险问题；易识别优秀的企业，具有更强的稳定性，有利于银行与企业之间进行信息交换；是银行与企业基于长期隐性契约关系上的借贷业务，这种长期隐性契约关系具有改善金融交易的作用。

关系型借贷相关的理论基础见表 2.2。

表 2.2　关系型借贷相关的理论基础

学者	时间	理论	定义或内涵
Akerlof, Spence 和 Stiglitz	20 世纪 70 年代	信息不对称理论	在市场经济活动中，各类人员对有关信息的了解是有差异的；掌握信息比较充分的人，往往处于比较有利的地位，而信息贫乏的人，则处于比较不利的地位
Stiglitz 和 Weiss	1981 年	信贷配给理论	逆向选择是信贷配给的基本原因，银行为了避免逆向选择，不会进一步提高利率，而会在一个低于竞争性均衡利率但能使银行预期收益最大化的利率水平上，对贷款人实行配给
Grossman, Hart 和 Moore	1990 年	不完全契约理论	由于人们的有限理性、信息的不完全性及交易事项的不确定性，使得明晰所有的特殊权力的成本过高，拟定完全契约是不可能的，不完全契约是必然和经常存在的
Boyd 和 Smith	1992 年	金融中介理论	在金融市场上资金融通过程中，资金供求者之间起媒介的人或机构，分为货币系统和非货币的中介机构。货币系统的中介机构，购买初级证券和创造货币，非货币的中介机构只履行购买初级证券和创造对自身的货币债权的中介作用，这种债权采取储蓄存款、股份、普通股票和其他债券形式
Hilscher	2013 年	预算软约束	当企业遇到临时性的经营困难无法按时偿还贷款或者申请新的贷款时，银行基于密切的银企关系及自身利益的考虑不会轻易地要求企业破产清算，而是倾向于帮助企业通过再谈判获得展期或额外资金

总之，关系型贷款在国外中小企业融资中是一种常见的贷款技术，它能够很好地克服中小企业信息披露不完全的问题，从而解决由于信息不对称导致的信贷配给问题，是我国企业值得借鉴的融资方式之一。

2.2　相关理论基础

2.2.1　金融分工理论

分工理论最早可以追溯到古典经济学家亚当·斯密在《国富论》中曾针对生产劳动的分工进行的分析。他指出，分工带来的专业化能够促进技术进步，进而产生报酬递增。分工带来的专业化能够促进技术进步，进而产生报酬递增。但同时，分工的进一步发展要依赖于市场范围的扩大。分工既是经济进步的原因，又是其结果，这个因果累积的过程所体现的就是报酬的递增机制。马歇尔在继承斯密思想的基础上，发展了分工理论，其分工思想体现在工业组织与报酬递增上。马克思在批判和吸收斯密的思想基础上，对专业化与分工协作进行了讨论，提出了分工的技术规律、资本循环规律和供求规律。

金融分工（Financial Differentiation）是指在金融领域中，微观经济单位（个人、金融部门或银行等金融机构）将金融生产活动所包含不同职能的操作，不断地分离细化的决策均衡的过程。金融分工是微观经济主体所选择的不同职能的操作在金融领域不断深化的过程，它是社会分工发展到一定程度的产物，贯穿金融发展始终的线索是金融分工。金融分工的演绎过程具体表现为金融资源的货币化、资本化、商品化和制度化。

1. 金融资源的货币化

货币源于社会分工引起的商品交换、交易行为，而交易是货物或服务在两个技术上可以分离的单位之间的转移。交易行为的产生导致了交易媒介新功能的诞生，于是货币资源在这种充当交易媒介职能的操作细化中产生了。马克思指出，交换过程同时就是货币的形成过程，货币的根源在于商品本身。同理，金融资源就是具有交换和储藏功能的货币资源。

2. 金融资源的资本化

货币资源的出现降低了交易成本，交易成本的减少又会产生新的金融职能。货币资源储蓄和投资功能的分工与专业化，一方面，促进了商品交易行为的进一步扩大；另一方面，拓展了金融市场容量。但是，潜在的金融交易的不确定性和风险性也随之出现，从而加大了交易成本。为了降低金融交易成本与金融交易过程中的不确定性，金融市场上分化出新的金融机构，以银行为代表的专业金融机构就出现了。金融市场容量的扩张与专业金融机构的出现，不仅节约了金融交易费用，降低了金融交易成本，更重要的是加速了资本的集中，为资本资源的产生及运营创造了条件。

3. 金融资源的商品化

社会化大生产加深了劳动分割的力度、深度和广度，社会分工不断深化，金融领域中新金融职能的创新层出不穷，金融市场容量不断扩张，金融资源的数量不断增加，质量也不断得以提升，金融分工得以进一步深化。为了满足大生产所需要的巨额资本，金融分工又出现了信用的证券化，出现了股票等直接融资的形式。股票是一种标准化的金融合约，它导致了资本资源的产权发生裂变和复合，从而使得金融资源的物质形态的使用价值与虚拟形态的交易价值分离，虚拟交易可以单独进行。虚拟交易活动进一步降低了交易费用，为社会大生产与企业规模的进一步扩大创造了条件。为了降低股票契约中因所有权与控制权两权分离导致的风险，客观上又需要金融分化出新的金融职能组织，即专门从事股票交易的场所和各种投资中介。随着股票交易规模不断增大，新的金融工具的产生以及交易手段的不断改进，股票市场的交易费用进一步下降，金融分工向着更高层次的水平演进。在这一阶段，金融资源的特征表现是货币资源的虚拟化。

4. 金融资源的制度化

金融分工是金融新职能不断创新发展的过程，也是微观经济主体不断选择新金融职能操作的决策过程。金融资源的产生与发展、金融市场的容量的扩张都是社会分工与金融分工的共同结果，在这一过程中，交易成本的多少与交易效率的高低起着决定性的作用。金融分工的深化不仅降低了金融市场内部的交易成本，而且为社会分工的进一步深化创造了条件，二者相辅相成。市场经济高度发达和金融体系完善的国家主要通过金融分工的深化来推动社会分工的进一步深化。金融分工的深化又充分体现在制度创新上，于是金融资源表现出它的制度资源特征。

2.2.2　金融抑制和金融深化理论

“金融抑制理论”（Financial Repression）是由 Edward S. Shaw 和 Ronald I.

Mickinnon 于 1973 年提出，他们认为，经济发展与金融深化有着显著的正相关关系。一个国家经济之所以落后是因为在其国内存在严重的“金融抑制”。金融抑制是指政府错位，对金融活动和金融体系的一些行为进行人为干扰，影响金融体系的自由发展，导致资金价格严重扭曲、融资渠道受阻、市场中信息不对称现象严重，这样阻碍了金融对经济的促进作用，造成了经济层面的资源配置效率低下和金融滞后发展的困境。

在广大的发展中国家，“金融抑制”是一种普遍存在的金融怪象，会忽视弱势群体的金融需求，降低金融市场的发展活力。其表现为政府对金融市场的过度“积极干预”，将资源过多地投入到国有部门或者其他政府规划的大项目。同时，银行等正规金融机构得到政府机构的激励后，也将利用有限的金融资源不断地去支持国有部门。最终，中小企业无法获得足够的金融支持，以利率为标度的资产价格难以透过市场机制达到均衡，从而抑制了金融市场的正常发展。如图 2.1 所示，r' 为在均衡利率 r 之下的名义利率，此时市场资金处于供不应求的状态，市场非均衡，有些资金需求者将无法获得信贷资金。

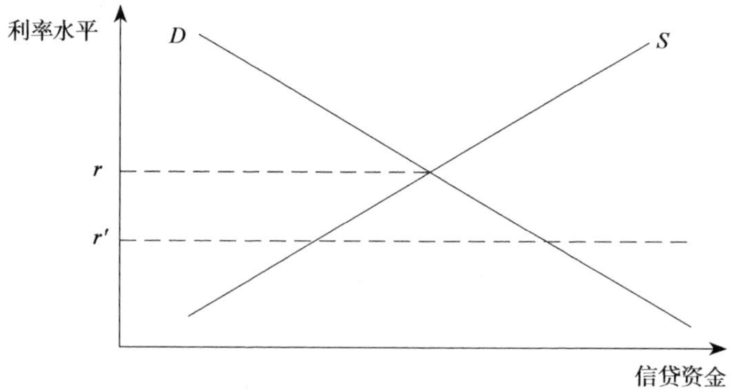

图 2.1　金融抑制对金融市场资金供需状况的影响

从某种意义上说，在金融抑制条件下，正规金融机构的利率水平已经达到了均衡水平，但是这个利率水平却无法承担中小企业融资或有违约风险，从而对金融的限制催生了非正规金融。一般地，金融抑制会制约经济的发展，若要解决金融抑制带来的困境，就要通过金融深化消除各种不恰当的干预和管制，充分地释放金融活力，深化金融供给，推行金融自由化，才能满足各种经济主体和个人对金融的有效需求。只有金融机构、金融市场和金融产品得到充分深化，经济才能实现长期的稳定发展。

“金融深化理论”（Financial Deepening）可以看作是金融抑制论的延伸和发展，两种理论一脉相承。金融深化是指政府减少对经济市场的干预，重视金融市场和金融体系的自主循环功能。放松对利息利率的把控，取消信贷配给制，让其得以真正反映市场供求变化的情况，从而拉动储蓄、投资等，消除价格扭曲、结构单一、分割混乱等市场问题，增加市场活力，从而在经济和金融中形成良性的循环体系。在一个金融深化的经济中，一个国家的金融体系与经济发展之间存在着互相刺激、互相制约的关系，如果金融部门能够得到充分的自由发展，那么金融资产的价格就可以真实地反映资源的相对稀缺性。

金融深化的根本意义是想通过金融深化获得经济发展，其基本内涵是指顺应经济发展对金融服务的要求，金融供给体系在机构、工具、功能等方面进行创新。它包括金融体系、金融机构、金融服务和金融产品等多方面的创新，这些创新既包含有机构数量的增加，也包括业务结构的优化；既包括运行效率的提升，也包含有发展质量的提高。与此同时，进行金融深化，能够降低融资难度、发展新技术，这对于优化市场结构、促进金融体系的发展有积极的意义。

衡量金融深化水平最基本的方法是“货币化模型法”，其核心指标是货币供应量在 GDP 中的占比。该比例越高，金融深化程度越大。其基本公式关系为

$$G = S / k = V \cdot S$$

式中：G——国民经济增长率；

S——居民储蓄倾向；

k——投资系数或资本 / 产量比率，即资本与产量的比例关系；

V——投资效率，即单位资本所能生产出的产量。

金融抑制和金融深化理论揭示了经济增长与金融供给之间的关系，即金融需求与金融供给之间的关系。在如今的金融市场中，由于信息不对称而导致“贷款难、难贷款”等许多现实问题，都可以运用金融抑制和金融深化理论进行深入分析。可以说，金融抑制和金融深化理论对金融市场发展的贡献，既体现在观点上，也体现在方法上。

2.2.3 企业成长理论

企业成长理论（The Theory of Firm Growth）一直是经济学者和管理学者研究的热点。企业成长是在企业持续存在前提下，通过量的增长与质的创新不断发展演变的过程。从纵向发展脉络来看，企业成长理论可以分为古典经济学的企业理论、新古典经济学的企业理论和现代企业理论，经历了从静态到动态、从线性分析到非线性分析的渐进深入的演变过程。

1. 古典经济学企业成长理论

古典经济学派把企业的成长看作社会分工的产物，分工提高了劳动生产率，可以导致生产规模扩大，生产规模的扩大又进一步促进了再次分工，企业从而在良性循环中不断壮大和成长，如图 2.2 所示。

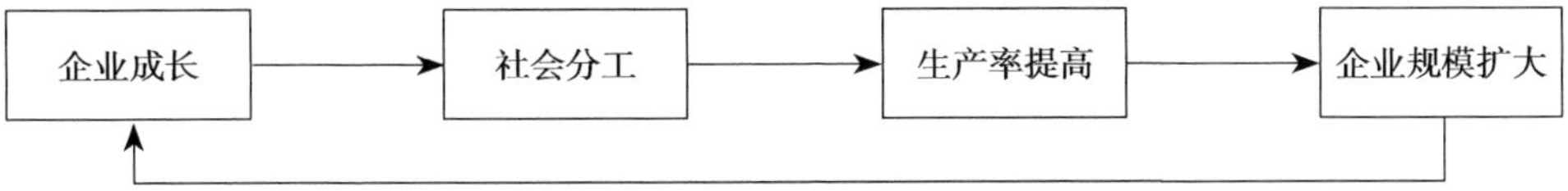

图 2.2　古典经济学企业成长循环

古典经济学家亚当·斯密的劳动分工理论是企业分工成长理论最早的思想来源，分工对企业成长的作用表现为：劳动分工导致了专业化生产，专业化生产促进了劳动生产力的改良和生产效率的提高；分工促进企业发展，使国民财富增加，国民财富的增加刺激国民消费增长，从而进一步推动企业成长。

马克思则进一步强调企业内部分工对提高劳动生产率的作用。马克思在《资本论》中对协作和分工的论述，说明了分工是推动企业内生成长的动因，重点论述了协作对企业成长的作用，他认为协作可以扩大劳动的空间范围，因此，某些劳动过程由于劳动对象空间上的联系就需要协作；协作可以与生产规模相比相对地在空间范围上缩小生产领域，从而通过生产资料、劳动者和劳动过程的紧密结合使企业生产费用得到节约，推动企业规模的增长。马克思从研究资本主义生产方式的视角，为我们研究企业内生成长提供了理论借鉴。值得一提的是，马克思注意到了企业自身管理对企业成长的作用。

熊彼特则是站在生产的角度来看待企业和企业家的，其理论核心是动态论的研究方法和思维框架。在他看来，无论是经济的发展还是企业的成长，都是一个非连续的动态的过程。他特别强调了企业家和创新在企业成长中的重要作用。

由以上论述可以看出，古典经济学中，对企业成长的理解是直观的，即主要从“量的增长”来考察。古典经济学对企业成长的认识是由当时的社会经济发展状况决定的，其局限性是未对企业进行深入探讨，这为新古典经济学的利润最大化假设做了铺垫。

2. 新古典经济学企业成长论

新古典经济学的企业成长理论是在古典经济学规模经济理论的基础上发展形成的。该理论把企业规模的不同看作同一行业企业的唯一变量，企业的其他指标，例如投入产出系统、内部运行机制、成本和需求曲线都是相同的。代表性学者马歇尔认为，企业是一个复杂的有机体，企业持续成长取决于内外部经济；市场条件下的企业成长是竞争作用下优胜劣汰的结果，外部经济比内部经济的重要性逐渐凸显；企业家也是影响因素之一。

在马歇尔以后，新古典经济学派逐渐成为了经济学理论的主流学派。新古典学派的理论核心是价格理论，把价格机制看作经济活动中唯一有效的协调机制，将企业追求利润最大化作为前提，从技术角度对企业进行研究，认为企业通过调整产量，扩大规模经济和范围经济，在从非最优规模向最优规模转变的过程中实现企业成长。此外，新古典经济学成长论将企业成长看作是外生变量，即企业完全是被动地成长。该学派把企业看成一个外生给定的、以追求利润最大化为目的的生产函数，企业会依据边际原则决定生产投入和产品产出，把企业看成了一个“黑箱”组织，也就是说企业成长就在于寻求最佳规模。

新古典经济学理论对企业成长的解释有明显的不足：企业成长理论属于一种设定条件的静态均衡和最优化方法，而将企业内部能力这个重要因素忽略了。此外，该理论没有涉及企业内部的制度安排和激励问题。

3. 现代企业成长理论

在现代企业成长理论中，具有主要代表性的理论有企业资源基础理论、企业能力理论和企业知识理论。

1984 年沃纳菲尔特《企业的资源基础论》的发表意味着资源基础论的诞生。资源基础理论的观点是：企业在资源方面的差异是企业获利能力不同的重要原因，也是拥有优势资源的企业能够获取经济租金的原因。作为竞争优势源泉的资源应当具备以下条件：价值、稀缺性、不能完全被仿制、其他资源无法替代、以低于价值的价格为企业所取得。随着资源在竞争战略中重要性的不断提升，巴尼（1992）认为企业竞争之所以能持久，是因为企业拥有异质性以及不可移动性的资源。随着对企业资源问题研究的进一步深入，奥利弗（1997）提出企业内部稀缺的生产流程、商誉、专利、专有技术以及客户、社区及制度资本都是资源。

在企业能力理论中，彭罗斯在《企业成长理论》中继承和发展了马歇尔的企业内生成长理论。彭罗斯以单个企业为研究对象，认为企业是由资源组成的，是一个生产性资源的集合。虽然广义的资源包括企业能力，但能力理论认为能力与资源不同，能力是以人为载体的，是配置、开发、保护、使用和整合资源的主体能力。他认为企业内部拥有的资源决定了企业的能力，能力决定了企业成长的速度、方式和界限。而最重要的能力是企业家的管理能力，现在通常把管理对企业成长的关键性约束作用称为“彭罗斯效应”，彭罗斯首创了“成长经济”的概念，对影响企业成长的因素做了系统分析并且对企业的核心竞争力做出了指导。因此，企业能力理论是在市场变化加剧、科技创新、经济的全球化、市场的全球化、客户对产品需求的多样化的背景下产生的。

企业资源理论和企业能力理论从各自的角度对企业竞争优势的根源做出了解释。但是，他们并没有解释为什么一些企业在拥有了战略性资源和核心能力的同时，在非连续变化的环境下，战略资源丧失了效用，核心能力囿于“核心刚性”反而丧失了竞争优势。在这种情况下，企业知识理论产生了。它将企业视为知识的集合体，认为企业的关键在于掌握知识；企业生产过程中最重要的也是知识；企业价值最重要的来源也是知识。基于知识的角度探讨企业的成长，是对企业成长理论的进一步研究，最具有代表性的人物是哈罗德·德姆塞茨，他认为，企业竞争能力的大小是由企业的知识水平决定的，企业知识水平的高低决定了企业创新能力的大小，企业掌握的知识越多，企业的产品或者服务就越能够在市场上立足。除此之外，很多学者也对知识进行了详细的划分，野中郁次郎教授认为知识分为隐形知识和显性知识，提出了螺旋知识的理论。他对企业的“知识结构”和“认知能力”二者的概念进行了阐述，提出这两个因素决定了企业知识积累的水平。知识又由企业的各个员工掌握，他们有着不同的知识背景和不同的性格，企业要顺利维持生产，就需创建并维护一种环境让不同的员工集中使用各种专业知识，实际上就是一种知识交流、转移和共享的环境，创造产品价值。

总之，资源基础理论、企业能力理论和知识基础理论在本质上是一致的，其发展是一脉相承的，都试图从企业的内在层面对企业的本质、特征、运行以及企业的竞争优势进行探索。

2.2.4　企业生命周期理论

企业生命周期理论（Theory of Corporate Lifespan）自 20 世纪 50 年代提出以后，学者们开始从不同的视角对该理论进行研究和深化拓展，取得了许多重要研究。企业生命周期理论是当今研究企业管理的重要理论之一，该理论将企业的发展视为生物体生命周期现象的一种模拟，存在着从出生到成长、成熟、衰老与死亡的周期性。纵观其发展历程，大致可分为以下四个阶段。

1. 第一阶段：萌芽阶段

20 世纪 50 年代，Mason Haire 首次应用“生命周期”观点来研究企业问题。他认为企业的成长如同生物有机体一样，也要经历孕育、诞生、成长、成熟和衰亡的过程，并指出在企业的发展过程中由于管理不善会造成企业成长停滞或衰亡，即企业管理的水平成为制约企业发展的瓶颈因素。

2. 第二阶段：企业生命周期理论的系统研究阶段

20 世纪 60 年代，学者们开始分析企业生命周期的特征。Chandler（1962）指出，企业会出现四个平稳上升的连续阶段：第一阶段始于企业的初始扩张和资源积累阶段；第二阶段是企业组织结构调整和资源优化配置；第三阶段走向多元化，充分利用资源不断开发新产品和占领新市场；第四阶段是企业多分部结构的形成，这样结构可以确保已经多样化的资源得到更有效的利用。美国学者 Gardner（1965）指出，企业生命周期具有特殊性，由于不可预估性，企业的发展既可能会出现瓶颈，也可能会使出现没落的企业通过转型获得新生。后来，Scott（1973）将其改编为“三阶段”模型，但终点仍然是多元化、分部化的公司。

3. 第三阶段：企业生命周期理论的模型描述阶段

企业生命周期的不同阶段可以用模型进行描述，如图 2.3 所示。Kimberly（1981）建立了一种周期现象模拟模型，将企业的生命周期比作生物有机体的生命周期，认为企业从创建、发展到衰亡，就像生物有机体诞生、成长和死亡一样，一个从无到有，再从有到无，有一个显著的周期存在。这种生命周期比拟的思想，对组织的成长与改变，具有理论研究的启发性。Quinn 和 Cameron（1983）在描述企业历程时归纳出一个四阶段模型：第一个阶段是创业期，企业由单一领导管理，缺乏相应的规划、协调和管理；第二个阶段是集体期，特点是非正式沟通及结构、略有协作、逐渐形成集体意识与使命感和高组织承诺；第三个阶段是正式控制期，这时企业的规章制度趋于正式化、组织稳定、强调工作和生产效率;第四个阶段是结构细分期，特点是组织结构精致化、分权、适应及更新，主要目标是强化适应能力以追求新生的契机。Adizes（1989）形象地描述了企业整个生命周期的形态变化，并根据企业的发展历程构建了著名的爱迪思十阶段模型，明确了企业生命周期理论的重要性，被普遍认为是企业生命周期理论奠基之作。Adizes 认为企业有生命且有各自不同的生命周期，尽管不同的企业寿命长短不一，但它们却在生命周期的不同阶段具有一些共同的特性。他将企业生命周期细化为孕育期、婴儿期、学步期、青春期、盛年期、稳定期、贵族期、官僚化早期、官僚期、死亡期十个阶段。该理论的局限性是没有考虑环境的重要影响。

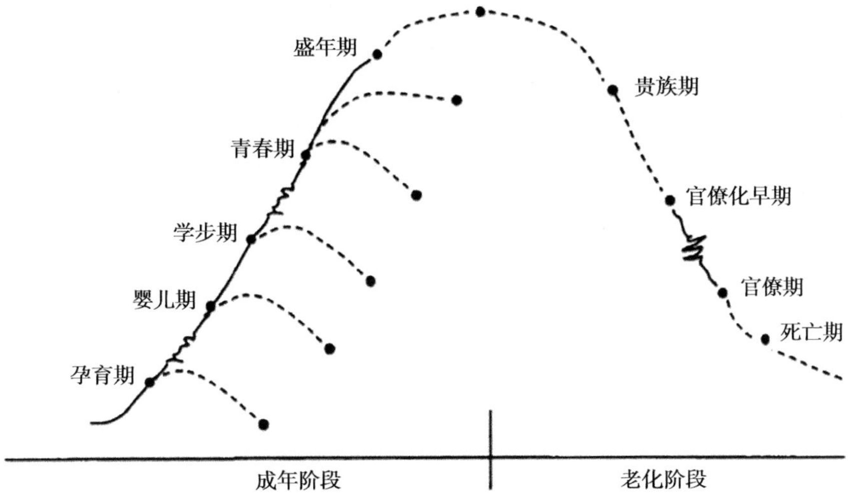

图 2.3　Adizes 的企业生命周期理论图

4. 第四阶段：企业生命周期理论的改进修正阶段

自 20 世纪 90 年代以来，学者们开始对企业生命周期理论进行不断的修正和完善。Francis J. Gouillart 和 James N. Kelly（1998）提出了“企业蜕变理论”，把企业看成是一个活的生命体，即心智、躯体、精神一应俱全的生物法人，并将企业成长形象地称为“企业蜕变”，动态地评价企业生命周期各阶段的特点及对策，并规划了蜕变架构。国内学者陈佳贵（1995）根据对企业成长的考察，提出了一些对 Adizes 理论的修正意见，他认为企业有不同的成长类型，按照企业规模扩张程度将企业分为欠发育型、正常发育型和超常发育型三种。他按照企业规模的大小把企业的生命周期划分为孕育期、求生存期、高速成长期、成熟期、衰退期和蜕变期六个阶段。芮明杰（2004）综合陈佳贵的成长模型和李业的修正模型，提出企业持续发展的理论架构，分别以规模利润和时间为纵坐标和横坐标，将企业生命周期在平面坐标系中描绘成一条S形的曲线。任荣（2009）在分析国内外有关战略联盟生命周期和企业合作创新及其管理的相关理论的基础上，构建并实证检验了基于联盟生命周期的合作创新动态管理模型，将企业战略联盟的生命周期分为协商期、成长期、成熟期和蜕变期四个阶段。虽然不同学者对企业生命周期的研究方法、划分结果不尽相同，但学者们普遍认为企业的发展存在诞生、成长、稳定到衰退这一过程。有关的企业成长理论的研究也呈现出从单一因素到多因素、从外部因素转向内部因素、从同质化转向异质化、从静态转向动态的过程。

综上所述，任何企业都是在一定的资源约束和市场约束条件下生存和发展的。外部环境因素的影响固然不可忽视，但更重要的是企业的整体素质和应变能力。这就要求根据企业生命周期的不同阶段，正确选择发展的空间和途径，不断积累资源和能力，不断延长企业的生命周期。

2.2.5 农村金融不完全竞争市场理论

不完全竞争理论（Theory of Imperfect Competition）兴起于20世纪90年代。在发展中国家，金融市场不是完全竞争的市场，尤其在农村及欠发达地区，金融抑制较为严重，在以大中型商业银行为主要金融中介的金融环境下，农村地区的金融支配及垄断地位掌握在信用社或少数大型商业银行手中，正规的金融组织对小微企业信贷服务的可获得性较差，资金的供求双方存在着信息不对称，导致了市场失灵。

不完全竞争理论认为，对于发展中国家，其农村金融市场还没有进入一种完全竞争的状态，市场这一只“看不见的手”并不是万能的，市场交易主体很难对对手的信用情况全面了解，若要达到市场平衡并且使金融市场完全符合实际需要，仅仅通过市场手段是达不到目的的，所以政府就要起到很好的调控作用，帮助构建完备的金融市场体制。

Sidigelici 作为不完全竞争市场的代表，认为市场失灵是存在的，政府在农村金融市场应发挥重要作用，但市场不能完全被政府干预替代，政府在农村金融市场中的干预应该把握“度”，农村金融市场的正常运行需要的是政府的恰到好处的管控力度，其监管的标准和监管的范围都应该被限制在一定的界限内，并通过法律条文来规范约束。Stiglitz 认为欠发达国家的农村市场先天发育不足，金融机构无法准确掌握普通借贷农户的情况，利用单纯的市场调节机制是不可能培育出与社会经济发展协调发展的农村金融市场的，政府有必要承担起市场有益补充的角色。

由此可见，不完全竞争理论的前提是任何形式的政府介入，如果想要有效地克服由于农村金融市场本身缺陷所带来的问题，都必须要具有完善的体制结构。在实践中，不完全竞争理论也对农村金融市场的发展提出了一系列政策建议。对于发展中国家来说，应该关注农村金融机构的改革，建立农村信用体系，排除阻碍农村金融市场有效运行的障碍；政府可以提倡以联保联贷的合作形式来约束借款人，使用安全且具互助性的融资担保等方法，有效缓解信息不对称导致的损失；要推动不同类型的金融组织的建立，在税收减免、利率水平上给予一定的优惠政策支持。

总之，不完全竞争理论是强调发挥自由市场为主，重视政府的宏观调控作用为辅的理论，对我国的农村金融体系建设有着指导性作用。

2.3 本章小结

本章在对农村小微企业、农村金融市场和新型农村金融机构等相关概念进行界定的基础上，阐述了与农村金融有关的理论，包括金融分工理论、金融抑制和金融深化、企业成长理论、企业生命周期理论及农村金融不完全竞争市场理论。这些理论基础为后文的研究提供了一定的理论依据。

第 3 章　农村金融市场对小微企业融资行为的作用机理

第 2 章对农村金融市场、小微企业等相关概念进行了界定，深入分析了相关理论，是本章机理分析的基础。本章将以小微企业的融资需求能力和农村金融市场的供给能力为着眼点，深入探究农村金融体系对小微企业融资行为的作用机理，以此来促进小微企业的融资。

3.1　农村小微企业向农村金融市场融资的需求能力分析

3.1.1　农村小微企业融资的特点

与大中型企业相比，小微企业由于缺乏有效的抵押担保品、银企之间信息不对称等，导致小微企业具有融资条件缺乏、融资效率较低、融资渠道单一、融资复杂性较大等特征，从而使小微企业在经营发展过程中难以获得金融机构的信贷资金，面临着融资约束难题。

1. 小微企业融资条件缺乏

小微企业由于自身拥有的固定资产和自有资本金偏少，导致其在申请金融机构的融资服务时遇到的最大障碍是无法提供合格、有效的抵押品，也无法寻找到合适的担保公司提供信用担保，无法满足金融机构严格的融资条件。而大中型企业的资产实力较强，往往可以提供厂房、大型机器设备、原材料等合格的抵押品或者寻求有实力的信用担保公司或其他企业来进行担保，从而具备金融机构所要求的融资条件，大中型企业能够便捷地获得所需的融资服务。

2. 小微企业融资效率较低

目前我国小微企业大多数是劳动密集型企业，企业拥有的竞争优势主要取决于专有技术、与大中企业之间的供货关系、与客户的关系等，而这些竞争优势所依托的技术、资本门槛较低，导致企业进入门槛较低，企业之间的竞争很激烈，一旦公布其信息，很容易导致企业的技术、产品被其竞争对手模仿或者复制。小微企业信息不透明，无法让银行准确地掌握企业盈利、现金流等情况，导致银企之间信息不对称，银行不愿意为小微企业提供融资服务，降低了小微企业的融资效率，加剧其融资难度。

3. 小微企业融资渠道相对单一

大多数小微企业是由家族成员或单个自然人拥有，公司治理状况较差。小微企业在生产经营过程中需要发展资金时，由于企业自身弱质性，小微企业自身积累资金较少，无法实现内源融资；也很少选择从门槛较高的公开上市、债券融资等资本市场融资；典当、租赁等其他适合小微企业融资的渠道由于其机构数量较少，且大都集中在东部沿海的经济发达地区等限制条件，也很难满足数量巨大的小微企业融资需要。因此，小微企业在融资时只能寄希望于银行贷款，造成小微企业融资渠道相对单一。然而，小微企业抵押品不足、信用担保体系不完善等现状，造成小微企业难以获得银行机构的融资资金，面临着融资约束的现象。

4. 小微企业融资复杂性大

小微企业的经营状况很容易受到宏观经济状况、政府政策等外部环境的影响，企业生存变数和风险相对较大，其资金需求具有临时性、短期性的特点。同时，小微企业融资需求还存在额度小、频率高、时效性强等特点，导致小微企业的融资复杂性大，融资价格和成本相对较高，小微企业难以承受。因此，小微企业更注重融资可获得性。

3.1.2　影响农村小微企业融资需求的因素

影响农村小微企业融资需求的因素有内部、外部因素。内部因素主要包括企业的信用等级低、财务制度不透明、治理结构不规范、缺乏必要的抵押品、获得贷款的成本高、企业规模小抗风性能力差、信息不对称等。外部因素主要包括银行等金融机构、政府政策、经济发展条件等。

1. 影响农村小微企业融资需求的内部因素

影响农村小微企业融资需求的内部因素很多，主要有：① 信用等级低。农村小微企业普遍存在着信用观念不强，信用状况不佳的情况。不少农村小微企业的领导者缺乏必要的法制观念及信用观念，随意改变贷款的用途，更严重者恶意拖欠贷款，不加以偿还，逃避银行等金融机构的债务的现象日趋严重，从而影响了金融机构对小微企业贷款的积极性，最终导致农村小微企业通过银行进行融资的可能性变小。② 财务制度不透明，信息不对称。一般情况下，大多数农村小微企业的会计报表不需要由会计师事务所进行审计，外部很难以较低成本获得其相关信息。许多不正规的农村小微企业的财务报表不真实或没有财务报表，企业交给税务局、银行与自己使用的账簿是不一样的。由于财务制度的不透明、信息不对称，容易发生“逆向选择”和“道德风险”，银行无法对企业基本经营情况和财务状况进行判断，很难及时收集到有效的信息，致对企业资信状况无法进行客观的评估，从而影响了农村小微企业的融资需求。③ 治理结构不规范，管理水平低。农村小微企业大多都属于家族式企业，没有正规的公司章程，小微企业法人治理结构不规范，缺乏必要的监督和约束机制，在内部利润分配过程中多存在短期化倾向，一定程度上阻碍了其自身的发展。再加上农村小微企业产权制度不明晰，易受内部人控制。在管理水平上，农村小微企业缺乏战略经营理念，经营管理粗放，管理制度不健全，企业整体业绩不佳。这些都在一定程度上影响农村小微企业的融资意愿。④ 缺乏必要的抵押品。农村小微企业拥有的大规模厂房和先进设备较少，部分企业只是租赁经营，或采取挂靠集体、合资合作经营等方式，无有效资产作抵押或者缺乏必要的抵押品，使得企业贷款意愿弱。⑤ 农村小微企业经营规模小。一方面，企业自有的资金也少，很难达到银行要求的自有资金的比例；另一方面，由于企业的规模小，就不如大企业抵抗风险的能力那么强，极容易受到经济波动的影响，因此，大部分农村小微企业在融资时，不敢融入大量资金，这在一定程度上影响其融资效率。

2. 影响农村小微企业融资需求的外部因素

对于农村小微企业融资需求的外部影响因素，主要从银行等金融环境及资源、金融机构、政府的法律政策、经济发展等展开分析。

（1）金融环境与金融资源

① 针对农村小微企业专门设立的金融机构数量少，借贷供给的总量不足。目前我国农村金融机构主要包括农业银行、农村合作社和邮政储蓄等金融机构，而农村村镇银行、农村小额贷款机构、农村资金互助社只在部分地区进行试点，由于金融机构数量上的缺失，所提供的资金借贷量远远不能满足我国农村小微企业对资金的需求量。② 金融机构对农村小微企业“惜贷”。由于金融机构与农村小微企业之间的信息存在着不对称，小微企业分布广、经营灵活、财务制度不透明等，使得银行等金融机构无法对其进行有效的监督，为确保本身的利润，金融机构对小微企业“惜贷”，导致小微企业间接融资的主渠道不通畅。③ 金融产品和服务单一。由于我国农村金融发展速度的缓慢，银行等金融机构仍以信贷产品的经营为主，缺乏金融创新，没有适应地推出一系列适合农村小微企业自身发展的金融产品，造成产品和服务上的单一，能够为农村小微企业提供担保的机构数量、担保基金的种类和规模远远不能满足小微企业自身发展的多样性，从而影响了农村小微企业的融资效率。④ 金融资源的配置不合理。金融资源配置的不合理主要表现在以下方面：金融资源的供需不平衡、金融资源配置的效率低下以及尚未形成公平有序的金融市场环境。

（2）社会法律环境

① 融资立法方面。我国目前小微企业融资的规定还只是纲领性文字，相关法律还有待进一步完善。法律在融资方面的缺失，纵容了企业的“逃债”行为，造成银行资金方面的损失。由于对银行债权保护能力低，使得银行不敢轻易对农村小微企业放贷。缺乏金融机构的贷款支持，自然也会影响农村小微企业的融资效率。② 破产法制方面。对拖欠债务不还的行为制裁效率越高，农村小微企业就越愿意遵守借贷合约，履行还款义务；反之，相关法律制度条款漏洞越多，那么企业失信的成本也就越低，农村小微企业不还贷的意愿就越强烈。

（3）市场环境

由于企业的投融资主要是通过资本市场进行的，所以对于市场环境主要是从资本市场的角度进行分析的。① 资本市场机构单一。资本市场是企业进行投融资的重要场所，然而，我国资本市场的结构不合理，市场层次少、交易品种不够丰富，缺少适合不同企业不同阶段需求的多层次市场体系。② 资本市场发展缓慢，进入门槛高。我国小微企业直接融资主要是通过资本市场进行，如股票市场、债券市场等。但是由于我国资本市场尚处于起步阶段，场外市场不够发达，进入资本市场的门槛较高。另外，作为主板市场重要补充的二板市场，即中小企业板市场，由于发展滞后，规模较小，市场影响力和吸引力有限，使得绝大多数小微企业也很难通过二板市场获得自身发展所需资金。

（4）政策环境

目前，我国针对农村小微企业融资政策还相对较少。中央及省市级虽然出台了相关政策措施，加大财税、信贷等扶持力度，改善小微企业经营环境，使得小微企业生产经营出现了积极变化，但是发展形势依然严峻。主要表现在：部分对于农村小微企业的扶持政策落实不到位，融资环境依然没有得到彻底改善，融资难、担保难的问题依然严峻。因此，需采取更加积极有效的政策，帮助中小企业克服困难，转变发展方式，实现又快又好发展。

（5）经济环境

经济发展水平越高，那么信贷市场也就越发达，农村小微企业的融资积极性就越强烈；反之，经济发展水平越低，那么信贷市场缺陷也就越多，小微企业融资的积极性就会减弱。我国现在处于社会主义的初级阶段，经济发展水平不高，信贷市场的发展在很大程度上受到了制约。

（6）社会信用环境

如果企业在社会当中树立良好的信誉，那么就意味着投入的资金在很大程度上能够减少道德风险的发生。社会信用状况良好，也利于银行等金融机构对企业的监管，这样银行就会为农村小微企业提供更多的资金，随着银行对农村小微企业放低门槛，其融资的效率也会相应得到提高。

3.2　农村金融市场对小微企业融资的供给能力分析

为了分析农村金融市场对小微企业融资的作用机理，除了从小微企业融资的需求能力入手外，还需要了解金融市场的供给能力，因此，本节将分析不同类型金融机构的供给能力。

中国农村金融市场主要存在两种融资渠道：一种是包括国有商业银行、农村信用社、农村商业银行、农村合作银行及政策性银行等在内的正规金融渠道；另一种是处于中央货币当局或金融市场当局监督之外的非正规金融渠道。有效的农村金融结构（金融体系中正规金融与非正规金融部门的比例结构及其相互关系）应与农村小微企业对金融服务的差异化需求相适应，从而发挥金融体系的支持作用，通过促进农村小微企业融资对推动经济发展与结构转型具有重要意义。

3.2.1 正规金融机构的供给能力分析

我国农村地区的正规金融机构主要有农村政策性金融机构、农村合作性金融机构以及农村商业性金融机构。一般地，正规金融机构具有金融借贷手续繁杂、违约风险较小的特点。

1. 影响正规金融机构供给的内在因素

（1）组织结构特征

一般地，组织结构越复杂、层级结构越多、资产规模越大的金融机构，越不愿意向那些信息透明度低、资产规模小、无有效抵押担保品的小微企业提供融资服务。大型商业银行不太愿意为小微企业提供融资服务的主要原因在于，大型商业银行在解决银企之间信息不对称、有效监督小额借款客户等方面缺乏明显优势，对小微企业发放小额贷款具有规模不经济的现象。并且，大型商业银行需要花费高额的融资费用与融资成本，才能对小微企业进行信息收集、贷款审核、贷款发放、贷款回收等，从而也削弱了为小微企业提供融资服务的供给能力。相反，组织结构越简单、层级结构越少、资产规模越小的中小型银行，一般为地方性的金融机构，能利用在当地的地缘、人缘等优势，对小微企业的基本经营状况、信用情况、企业家的人品及信誉状况等信息有一定的了解，较容易获得企业各种非公开的软信息，并与小微企业形成长期、密切的关系，发放关系型贷款，致使中小型银行更倾向于为小微企业提供融资服务，具有明显的“小银行优势”。因此，具有明显地域性的农村合作银行、农村商业银行、农村信用社等中小型银行比全国范围的中国农业银行、工商银行等国有大型商业银行往往在委托代理问题和信息收集、信息传递等方面具有比较优势，能够更容易地为当地小微企业提供融资服务，从而可以增强为小微企业提供融资服务的供给能力。

（2）内部管理机制

金融机构的贷款审批权限、贷款决策环节复杂程度、信贷工作人员的贷款责任、风险控制机制等内部管理机制会直接影响金融机构贷款客户对象选择，会影响到机构对小微企业融资的供给能力。金融机构贷款审批权限下放到专营机构、基层分支机构或者基层网点，都可以减少贷款决策的审批环节以及贷款程序复杂程度，有利于提高金融机构开展小微企业融资的供给能力。如果大型商业银行一旦实施贷款审批权限的上收，会导致信贷配给现象更加严重，更加会倾向于向大中型企业提供融资。金融机构的信贷工作人员贷款责任制度，也会对贷款投向产生重要影响。当前我国大型商业银行对贷款管理实施过于严厉的终身负责制度，导致谁发放贷款，谁就要负责贷款管理与回收，且一旦贷款出现坏账，信贷工作人员就要受到严厉惩罚。因此，信贷工作人员对小微企业贷款发放不积极，而倾向于向收益稳定的、有政府隐形担保的大中型企业发放贷款。信贷工作人员给大中型企业提供贷款出现问题，形成不良贷款，政府会成为最后偿还人，而金融机构或信贷工作人员不需要承担过多的风险责任。如果金融机构制定了专门针对小微企业的风险控制机制，并建立科学的风险管理体系，可以适当地提高机构对小微企业贷款不良率的容忍度，能有效地防范、控制与化解小微企业的信贷风险，增强金融机构的供给能力。

（3）产品设计能力

金融机构对小微企业的融资产品设计与业务创新能力，直接影响到金融机构开展小微企业融资服务的供给能力大小。金融机构要根据小微企业自身的经营特点，为小微企业所处的不同发展阶段以及不同类型的小微企业设计出合适的融资产品或业务。针对那些缺乏有效的、合格的抵押担保品的小微企业来说，金融机构可以考虑根据小微企业在商圈内、产业链中地位以及紧密程度，设计出小微企业供应链融资、小微企业联保贷款等；也可以考虑根据小微企业管理者的信用状况，设计出小微企业管理者连带责任担保贷款等。具体而言，对于工业类小微企业根据企业拥有的厂房、机器设备等情况，设计固定资产抵押贷款；对于文化类小微企业、科技类小微企业，设计出以著作权、专利权等各种类型的知识产权质押贷款；对于外贸出口类小微企业，设计出信用证、物流链、供应链等融资产品；对于商贸流通类小微企业，设计出应收账款池质押融资产品；对于涉农类小微企业，设计出宅基地抵押贷款、林权抵押贷款等融资产品。

（4）信贷技术创新能力

金融机构在给小微企业提供融资服务时，如果过分地依赖于企业财务报表信息、企业拥有抵押物或担保品数量、企业信用评级情况等传统的信贷技术，说明金融机构还是无法解决与小微企业之间信息不对称、交易成本高等问题，其开展小微企业融资的供给能力还是明显不足。金融机构应不断创新适合于小微企业融资需要的信贷技术，比如金融机构不仅可以考虑从企业自身，还可以从员工、供应商、股东、客户等企业利益相关者的调查中收集与获得各种“软信息”，重点分析小微企业的“三表”（水表、电表、工资表）和“三品”（产品、人品、抵押品），利用关系型信贷技术为小微企业提供关系型贷款金融机构，也可以将小微企业更多的非财务的“软信息”转向为容易编码的“硬信息”，提高金融机构信息处理能力，有利于金融机构利用“硬信息”的创新型交易信贷技术提供更多的融资服务；金融机构可以针对不同类型的小微企业实施差异化的信贷技术，如对拥有稳定现金流的小微企业，金融机构可以放弃传统贷款技术对抵押物的依赖，根据企业现金流水平提供融资服务。金融机构还可以设计出多样化的信贷技术组合，综合运用两种或多种信贷技术，满足小微企业融资需求，不断化解小微企业信息不透明带来的效率损失，提高小微企业融资可获得性。金融机构通过这些信贷技术创新，能大大提高对小微企业融资的供给能力，为小微企业提供更多的信贷资金。

（5）信贷工作人员素质

金融机构如果配备了专业化的、高素质的小微企业信贷工作人员，可以显著地提高为小微企业提供金融服务能力。金融机构可通过对外招考、公开选拔等多种途径，把那些熟知当地小微企业发展情况、放贷经验丰富、事业心强的高素质人才招入小微企业信贷工作人员队伍当中，打造出一支小微企业融资的专属团队，并提供贷款、存款、理财、结算、咨询等全方位的、综合的金融服务。同时，如果金融机构能够开发出专门针对小微企业贷款的培训课程与培训教材，重视对工作人员进行后期培训与学习，不断加强其职业道德修养和职业技能培养，能大大地提高工作人员的综合素质，提升其服务小微企业的营销能力。金融机构运用“专门的工作人员，做专业的事情，提供专业的金融服务”的经营发展理念，更能贴近地满足“短、小、急、频”的小微企业融资需求。相反，如果金融机构信贷工作人员不及时进行后期培训，不及时更新服务理念和学习最新的信贷技术或信贷方法，将会影响到金融机构开展小微企业融资业务的能力。

2. 影响正规金融机构供给的外在因素

（1）金融市场结构变化

金融市场结构的变化会在一定程度上减少小微企业获得融资机会的可能性，如国有商业银行有些分支机构或网点从乡镇、县域等比较偏远的地区撤出，使得农村小微企业融资更难。但与此同时，也可能会导致与那些当地小微企业具有长期密切关系的信贷工作人员加入到当地小型金融机构当中，从而有利于增加当地小型金融机构为农村小微企业提供更多的融资机会。随着我国农村改革的逐步推进，村镇银行、小额贷款公司、农村资金互助社等新型金融机构在全国范围内大量成立，不断增加了金融市场的竞争激励程度，也不断地优化了我国金融机构结构，让不同类型金融机构充分利用比较优势为目标客户提供融资服务。那些符合当地经济发展需要的、地理位置贴近小微企业的新型金融机构将会利用各种收集到的“软信息”开展关系型贷款，大大地增强对小微企业信贷供给能力。

（2）政府扶持政策力度

政府部门对那些开展小微企业融资业务比例高的、新成立不久的中小金融机构提供减免所得税和营业税、财政贴息，并优先办理再贴现、再贷款、专项资金拆借等各种优惠政策，加大扶持金融机构开展小微企业的融资业务，有利于提高金融机构开展小微企业融资的供给能力。同时，政府制定逐步放松利率管制的政策，允许各金融机构可以根据农村小微企业经营状况、信贷风险、信誉情况等，自行确定贷款利率水平，并适度扩大贷款利率浮动幅度，对不同的小微企业实施差别利率，增强各金融机构贷款定价能力，从而也有利于金融机构提高开展农村小微企业融资的供给能力。

（3）金融基础设施建设

金融基础设施建设包括信用基础设施建设、信用担保机构发展、外部金融监管力度加强及法律法规体系不断完善等。其中，信用基础设施建设包括建立小微企业信用评级体系、培育社会信用文化环境等方面，有利于增强小微企业信息透明度，提高金融机构对企业约束的控制力度，并不断降低银企之间信息不对称造成的不利影响，从而增强金融机构对小微企业融资的供给能力。而信用担保机构发展，一定程度上可以分散和降低金融机构在提供小微企业融资业务的风险。此外，金融监督力度的加强，可以防范金融机构对小微企业融资的风险，以及及时地控制与降低其信贷风险。法律法规体系不断完善，可以保障金融机构提供小微企业融资业务的合法权益，都能明显地提高金融机构供给能力。

（4）宏观经济发展状况

宏观经济发展状况越好，金融机构会不断增加对整个社会的融资投放力度，这无疑也会带动增加对小微企业提供融资服务的资金能力。而宏观经济发展收缩时期，金融机构因担心信贷风险而整体实行银根紧缩政策，金融机构很容易就会出现将稀缺的信贷资金倾向于投向有资产抵押的大中型企业，客观上形成对小微企业的挤压，从而加大了小微企业融资难度。金融机构不仅会降低对小微企业提供融资服务的资金能力，也会在提供小微企业融资业务时设计更加苛刻的条件和复杂的程序，提供融资过程就会越谨慎。

3.2.2 非正规金融机构的供给能力分析

从制度经济学的角度来说，农村非正规金融的存在是必然的。在一般情况下，当成本降低或利润增加时，新的制度就会产生，而农村金融市场的变迁也不例外。相较于正规金融机构，农村非正规金融借贷方式相对灵活，金融风险却相对较大。

1. 拉力因素分析——正规信贷约束

非对称信息和交易成本假说认为，由于信息不对称所导致的逆向选择与道德风险会造成市场失灵及利率失衡，此时正规贷款者会通过信贷配给基于非价格条件分配贷款，以此达到市场均衡。Gonzalez Vega（1984）提出正规金融机构在信息不对称下会减少贷款数额，形成来自于供给方的数量配给。Boucheretal（2005）进一步发现当信贷交易成本或合约风险过高时，需求方也会因自主决策导致自我配给。基于此，潜在信贷需求向有效需求的转变不仅取决于信贷可获性，还取决于交易成本和合约风险。

具体到农村小微企业，由于其信息更为不透明，往往缺乏固定资产等能够向正规金融机构显示其良好信誉的标准信息禀赋，面临更严重的融资约束。特别是，当农村正规金融市场中与信贷合约相关的信息不对称和执行问题导致利率出清市场的功能受限时，会产生非价格信贷配给。其中，数量配给的产生是由于信息不对称导致正规金融机构供给意愿降低，其抵押物要求使得部分小微企业被以数量配给的方式从正规金融市场排除，使得小微企业融资者面临正规金融决策所导致的供给型信贷约束。与此相对应，交易成本配给和风险配给的产生是由于信息不对称造成小微企业的融资需求降低，产生“无信心申贷”而主动退出正规金融市场，使得小微企业融资者面临因自主决策所导致的需求型信贷约束。

基于此，本书认为非正规金融也可通过两种途径促进农村小微企业融资。一方面，非正规金融作为正规金融的有益补充，服务于受到供给型信贷约束的农村小微企业；此时，小微企业融资者在无法获得足够正规贷款的情况下，被动选择非正规金融。对于这部分资金需求，相对于仅存在正规金融市场的情况，非正规金融的存在更有利于农村小微企业融资。另一方面，非正规金融基于其信息优势以及甄别、审查监督与交易成本优势，服务于对正规金融部门产生需求型信贷约束的小微企业；此时，具有外部资金需求并基于对贷款交易成本及合约风险等因素考虑的农村小微企业，因其本身对投资机会以及对正规金融机构决策的判断等因素而放弃正规信贷供给，主动选择非正规金融，对于这部分资金需求，非正规金融相对于正规金融部门具有内生金融优势。

2. 推力因素分析——内生金融优势

农村小微企业初始融资依赖“软信息”，只有便于获取并处理这类信息的金融交易主体才能克服融资中的信息不对称。通常，非正规金融市场参与者生活在同一社会网络中，贷款者不仅拥有关于借款者的先验知识，也便于收集更多相关信息；此外，非正规金融还具有范围经济优势，这种跨市场的合约关联降低了甄别、审查、监督以及贷款回收的成本，也有助于防止贷款者采取强制追款措施。这些内生性和本土化的特性使得非正规金融的贷款技术与合约条件不同于正规金融，其市场信息不对称程度较低，运作机制灵活，并且与当地生产力发展水平相适应，具有内生性金融特征（张宁、张兵，2015）。

非正规金融对农村小微企业融资的影响也源于其内生性，具体原因有：① 信息获取。与正规金融相比，农村非正规金融由于其地理和社会关系方面的临近性而具有信息优势，能够有效甄别借款者信息，并且作为其市场基础的社会网络可发挥隐性担保作用，使其无须依靠企业实物资产作为抵押担保，从而缓解企业信贷约束，提高其创业资金可获性，进而影响小微企业融资选择；

② 契约执行。非正规金融通过农村熟人社会网络内部的声誉机制、共同利益和道德规范等来进行信息密集型的审查和监督，有助于降低融资风险，缓解信贷约束并影响小微企业融资选择。③ 交易规则和成本。农村非正规金融市场时滞较短、操作程序简单、规则灵活，往往根据实际情况对贷款担保物、归还期限、利率和还款方式等进行创新——对于小微企业而言获取便利，对于借贷双方而言则可降低交易成本，通过提高金融支持促进小微企业融资。

综上所述，农村正规金融机构具有资金及规模经济优势，然而由于在地理和社会关系方面距离借款者较远，在向信息不透明的农村小微企业提供金融服务方面处于信息劣势，因而正规金融往往使用基于抵押物的贷款技术进行甄别、监督以及强制性的合同机制进行违约惩罚，以克服信息不对称。面对农村小微企业分散及小额的信贷需求时，正规贷款所依赖的正式制度安排会面临较高交易成本。这些因素共同导致正规金融难以为农村小微企业提供服务，使其面临信贷约束。相比之下，基于亲缘、地缘等社会网络内生形成的非正规金融则具有一定优势，如在向信息不透明、缺乏抵押物的小微企业提供融资时具有信息获取、契约执行和交易成本低，提高其市场效率并相应降低违约率，使其能够服务于受到需求型和供给型信贷约束的小微企业，从而缓解企业融资约束。

3.2.3 准正规金融机构的供给能力分析

在非正规金融市场化、正规化过程中所衍生出的准正规金融，如新型农村金融机构、互联网金融机构等，对农村小微企业融资行为也有影响。

1. 新型农村金融机构的供给分析

与传统金融机构相比，新型农村金融机构在市场定位、准入条件、经营特点及功能作用等方面有所不同，它具有经营方式活、管理层次少、经营效率高的特点。

（1）降低农村金融交易成本，有效满足农村金融需求

农村金融交易成本大致包括四类：因农村基础设施或地理位置等引起的交易成本（简称签约成本）、为减少信息不对称所产生的逆向选择和道德风险而形成的交易成本（信息成本）、金融机构内部的管理成本及产权形式相关的代理成本。我国农村自然交通条件落后，加之农村金融交易关系逐渐由熟人社会向陌生人社会过渡，信息成本不断上升，促使农村金融交易成本攀升。新型农村金融机构可通过征信系统等专业手段，为农村小微企业提供准确充分的经济信息，使其能够自主科学决策，对市场价格信号做出合理反应，保证企业的生产符合社会的需要。

（2）为农村小微企业提供有效的资金融通

新型农村金融机构的建立通过股东的资金注入或财政扶持有利于增加农村市场的资金供给，同时，平滑农村不同财务状况的小微企业在不同时间的资金余缺，满足农村小微企业的储蓄或投融资需要，从而提高农村社会的资金总效用。

2. 互联网金融机构的供给分析

互联网金融是指金融机构与互联网企业利用互联网信息技术来实现行业或者产业间的结合，创造更新的发展路径。总的来看，其具有成本低、效率高、风险大等特点。

（1）改善农村金融基础条件，拓宽农村融资渠道

现阶段，我国农村金融服务的基础条件依然较差，这也直接导致了较高的交易成本，而互联网金融在交易方面能够不受时间和空间的限制，彻底消除传统农村金融存在的弊端，改革其交易模式。一方面，对于传统农村金融机构来讲，使用互联网金融模式能够在很大程度上降低企业的各项成本，提升服务的效率，这会给传统农村金融机构的发展带来很大的便利，从而会使得更多的金融资源向农村地区集中；另一方面，目前农村的民间金融仍然存在着一定的空间，而互联网金融则为这个业务提供了更加正规的平台。从传统业务模式来看，民间融资行为一般发生在业务双方对对方熟悉的基础上，互联网金融则可以通过信息数据的方式，解决信息不对称，并且扩展小额贷款、众筹、P2P 等多种模式，不断拓宽融资的方式，增加资金渠道。

（2）缓解信息不对称、优化农村信贷配给

互联网金融的本质是通过互联网的方式改造金融服务，而互联网是一个解决信息不对称的良好工具。因此，通过互联网金融，能够解决资金需求方和资金供给方两边的信息不对称问题。

（3）改善农村信用环境、健全风险分担机制

目前，农村信用环境整体偏低，一方面是信息不对称所导致，另一方面则是由人们传统观念所导致。信息不对称导致信贷双方无法对业务方进行有效调研，一旦发生坏账、死账、呆账事件，则可能很大程度上影响农村的金融信用环境。互联网金融在解决信息不对称的同时，可以提升农村金融的信用环境，增强资金的供给能力。

3.3 农村金融市场对小微企业融资行为的作用机理

我国现有的农村金融体系主要是金融的二元结构——正规金融和非正规金融。影响金融机构向农村小微企业放贷的因素主要包括信息不对称、交易成本的高低以及担保机制的健全与否。

1. 正规金融机构对农村小微企业融资行为的作用机理

对于正规金融机构来说，主要从以下五方面来驱动农村小微企业的融资行为。

（1）目标定位

金融机构都是追求利润最大化目标的经济主体，然而，由于它们拥有的比较优势不同，大型金融机构在为大中型企业的金融服务上具有比较优势，而中小金融机构在为小微企业的金融服务上则具有比较优势。因此，大型金融机构的目标定位是大中型企业，而中小金融机构的目标定位是小微型企业。中小金融机构贴近小微企业，通过各种地缘、人缘关系，具有获得、传递和利用小微企业的信息成本优势，能够与小微企业形成长期的、密切的关系，从而解决大型金融机构与小微企业之间信息不对称问题，具有为小微企业提供融资服务的优势。同时，政府部门通过出台许多政策来激励和促使中小型银行为小微企业提供融资服务。

（2）产品设计与创新

当前大型金融机构为了贯彻和落实政府扶持小微企业发展政策，往往迫于行政压力设立小企业金融事业部或专营机构来增加对小微企业的信贷投放量，但由于缺乏内在激励机制，针对小微企业的金融产品设计与创新力度不够，真正适合小微企业的金融产品明显不足，从而导致大型金融机构为小微企业提供的金融产品雷同化现象比较常见，对小微企业的融资服务流于表面形式，与最初政策设计目的相差甚远。此外，中小金融机构注重对小微企业金融服务内涵拓展，加大对小微企业的金融产品设计与创新，不仅注重细分小微企业的信贷市场，也注重把小微企业的单一信贷模式慢慢向综合金融服务转变。中小金融机构种类繁多，可以根据中小金融机构各自的独特优势，为不同类型、不同行业、不同规模的小微企业提供差异化的金融产品与服务，从而细分了小微企业信贷市场，解决小微企业融资约束问题。

（3）业务流程设计

由于中小金融机构实行分权化管理，管理层级较少，能够较好地控制组织内部的委托代理问题，因此，在发放小微企业贷款业务过程中，业务流程设计比较简单，可以由信贷人员灵活处理。并且中小金融机构能够准确地收集到企业负责人的人品、道德、信誉等各种“软”信息，有利于与小微企业形成长期合作关系，发放关系型贷款。同时，中小金融机构要以客户为导向，标准化、专业化、流水线式地批量处理那些具有共同商业经营特点、风险特征高度相似、属于相同行业的小微企业的贷款担保申请、贷款审批、贷款发放、贷款风险控制以及贷款回收等流程，着力通过批量化、标准化的小微企业信贷业务流程与方式来降低小微企业的贷款成本与缩短业务链条，简化小微企业的审贷流程，有利于帮助小微企业及时地获得信贷资金。

（4）风险管理机制

中小金融机构重视对小微企业的风险控制，建立科学的风险管理体系，并运用先进的信贷技术来不断降低信贷风险，有利于促使中小金融机构加大对小微企业信贷投入。针对小微企业的特点，中小金融机构可以考虑适当地提高其风险容忍度，制定科学合理的风险定价模型，进一步完善贷后管理和风险控制流程，通过贷款利率来覆盖小微企业的贷款风险和成本，并获得合理的收益。

（5）分支机构设置

绝大多数中小金融机构一般为地方性的金融机构，分支机构设置较少，组织结构较为简单，有的甚至只有单个银行，具有明显的社区性和地域性特征，中小金融机构的信贷人员可以利用所在地的地缘、人缘优势，对当地小微企业的经营情况、信誉状况、企业主的品行、企业与客户的关系、企业与供应商的关系、企业为社区的所做贡献等有所了解。另外，由于中小金融机构的层级结构少，决策链条短，甚至是基层的信贷人员往往就有一定的信贷决策权，大大缩短了小微企业贷款的审批时间，提高了对小微企业发放信贷资金的效率（见图 3.1）。

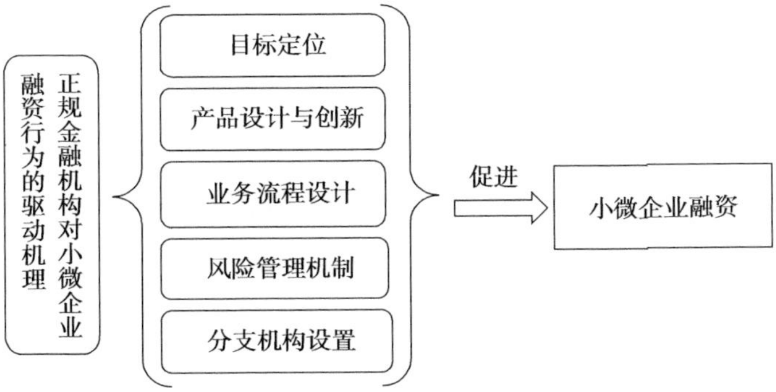

图 3.1　正规金融机构对小微企业融资行为的驱动机理

2. 非正规金融机构对农村小微企业融资行为的作用机理

对于非正规金融机构来说，主要从以下三方面来驱动小微企业的融资行为。

（1）减少信息不对称

非正规金融机构的借贷行为总是以一定的亲缘和地缘为基础，人们在长时间的社会交流过程中相互了解、相互熟悉，积累了大量的信息。非正规金融机构进行资金融出时，对借款人的收入状况、资信和还款能力都相对比较清楚，这样就减少了信息不对称情况的发生。

（2）成本节约

非正规金融机构在后续对贷款人的监督过程中，由于地域、血缘的关系，能够不费精力地、时刻获得借款人的信息，从而对贷款的动向和金额归还的可能性都有一个大概的判断和掌握，降低了信息成本和监督成本，有效防止了逆向选择和道德风险的出现。非正规金融机构在提供融资服务时，除了信息成本节约外，在实际操作上，也可以获得交易成本的节约。首先，在借款合同的订立上，通过非正规金融渠道进行融资所订立的合同内容简单实用，手续也相对简单，很容易获得借款人的认同；其次，非正规金融融资具有相对灵活的特点，在借款方式上可以根据实际情况融会变通。比如说，借贷双方可以就借款的利率、期限以及还款方式进行变通的创新。同时，私人借贷没有工作时间的限制，减少了等待成本；最后，在借款人不能够及时足额还款的情况下，由于常常通过社区治理机制进行追缴，从而在一定程度上避免了通过正规法律途径解决所需的高额诉讼成本。

（3）担保机制灵活

对于通过非正规金融渠道进行融资而言，其担保机制是非常灵活的。首先，在非正规金融市场上，由于借贷双方接触较多，在一定程度上可以绕过政府法律规定，而且对担保物的管理和处置成本都比较低，这就大大拓宽了担保品的范围；其次，非正规金融服务一般发生在特定的区域内，借贷款双方往往存在某种关系，即借贷双方不仅仅存在这种债权债务关系，还在其他市场存在交易关系，而这种交易关系就是对这笔贷款的另外一种隐性担保，间接增加了借款人的违约成本，起到了激励其正确使用贷款以及及时履行还款义务的作用；最后，非正规金融借贷双方并不仅仅是单纯的信用关系，由于地域和亲缘的特点，大家在日常生活中就彼此熟识，存在着密切的社会联系。在一定意义上来说，这种社会关系也是一种无形的担保品，也就是经济学家们经常提到的声誉机制。如果借款人能够及时足额还款，那他就在这个地域范围内建立起了良好的信誉，以后在进行各种交易时，不论是金融交易还是实物交易，都会顺利得多（见图 3.2）。

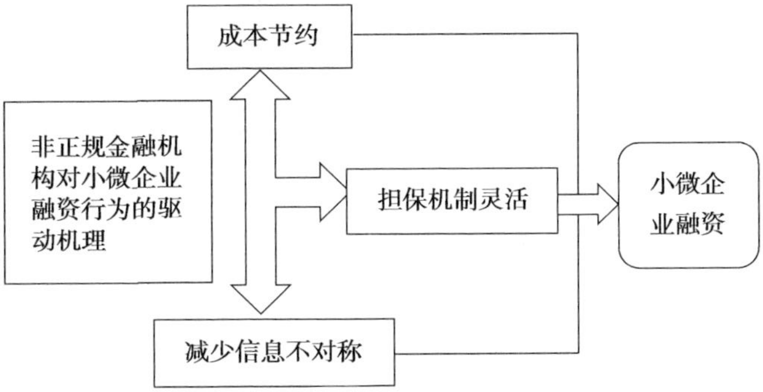

图 3 2　非正规金融机构对小微企业融资行为的驱动机理

3.4　本章小结

本章首先从农村小微企业向农村金融市场融资的需求能力和供给能力两个

角度展开分析，对农村小微企业的融资特点、影响融资需求的内外部因素深入剖析；然后对不同类型金融机构的供给能力进行了分析，得出了影响金融机构向农村小微企业放贷的原因以及促进金融机构向小微企业放贷的方式。农村金融机构对小微企业融资行为的作用机理，如图 3.3 所示。

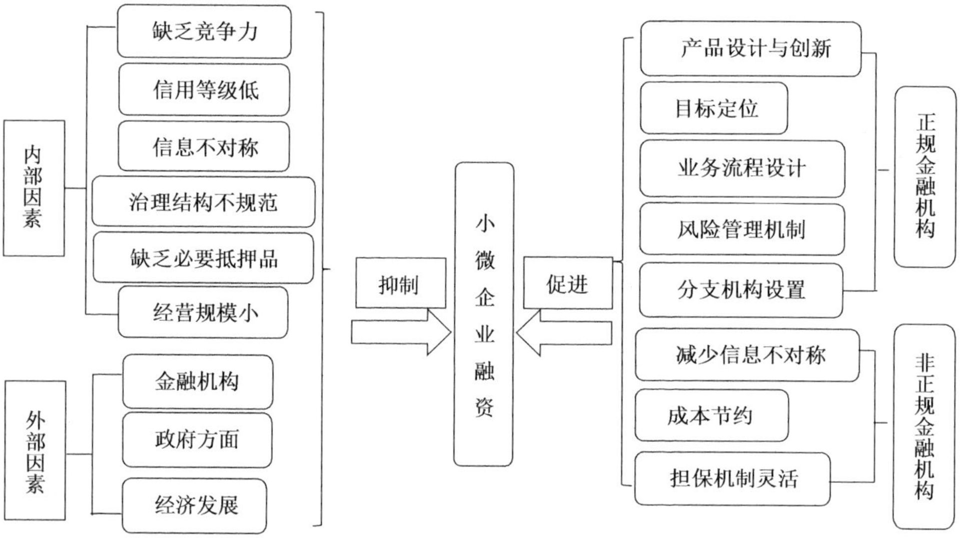

图 3.3　农村金融机构对小微企业融资行为的作用机理

第 4 章　我国农村金融服务供给状况分析

“三农”问题始终是中国经济社会发展最核心的问题之一，我国目前正处于全面建成小康社会的决胜阶段，要全面建成小康社会就必须有效解决“三农”问题。但长期以来，农村金融服务水平较低成为制约“三农”发展的瓶颈，农村金融不但明显落后于城市，甚至还落后于农村经济发展。近年来，中央“一号文件”持续关注农村金融问题，自 2003 年农村信用合作社改革以来，设立村镇银行、农业银行“三农金融事业部”、民营银行以及鼓励发展新型农村合作金融组织等一系列试点改革陆续启动并逐渐推广，农村金融组织体系进一步完善，我国农村金融改革取得了积极成效。但是，也必须清醒地认识到，农村金融仍然是金融体系中最薄弱的环节。目前,我国农村金融机构构成如图 4.1 所示，包括面临困境的正规金融机构、蓬勃发展的非正规金融机构和近年来随着需求崛起的准正规金融机构。

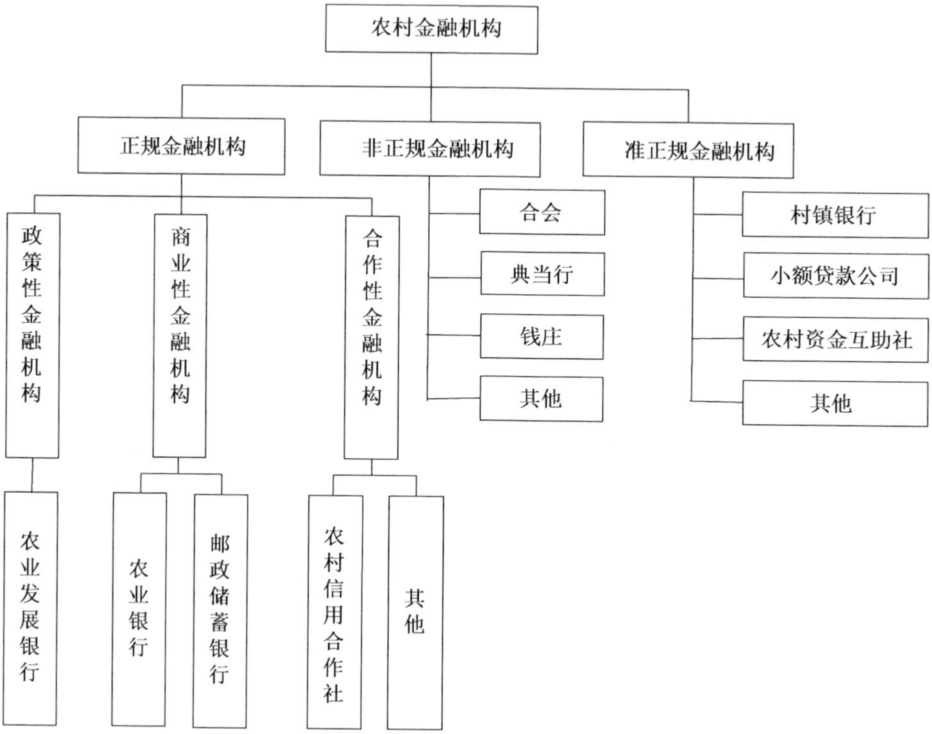

图 4.1 目前我国农村金融机构构成示意图

4.1 农村地区正规金融服务面临困境

跟城市金融市场相比，农村金融长期面临贷款难的困境。据金融机构贷款投向统计报告显示，2017 年年末，金融机构人民币各项贷款余额 120.1 万亿元，其中农户贷款余额 8.1 万亿元，仅占 6.7%；农业贷款余额 3.9 万亿元，仅占 3.2%。自 2017 年以来，全国有近 52% 的农户有贷款需求，约有 34% 的农户获得了农信社小额信贷与农户联保贷款。能够通过正规渠道获得贷款的农户约占农户总数的 27%，而在有金融需求的农户群体中，不能获得正规信贷支持的农户仍有 40% 以上。从数据中可知，农户更倾向于向非正规金融机构或新型金融机构贷款，而很少向正规金融机构贷款。

4.1.1　农村政策性金融机构

政策性金融机构是指那些由一国政府或政府机构发起、出资创立、参股、保证或扶持的，不以利润最大化为其经营目标，专门为贯彻配合政府特定的社会经济政策和意图，在法律限定的业务领域内，直接或间接地从事某种特殊政策性融资活动，从而充当政府发展经济、促进社会发展稳定、进行宏观经济调节管理工具的金融机构。中国农村政策性金融主要指的是中国农业发展银行（以下简称“农发行”）。

近年来，农发行大力推进农业供给侧改革，全力支持“三农”发展和脱贫攻坚，为促进经济社会稳步发展奉献出巨大力量。根据农发行的贷款数据显示，2018 年前三个季度农发行累计发放贷款 11300 多亿元。到 2018 年 9 月末，农发行贷款余额突破了 5 万亿元，增速达到了 7.61%。农发行的不良贷款率是 0.83%。农发行实现拨备前利润 482 亿元，经营绩效保持稳定。农发行 2018 年 1—9 月累计发债筹资 9013 亿元，所筹资金全部投向“三农”实体经济；贷款平均利率低于同业金融机构 114 个基点，向“三农”让利约 71 亿元；取消、调减各类中间业务收费，是银保监会直管的 21 家银行中服务收费项目最少的金融机构。尽管如此，农村的生产贷款仍然受到了约束与限制，其具体原因如下。

1. 资金来源有限，政府财政支持力度递减

农发行金融债券已成为农发行最主要的资金来源，农发行资金很大一部分也来自中央银行的再贷款，较难摆脱对中央银行的依赖。农发行总行负责向央行统借统还，各基层行若有借款需求时，通过向总行申请来获得系统内借款，从而满足资金需求。据相关统计数据，央行向市场投放的货币，有很大一部分被农发行占用，农发行对央行资金的过度依赖，增加了央行投放基础货币的压力，也为资本资源的配置带来不小麻烦，进而可能会影响到宏观经济决策和货币政策的执行，另外，还会增加农发行的资金运营成本，制约了其政策性金融空间作用的发挥。

2. 组织结构不合理，层级多且效率低

农发行的组织框架为：总行设置在中央、一级分行设在各省（自治区、直辖市）的省会、二级分行设在地方政府所在地、支行则分布在县政府所在地。这种具有明显的耦合特性的设置方案和行政组织架构的设置如出一辙。没有考虑金融服务群体的实际需要，直接带来了管理部门多、级次多、机构冗杂、效率低下、运营成本高等问题。这种按区域划分的设置会导致政策性资金供给的区域结构失衡。在这种设置架构下，农村政策性金融组织会无视农村小微企业的金融需求。没有考虑到自然条件、人力资源等方面的差异，自上而下、整齐划一的机构体系，会造成经济发达地区的农发行业务迅速萎缩，而欠发达的中西部地区虽然对政策性金融都很渴望，有着旺盛需求，但供给不足难以满足资金需求，依然存在农民“贷款难、贷款贵”的难题，难以体现政策性金融的实惠性。

3. 贷款业务单一，资产规模萎缩

农发行成立之初，它的信贷资金主要用于开发性贷款和工商业贷款。但几年以后，国务院调整了农发行的部分功能，不再由其提供粮棉加工企业和开发性贷款，让其只负责管理粮棉油收购资金。农发行的经营业务日趋单一，随着其他业务的划转或剥离，真正将其打造成了“粮食银行”。后来，随着粮食流通体制改革的推进，农发行的粮油贷款业务也日益出现了萎缩的现状。特别是粮食市场开放后，国有独家经营的粮食购销企业不复存在，涌现出很多粮棉油等农产品的购销主体，市场竞争愈演愈烈，国有粮食购销企业收购量的减少，市场份额的下降,更缩小了农发行的服务范围,进而单一的发展业务也受到了冲击，独家供应收购资金的垄断地位也遭到威胁。随着粮食市场化的深入发展，农发行的贷款业务也迅速萎缩，农发行的经营困局也日趋明显，出现了收购贷款规模萎缩、补贴贷款下降、利息收益减少等一连串反应，严重影响到了农发行的稳定发展，经营模式面临严峻考验。目前，农发行也因政策性贷款额度的减少，地位急剧下降，政策性金融支农作用日益弱化，缺少了政策性支持及财政补贴的农发行，发展前途很不明朗。

4.1.2　农村商业性金融机构

农村商业性金融机构主要指中国农业银行（以下简称“农行”)。农行是中华人民共和国设立的第一家商业银行，也是改革开放后第一家恢复成立的国家专业银行。农行最初成立于 1951 年，1972 年 2 月再次恢复成立后，成为在农村经济领域占主导地位的国有专业银行。该行以“服务三农，做强县域”为战

略目标，在农业供给侧结构性改革的大背景下，在全国范围内开展全方位多角度的县市金融服务，为辐射范围内所有农村居民客户效劳。农行始终致力于解决“三农”问题，并且取得了卓越成绩。

近年来，农行坚持稳健经营，业绩稳步提升。截至2017年年末，农行总资产增速较快，达到21.05万亿元，比上年末增加1.48万亿元;全年净利润有所增加，存贷款市场位次稳定。2017年年末，农行县域贷款余额达3.57万亿元。存款中的个人存款余额和增量均保持同业领先，拨备覆盖率208.37%，较上年年末提升34.97个百分点。成本收入比32.96%，同比下降1.63个百分点。如表4.1所示。

表4.1　2017年末农行经营相关数据

	额数（亿元）	增速
总资产	210500.00	7.60%
全年净利润	1931.33	4.90%
贷款增加	10009.72	10.30%
存款增加	11562.78	7.70%

农行积极服务农业供给侧结构性改革，三农金融服务和金融扶贫工作迈上新台阶。农行坚持服务三农的战略定位，突出支持“大三农、新三农、特色三农”。特别是为适应农村金融需求新变化,启动互联网金融服务三农“一号工程”并取得良好开局。截至2017年年末，农行县域贷款余额达3.57万亿元，增量创历史新高，增速12.3%，高出全行贷款增速2.0个百分点。涉农贷款和农户贷款（涉农贷款口径）余额分别突破3万亿元和1万亿元。虽然农行经营状态良好，业绩有所上升，努力适应农村需求新变化，但是对农村小微企业服务方面，仍有不足之处。

1. 涉及农民贷款的风险较大，防范措施有限

在建设新农村的过程中，很多领域都需要资金的支撑，但是涉及农民及小微企业的贷款资金数额巨大，贷款周期长，考验着商业银行防范风险的能力。就目前而言，商业银行为了更好地服务“三农”，已经逐步提升风险管理能力，并制定了一系列的风险防范措施，强化内审管理，但是目前县乡地区的风险防范管理体系依旧不完善，对涉及“三农”贷款业务的调查中，仍需投入大量的人力物力，成本和收益往往不呈现正比，所以部分县乡地区为了节省成本，会通过村政府和村干部介绍基本情况，实现对“三农”的调查，进而获得基础数据。这种工作方法虽然节省了人力物力成本，但是很容易受到村政府和村干部的主观因素影响，在后续贷款评估环节容易丧失真实性，存在评级不实的情况。

2. 金融业务种类单一，抵押物有限

农村商业性金融当前业务中抵押贷款和储蓄存款占据着极大比重，而承兑、贴现、咨询、代收代付等中间业务所占比重较小。正规金融部门对于农户及小微企业的贷款严格，一般贷款要求有对应的抵押物，而由于农村存在特殊的产权制度，农户提供抵押物的可能性和范围均非常小，所以造成急需融资的农户或小微企业得不到来自于商业性金融机构的贷款，致使这部分金融需求转而求助非正规金融，影响了农户资金需求。

3. 人力资本短缺，创新不足

从我国商业银行从业人员情况看，基层员工业务能力有限，素质相对较低，创新能力明显不足，无法与金融市场的要求所匹配，难以满足农户多样性的金

融需求。与此同时，首先，商业银行在“三农”的人力资本建设环节，存在人员的培训问题和管理问题，存在部分员工对“三农”业务不熟悉的情况，制约着农户信贷资金的发放；其次，商业银行对服务“三农”的考核机制不健全，对员工考核力度有限，导致员工忽视“三农”业务，影响了相关业务的开展。

4.1.3 农村合作性金融机构

农村信用合作社（以下简称“农信社”）为我国农村经济合作组织中最主要的一种合作形式，是促进我国农村经济稳健发展的重要因素。农信社是中国人民银行批准设立的，由入股的成员组成、以民主管理为主，是一种合作性的农村金融机构，更多的是为会员提供金融服务。目前，农村信用合作社虽然已逐步成为农村金融的中坚力量和联络广大农村居民的重要金融枢纽，但仍存在以下问题：

1. 资金运转存在问题

受经济发展条件制约，使农信社陷入了资金良性运营难的境地。① 在经济发展缓慢、农民收入低的乡镇农信社中，绝大部分农信社存款维持微幅增长，资产的质量偏低，贷款额度有限，收贷收息难，还不能满足客户对资金的需求。② 农信社的粗放型经营局面始终不能打破，缺少有效控制管理及制约监督机制，还不能对信贷人员的道德风险进行有效防范。另外，由于国家地方政策、行政的干预，导致农户只管贷款不管还款，这也是造成农信社到期不能按时收回资金致使资金短缺的一个重要原因。

2. 传统模式下的中间业务阻碍农信社的发展

在农信社改革的不断深入的过程中，伴随着的还有中间业务的发展。① 我国部分农信社都存在中间业务品种单一、总占比不高的现象。中间业务品种中只开展代收社保费、代发综合补贴等产品，很难满足客户对金融产品的差异性需求。② 大多数代理业务都是免费代理的或低收益的代理，这种情况使农信社在对中间业务的开展过程中投入和产出不对等，从而出现了投入多、成本高、收益低的现象。而且，其发展是建立在先进的网络技术和计算机系统的基础上，与其他金融机构相比，一些较高技术含量的业务品种几乎是空白的。

3. 历史遗留问题较多

① 信用社内部管理体制不够健全，农信社还存在着不健全的自我束缚机制和信贷办理机制，收放贷款仍然欠缺管理和制约。② 行政方面的干涉对农信社贷款的发放造成影响，导致贷款受阻。③ 较低的农业经济效益、较低的农民收入水平以及偿还能力导致不良贷款的不断生成。④ 农信社的信贷人员与管理人员的素质不一，借款人的信用意识缺乏，市场意识与风险意识都较低，社会的信用环境恶化。

4.2　农村非正规金融的蓬勃发展

关于农村非正规金融的定义是学术界比较有争议的问题，但多数学者认为它是除正规金融以外，游走于法律边缘的融资行为。农村非正规金融一般来说信息成本较低，经过不断演变，发展成以合会、典当行、地下钱庄等金融机构借贷为主，形式丰富多样的金融供给。非正规金融是农村金融市场的有效补充。长期以来，非正规金融在经济发展过程中所起的作用没有得到应有的重视，同时还受到国家政策的歧视。然而，非正规金融不但没有因此被市场淘汰，反而焕发出勃勃生机。近年来，随着我国经济不断发展，总体融资需求持续扩张，非正规金融的规模也随之扩大，其在增加“三农”、小微企业等领域金融供给中的作用越来越重要。

4.2.1 我国目前主要非正规金融机构

1. 合会

合会是一种互助性民间借贷组织，其中包括会东和会员，会东组织收取会员的会金后优先使用会金，之后会员轮流使用会金并支付少量利息直到合会结束。合会一般是以农村社区为单位，各成员间信任度较高且会金的利率虽然通常比农村正规金融机构的利率高，但贷款手续简单，故在农村借贷市场中也不失为一个好选择。

2. 地下钱庄

地下钱庄是一种以合伙制与股份制形式存在的中介机构，它提供给借贷双方相对便利快速但却游走在法律边缘的资金服务。无形中，地下钱庄就做了资金借贷双方的担保人，它将二者联系到一起，是借贷合同的见证者。毫无疑问，当资金买卖双方就借贷合同出现争议时，地下钱庄有必要作为调解人出现，甚至当出现无法调和的矛盾时，地下钱庄可能会和有过错一方一起承担连带责任，赔偿相关损失。

3. 典当行

典当行是以产权质押或特定物品的形式，向典当机构借贷的融资方式。账户根据相关标准，将商品或者是产权移交至典当机构，得到当金。当户有权在约定的典当期限内,向典当机构偿还本金或者是其他服务费用,从而赎回原当物。如果过期不赎当，就会成为绝当，典当机构会有权获得该当物的所有权，也可以将该当物卖出。

4.2.2　非正规金融在农村的发展优势

1. 信息成本优势

对正规金融机构而言，了解和监督分散的农户的信息成本过于高昂，而非正规金融由于血缘、人缘、业缘、地缘等各方面的原因，具有交易各方的信息，从而具有信息成本优势。

2. 交易成本优势

非正规金融相比于正规金融，少了许多制度方面的约束，使其在交易成本上具有很多优势。首先，机制优势。非正规金融的贷款行为和利率是一种纯粹的市场金融形式和市场金融交易制度。其次，速度优势。非正规金融组织的金融行为相对简便，交易过程简洁快速，可以使借方及时、方便地得到所需资金。

3. 担保财产优势

担保是信贷的一个不可或缺的因素。在农村，多数小规模农业生产者并不拥有正规金融机构愿意接受的可作为担保物的财产，有些财产或因法律的规定不能为担保品，或因管理和处置成本较高而使正规金融不愿意接受其作为担保品；而非正规金融组织对此却能灵活安排。

4. 社会资本的约束优势

在农村地区，因为居住和生活范围的约束，如果不诚信会付出极大的代价，并且不守信用的信息传递迅速，造成违约者违约成本被无限扩大。一般地，社会资本的约束力越强，贷款人的履约率就越高，从而极大地降低了民间借贷的违约率。

4.2.3 非正规金融存在的问题

非正规金融在促进中小微企业发展、激发市场活力的同时，也给企业甚至整个社会的金融与经济埋下了很大的隐患，具体表现为以下三个方面。

1. 法律上的不利地位

非正规金融在发展中面临最主要的瓶颈就是法律定位的缺失和政策规定的迟滞。由于法律并未赋予其合法地位，非正规金融也就缺失一套具有法律效力、受法律保护的契约制度来明确界定融资主体及其行为人的权责义务、利害关系。这极易引起民间借贷的纠纷，一旦消化不良便造成金融交易和金融秩序的混乱，甚至恶化成社会问题，给社会的发展稳定造成负面影响。

2. 经营风险较大

非正规金融风险主要来自自身非标准化的运行机制以及不健全的组织管理。首先，大多数非正规金融机构不仅没有标准化的内部控制制度，而且没有严格的财务管理和审计制度，缺乏科学而现代的管理和运作方法。以往靠经验来管理借款人的方式已经难以适应当今的信贷市场和社会条件，导致在借贷交易发生之后容易造成较大的操作风险，致命的是，大部分民间金融机构不留有存款准备金和坏账准备金来抵御风险。其次，长期的金融抑制与信贷配给政策加速了非正规金融信贷规模的扩大与服务对象的混杂，从而进一步淡化了出资人与借款人之间的信任。随着借贷数额的不断加大以及“三缘”关系的不断弱化，传统的人格化合约执行机制将与合约主体逐渐脱离，难以确保合约的正常执行，因此容易引发道德风险，不利于经济的可持续发展。

3. 难以实现规模优势

非正规金融的“出生环境”决定了它只能在小范围内进行资金的周转，这造成了资金配置的效率低下。活动范围的限制使得单笔资金的运作成本和风险无法通过规模的扩大而分摊到多个经济主体，这与金融追求规模效益的行业相违背。生存空间的压抑使得非正规金融难以享受规模经济的优势，阻碍了其进一步生长发育。同时，多个非正规金融活动的小圈子通过各类业务活动连接成一个个长长的链条，一旦某个节点断裂，债务危机就可能波及链条上的每个经济主体。

4.3 新型农村金融机构崛起

近年来我国新农村建设步伐逐渐加快，农村资金需求量日益增加，多元化的资金需求增长和资金供给短缺之间依旧存在较大的矛盾，农村金融对“三农”的支持逐渐乏力，所以必须加快推进农村金融体制改革。新型农村金融机构的出现能够在很大程度上处理好目前农村金融发展过程中的覆盖率偏低、供需不平衡等问题,具有非常大的发展前景。我国现存的新型金融机构主要有村镇银行、农村资金互助社和贷款公司。

4.3.1 村镇银行的发展

村镇银行是指经中国银行业监督管理委员会依据有关法律、法规批准，由境内外金融机构、境内非金融机构企业法人、境内自然人出资，在农村地区设立的主要为当地“三农”发展提供金融服务的银行业金融机构。村镇银行不同于银行的分支机构，属一级法人机构。

村镇银行的主要服务对象是小微企业和“三农”，这些县域经济主体规模更小、家底更薄、技术水平更低，抗风险能力也更加薄弱。因此银监会始终将“立足县域、支农支小”作为村镇银行培育发展的首要目标。在这样的政策指引下，近 10 年来，我国农业占比较高地区的村镇银行发展迅速。截至 2017 年年末，村镇银行已覆盖 31 个省份的 1213 个县（市、旗），县市覆盖率达到 67%，辽宁、湖北、贵州等 10 个省（区、市）已实现省内县（市）全覆盖，在全国 758 个（不含西藏和港澳台地区）国家扶贫开发工作重点县和集中连片特殊困难地区县中，已设立村镇银行 401 个。除此之外，山东、安徽、浙江县域覆盖率已超过 90%。中西部共组建村镇银行 1018 家，占村镇银行总数的 65%。我国 2017 年村镇银行的地区分布，如图 4.2 所示。

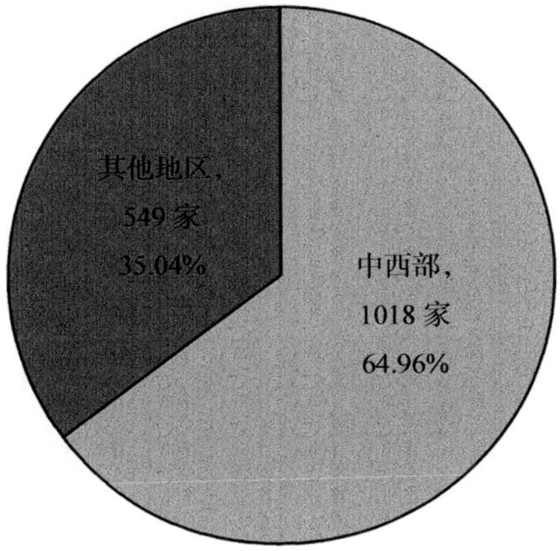

图 4.2　2017 年我国村镇银行地区分布

1. 村镇银行自身的特点

受政策环境及市场定位等多方面因素影响，村镇银行具有以下特点。

（1）具有明晰、多元化的产权结构

村镇银行资本来源的进入门槛比较低，在股权设置上具有更高的灵活性。作为一级法人治理结构，在成立发展初期，民间资本涌入，在具有产权多元化特点的同时，受政策规定影响，又存在发起人多为大股东的股权结构特点。

（2）简洁、灵活的公司治理结构

发起人在构建新型农村金融机构主体时体现出较为强烈的现代企业制度意识，针对村镇银行机构规模小、业务简单的特点，按照因地制宜、运行科学、治理有效的原则，建立和设置较为合理的公司治理结构、组织架构，以确保机构高效、稳健运行。

（3）市场定位具有“农村”特色

村镇银行成立的初衷主要是面向农村，服务“三农”，服务中小企业和以“亲农、扶农、帮农和惠农”作为服务目标，主要为当地农民、农业和农村经济发展提供金融服务。村镇银行的性质使其服务目标更针对正在脱贫致富的农民，包括从事简单的个体经营、种植业和渔业等目标客户。根据银监会数据，截至2017年年初，村镇银行发放农户及小微企业贷款占各项贷款余额的93%，500万元以下贷款占比80%，户均贷款41万元，村镇银行的支农特色显著。

（4）决策链短，机制灵活

扁平化的结构缩短了村镇银行的决策链条，使其借贷措施更加灵活、决策更快，更便于根据当地农业、农村以及小微企业的实际情况，灵活调整政策，创新产品，有效开展经营。例如，为小微企业提供“移动柜台”服务，凡企业在村镇银行开立公司账户均可申请，并可免费开通代发工资服务，代发工资一年后可向该银行申请“随薪贷”，根据资金沉淀、结算情况小微企业贷款可以申请利率优惠。

2. 村镇银行发展中的问题

（1）风险监管效率低

大多数村镇银行在一定程度上缺少风险管理的技术基础和管理理念，治理驱动力不足，自控能力缺失。首先，受制于人力、物力等资源限制，村镇银行在进行风险管理时，对于风险管理的常用工具运用极其不足；其次，村镇银行规模较小，业务种类较为单一，导致银行主观上对风险管理的意识不如国有大型银行。

（2）监管难度大

监管标准上，村镇银行机构数量多、分布广，地区差异明显，经营模式差异较大，降低了监管效率。支农助农的政策特征又使村镇银行与商业银行有所区别，但也不是完全的政策银行，这大大增加了有效监管的难度。因此，现有对村镇银行的监管运用的是商业银行的监管标准，管得过严、处罚较多，造成村镇银行缺乏应有的生机和活力。

（3）公司治理混乱

公司治理上存在股权混乱和关联交易的问题。一些村镇银行存在股权变更频繁，股东之间关系复杂，多层关联，导致利益相关方通过表决委托权和一直行动来取得对于银行的实际控制权。个别股东用股权质押，变相出让股权或融资。缺少关联交易内控制度，没有对关联的审批和披露进行明确规定，仍有为关联方输送利益的违规行为发生。仅 2018 年 3 月以来，2 家村镇银行因“未经监管部门任职资格许可，违规任命高管”而被罚。在 2018 年 4 月银保监会的《关于召开中小银行及保险公司公司治理培训座谈会的通知》中，再次提到推动中小银行和保险公司进一步完善公司治理结构，严格内控管理。

（4）盈利增长受限

吸收存款难度高、放贷能力弱，侵蚀了大量利润。客观上，村镇银行经营区域经济情况阻碍其盈利增长。村镇银行的市场集中在县（市、区），包括贫困县和连片特困地区。地区经济基础薄弱，人均收入较低，金融工具普及度相对较低，村镇银行盈利增长受到一定影响。此外，互联网金融机构快速扩张、农村地区“高利贷”活跃，挤压村镇银行原本薄弱的市场份额，进一步制约其放贷能力。

（5）不良贷款居高不下

村镇银行不良贷款增速有所放缓，但仍高于其他类型银行机构。截至2018年年底，我国村镇银行不良贷款余额增速显著高于金融机构平均值，增速也位列同类型银行之首。此外，受村镇银行的经营市场影响和品牌影响力限制，贷款客户主要集中在相邻村镇，贷款方向集中在“三农”和中小企业，客户分散程度较低，当相邻村镇经济发展遭受较大影响时，贷款质量较易受影响。

4.3.2 农村资金互助社对民间金融的继承超越

我国农村资金互助社是在正规金融机构资金供给不足的情况下自发形成的，基于我国独特的社会经济环境和多年的乡村传统文化背景，后来又逐步得到政府认可，因而得到进一步的推广。

1. 农村资金互助社的业务

农村资金互助社作为正规金融机构在农村金融市场的一种补充，它是经中国银行业监督管理委员会批准，农村资金互助社的经营业务如下：① 以吸收社员存款、接受社会捐赠资金和向其他银行业金融机构融入资金作为资金来源。② 资金应主要用于发放社员贷款，满足社员贷款需求后确有富余的可存放到其他银行业金融机构，也可购买国债和金融债券。③ 可以办理结算业务，并按有关规定开办各类代理业务。④ 开办其他业务应经属地银行业监督管理机构及其他有关部门批准。⑤ 不得向非社员吸收存款、发放贷款及办理其他金融业务，不得以该社资产为其他单位或个人提供担保。

2. 农村资金互助社的优势

我国农村资金互助社有其独特的优势所在，其优势主要体现在以下三个方面。

（1）信息优势

农户在长期的生产协作之中所建立的“熟人关系”网络为农村资金互助社的发展提供了独特的信息优势，这种独特的信息优势是其他正规金融机构所不具备的。借贷双方之间的信息对称使得资金贷入者可以以低于其他金融机构的利率贷入资金，为贷方节省了贷款成本。与此同时，这一优势在一定程度上使得交易成本得以降低。基于这种“熟人关系”的借贷，可以在无实物抵押的情况下取得所需资金，便利了社区的资金融通。

（2）低风险优势

在乡村地区，与“熟人关系”网络所共生的另一大特点是长久以来所形成的“社区规范”。这两大特点为农村资金互助社提供了独特的低风险优势。一方面，凭借资金借贷者与机构的信息对称优势，机构能够很好地评价贷款者的信用水平，一定程度上避免了坏账的出现；另一方面，在农村社会，由于信息的流通性较好，舆论道德的约束督促多数人都会选择按期还款，减少了呆账、坏账发生的可能性，降低了违约风险。

（3）制度优势

从制度安排上来讲，农村资金互助社为将所有权、控制管理权和剩余索取权集于一身的核心发起人，相比于传统的商业银行而言，这样的制度安排使得组织经营具有更高的灵活性，与此同时，避免了由于委托代理问题而出现的相关信用风险。同时，农村资金互助社不需要像传统金融机构那样的一套管理制度和办公系统，这也减少了机构的运营成本。

3. 农村资金互助社的发展障碍

（1）资金来源不足

由于农村资金严重不足，农业生产成本不断加大，社员的入社动机均是为了获得更多的贷款和相关服务，一定程度上导致了农村资金互助社出现净贷款者利益倾向，这限制了农村资金互助社的进一步发展。

（2）内部治理混乱

资金互助社的内部治理存在问题，监督机制名存实亡。管理者为了获得更多资金，以股本金的形式变向收取存款，过分地扩大社员的范围，并将资金投向高风险的行业，加剧了农村资金互助社的风险，出现破产或者跑路现象，加重了群众和政府的担忧。此外，缺乏专业的管理与金融专业人才，难以有效地发挥组织的内部管理的功能，成为一个重要的阻碍。

（3）无人监管，放任自由

农村资金互助社名义上是归银监会监管，实际上处于“无人监管”的状态。银监部门既不对农村资金互助社市场准入行为进行必要的管理，也不对互助社内部控制、风险防范、审慎经营等制度建设提供必要的指导和监管。而地方政府出于发展本地经济的需要，更是放任农村资金互助社市场无序发展从而引发风险。

4.3.3　小额贷款公司：最容易目标偏离的新型金融机构

与正规金融机构相比，小额贷款公司金融性质的服务更为方便、快捷，极大地方便了小微企业及个体工商户的资金需求，在信贷支农领域也起到了积极作用。

自《关于小额贷款公司试点的指导意见》出台以来，我国小额贷款公司经历了发展高峰期，2016 年年初全国小额贷款公司达到了最高峰 8910 家，从业人数 117344 人，贷款余额 9412 亿元。自 2015 年以来，小额贷款公司行业风险频发，亏损面加剧，发展日益艰难，机构数量呈逐渐下降趋势，截至 2018 年 6 月末，全国小额贷款公司数量、从业人员数量、实收资本均有所下降，仅贷款余额增加。如表 4.2 所示。

表 4.2　2018 年 6 月末小额贷款公司相关数据

	数量	比 2015 年年末下降率
小额贷款公司	8471 家	4.92%
从业人员	101197 人	13.76%
实收资本	8381 亿元	0.92%

1. 小额贷款公司的优势及特点

（1）低收入群体和小微型企业为主要客户

小额贷款公司的目标客户由于无力提供正规金融机构所要求的担保抵押，难以符合正规的贷款审批标准，因而往往被排斥在正规金融体系之外。小额贷款公司应运而生，专门为低收入群体和小微型企业提供金融服务。

（2）申请简单、放款快速

传统金融机构，如农村信用社、邮政储蓄银行、农业银行在运作小额信贷时遵循的一般程序为“贷前调查、贷中审查、贷后管理”，其结果是贷款投放速度慢、手续繁杂、时间长。全国各地的小额贷款公司虽然也基本参照上述模式，但相对来说，小额贷款公司的审批手续要更加的方便、快捷、简单和高效。可以说，“短、平、快”是小额贷款公司贷款发放的主要特征。

（3）贷款利率灵活

小额贷款公司的贷款利率一般高于金融机构的贷款利率和非政府组织小额贷款利率，低于民间借贷利率的平均水平，利率分布无明显档次特征。一般地，农业贷款、养殖业贷款的利率明显低于工商业、运输业和服务业贷款利率，商业贷款利率低于工业贷款利率。法律规定：“小额贷款公司按照市场化原则进行经营，贷款利率上限放开，但不得超过司法部门规定的上限，下限为人民银行公布的贷款基准利率的 0.9 倍，具体浮动幅度按照市场原则自主确定。”

2. 当前我国小额贷款公司发展面临的问题

（1）缺乏法律法规的保障，监管体系不完善

在全国范围内规范小额贷款公司的法规只有银监会和中国人民银行联合下发的《关于小额贷款公司试点的指导意见》，各地政府据此制定了小额贷款公司管理办法等规范性文件，缺乏全国统一的法律和行政法规，不利于推动小额贷款公司发展。此外，过多的监管主体直接导致了权力分散，监管责任不清，办事效率低下。小额贷款公司的监督主体如图 4.3 所示。

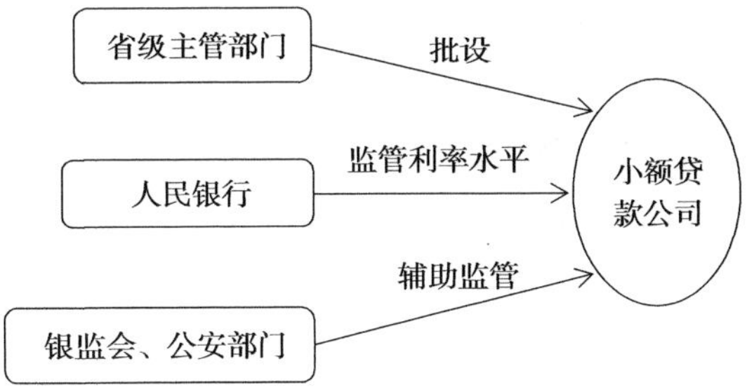

图 4.3　小额贷款公司的监督主体

（2）小额贷款公司的信贷产品单一，员工素质较低

小额贷款公司自发展以来，其业务就是单一的小额信贷。由于信息的不对称，限制了其业务的多样性。此外，目前小额贷款公司的发展还不成熟，内部也比较缺乏高端人才，其开发新产品的知识储备和经验尚且不足，且后期资金供应的不足，小额贷款公司也没有足够的资金用于业务创新。

（3）尚未对接人民银行征信系统，贷款风险大

中国人民银行的征信系统中记录着公民个人和法人的信用记录、社保缴纳情况等信息，是判断借款人是否有申请资格的重要参考。然而，不同于银行业金融机构，小额贷款公司没有接入人民银行征信系统，想要查征信需要向人民银行提出申请。因此，在贷款审核中，小额贷款公司只能要求借款人自行查询征信记录并提供给小额贷款公司。而小额贷款公司并没有办法核实信贷记录的真实性，也就难以准确判断借款人的信用情况，从而加大了贷款的风险。

（4）信贷资金供不应求，资金链压力较大

众所周知，小额贷款公司具有审批额度低、审批速度快、资质要求低的特点，这就使得我国的小额贷款公司普遍面临着信贷资金供不应求的风险问

题。为了维持小额贷款业务的正常运转，小额贷款公司对于充足的流动资金依赖性也越来越高。然而，当前我国经济下行压力日益突出，一些小微企业难以正常地履行还款义务，导致大部分的小额贷款公司无法及时收回信贷款项，不仅打断了小额贷款公司稳定的现金流，甚至使得小额贷款公司在无形中积累了大量的坏账，产生资金链断裂的问题。

4.4 农业保险发展困难重重

对于中国这样一个农业大国来说，农业保险是农业风险分散的重要工具。数据显示，中国是世界上自然灾害最严重的国家之一，每年因各种气象灾害造成农作物受灾面积达 5000 万公顷，受台风、暴雨、干旱、高温热浪、沙尘暴、雷电等重大气象灾害影响的人口达 4 亿人次。以 2018 年 9 月 16 日登陆中国华南地区的台风“山竹”为例，受其影响造成广东、广西、海南、湖南、贵州五省（区）近 300 万人受灾，农作物受灾面积 174.4 千公顷，其中绝收 3.3 千公顷，直接经济损失 52 亿元，由此可知农业保险在中国的重要性。农业保险为推动农业体制改革，保障农业生产顺利进行提供了有效的保障。但目前中国农业保险发展陷入了困境，投保人的投保意识淡薄、保险公司积极性不高、缺乏相应的法律支持、补贴金额小等因素阻碍了农业保险的发展。

《农业保险条例》第二条规定：“本条例所称农业保险，是指保险公司根据农业保险合同，对被保险人在农业生产过程中因保险标的遭受约定的自然灾害、意外事故、疫病或疾病等事故所造成的财产损失承担赔偿保险金责任的保险活动。”目前，中国开办的农业保险主要险种有农产品保险，如牲畜保险、家禽综合保险、森林火灾保险、种植保险等。

农业保险作为市场经济条件下农业现代化发展的三大支柱之一。自 2004 年中国明确提出建立政策性农业保险制度，并在部分地区开始试点工作以来，经过十几年的发展，中国农业保险取得了一系列成就。据统计，2017 年中国农业保险实现原保费收入 479.06 亿元，同比增长 14.69%，承保主要农作物 1.4 亿公顷（21 亿亩），约占全国主要耕种面积的 85%，承保农作物品种 200 多个，基本覆盖农业各个领域，并实现农业保险所有省份全覆盖和 3 大口粮 70% 覆盖率，全年为 2.13 亿户次参保农户提供风险保障 2.79 万亿元。目前，中国已成为亚洲第一、世界第二的农业保险市场，其中，养殖业保险和森林保险业务规模居全球第一位。农业保险在提高农业抗灾减灾能力、促进农民增收、维护国家粮食安全等方面正发挥着重要作用。但值得注意的是，虽然我国农业保险发展势头迅猛，但是仍然存在着许多问题。

4.4.1　农民投保意识淡薄

农村地区发展落后，高昂的宣传成本使得保险公司很少进入农村进行宣传，保险宣传力度小，以致大多数农民缺乏相关的保险知识，对保险公司、保险条款、险种等不了解，使得农民不明白农业保险的好处，阻碍了农业保险在农村市场的进入与扩张。

4.4.2　保险公司进入农业保险市场的顾虑多

我国农村经营方式分散，且具有高风险性，一场暴雪、一场大雨都会给农业带来巨大的损失，农业受自然因素制约大，发生赔付的可能性大，并且农业保险赔付率高，一些地方农作物险种的费率高达9%~10%。数据显示，我国农业保险的平均综合赔付率超过120%，居高不下的赔付率，与一般的商业保险的经营目标背道而驰，拉低了保险公司的利润，农业保险与其他保险统一核算、盈亏互补，打消了保险公司的积极性，对保险公司的绩效考核产生不利影响，从而导致一些商业保险公司不愿意进入农村市场开展保险业务。

4.4.3 缺乏相应的税收及法律支持

我国农业保险起步晚，又经历了长达20年的停滞，保险机制不够完善，农业生长周期长、风险大，一旦发生风险，巨大的损失均由保险公司这个经营主体承担，亏损巨大，而我国现行的《中华人民共和国保险法》对农业保险尚未涉及，也没有出台其他有关农业险的条例法规或者配套的扶持政策，只有政府出台新的扶持政策，让财产保险公司看到利益，他们才会进入农业保险市场，仅仅通过商业保险来实现支持和保护农业的政策目标，是行不通的。

4.4.4 补贴金额相对规模较小，补贴种类单一

以农业保险补贴深度（即政府提供的各类农业保险补贴占农业GDP的比重）来衡量，2007年全球65个国家的平均水平为0.63%，美国高达4.4%，日本为1.3%。相比之下，2007年我国这一比例只有0.16%，即使补贴总额逐年增长，2018年也只达到了农业GDP的0.4%左右，显然低于全球平均水平，与美国等发达国家更是相差甚远。从全球的视角出发，政府对农业保险的补贴主要包括

对农民的保费补贴、对保险公司的经营费用补贴和通过再保险方式对超赔损失进行分担的超赔补贴三大类，美国和印度都是三项补贴俱全，而我国只有保费补贴，没有费用补贴和超额补贴。

4.4.5　从事农业保险的人才匮乏

农业保险是知识密集型产业，需要各个层面的实用型人才。其专业性强，涉及植物学、畜牧学、气象学、经济学、保险学、管理学等多学科，需要专业人才的支撑。但由于前些年农业保险业务一度萎缩，导致原有为数不多的农业保险人才流失，有着丰富农业保险实践经验的专业人才匮乏。现有农业保险从业人员中，往往是懂保险的人不熟悉农业，而熟悉农业的人又不懂保险，现有人才越来越难以满足市场发展需求。

4.5　本章小结

农村正规金融机构由于资金来源有限、组织结构不合理、金融业务种类单一、成本高等因素的阻碍,发展受到了很大程度的限制。非正规金融机构因信息成本、交易成本、社会资本、担保财产的优势而蓬勃发展。此外，新型金融机构也应需而生，并因其多元化的产权结构、简洁的公司治理结构、灵活的机制、农村特色的市场定位等特征受到农村小微企业的青睐并得到了迅速发展。但是非正规金融机构由于法律定位缺失、政策规定有所迟滞，容易造成金融秩序的混乱，自身非标准化的运行机制以及不健全的组织管理给自身造成了很大的经营风险，并且由于“出身环境”的阻碍难以实现规模经济。我国农业保险的发展也面临着重重困难：缺乏相应的税收及法律支持、农民投保意识淡薄、保险公司进入农业保险市场的顾虑多、补贴金额相对规模较小，补贴种类单一、从事农业保险的人才匮乏等。

为了解决金融服务供给对农村小微企业的支持，需不断完善新型农村金融机构的发展机制，使其更好地发挥服务于农村经济社会发展的作用；加强对农业保险产品的监管，完善农业保险的法律体系，提高农业保险的有效需求等等。

第5章　农村小微企业金融需求特征及融资状况

与大中型企业相比，农村小微企业由于缺乏有效的抵押担保品、银企之间信息不对称和缺少高质抵押品等特征，从而在融资过程中难以获取金融机构的信贷资金，面临着融资难的问题。本章对农村小微企业融资难的原因、样本企业特征、融资约束、融资渠道选择和融资结构进行研究，为后面的实证分析提供一定的借鉴。

5.1　农村小微企业融资难的原因

农村小微企业融资难的成因非常复杂，既有小微企业自身的原因，也有金融机构和金融市场的原因，还有财政政策方面的原因。

5.1.1 农村小微企业融资渠道狭窄

很多农村小微企业由家族成员或单个自然人拥有，实行着家族化管理模式。这种粗放型的管理模式容易导致小微企业内部控制不严、缺乏健全的会计制度，缺少必要透明的监督。由于企业自身弱质性，农村小微企业很少选择从门槛较高的资本市场融资；典当、租赁等其他适合小微企业融资的渠道由于其机构数量较少，且大都集中在经济发达地区，也很难满足数量巨大的小微企业融资需要，所以，农村小微企业对银行贷款有很大的依赖性。然而银行等金融机构没有合适准确的渠道了解企业的真实情况，自然不愿意向这样的企业放贷。小微企业基本属于民营性质，相当多小微企业在获得最初创办企业时投入的资金后，缺乏后续的资本投入，将经营运作规模的扩展希望寄托于利润转投资和外源融资规模增加，一旦商业银行等金融机构不能满足它们不断增加的借款需求，就疾呼“融资难”。

5.1.2 农村小微企业融资条件缺乏

大多数小微企业依然处于市场的弱势地位。农村小微企业经营规模小，生产厂房简陋，机器设备缺乏，自身拥有的固定资产和自有资本金偏少，尤其是一些处于创业初期的农村小微企业，在固定资产方面往往会捉襟见肘。所以，其向银行等金融机构申请贷款时无法提供合格有效的抵押品，也无法寻找到合适的担保公司提供信用担保，无法满足贷款的基本条件。

5.1.3　农村小微企业的财务状况不清

大多数农村小微企业的管理人员的综合素质不高，缺乏专业财务人员，甚至有的小微企业有多本账，经营数据混乱，导致其缺乏最基本的财务根据，影响了融资活动的顺利展开。一些小微企业的资产状况比较混乱，通过“资产—负债”的计算方式难以厘清其净资产数额，可抵押的资产数额也难以辨析，进而影响融资进程。有时还会涉及使用高利息的民间借贷，导致资金链断裂，使企业出现资不抵债，最后只能以破产收场。

5.1.4　农村小微企业资金需求时间急，周期较短

由于小微企业大多数都集中在一些加工制造、商贸流通领域，因此小微企业在资金的用途上往往是为了原材料购买、资金周转以及生产规模扩大等。因此，小微企业在资金需求上首先是比较急，尤其是在原材料购买方面，因为市场波动较大，往往是“一日一价”，如果错过了时间购买，可能就需要承担较高的资金成本；其次周期较短。由于小微企业贷款的用途往往比较单一，很多时候是作为周转之用，且自身经营计划周期也往往较短，所以在资金需求方面往往周期比较短。

5.1.5　银行支持力度不够，民间借贷风险高

银行贷款是小微企业非常重要的外部资金来源，但是获得的贷款金额很少，银行对小微企业惜贷少贷现象严重。在贷款以前，银行要对企业进行审核。小

微企业对外披露的信息不可靠，银行审核比较艰难成本随之上升。贷款后，小微企业容易出现拖欠甚至是逃避还款等现象，银行对贷款的追踪和管理困难，管理成本也加大了。同时，小微企业的不良贷款率也很高，截至 2018 年 7 月，全国大型企业不良贷款率为 1.19%，中型企业为 2.55%，小微企业 为 3.39%，单户授信 500 万元以下的小微企业是不良贷款率 6.46%。金融机构一般需要较高的利率来维持其商业可持续性，但较高的利率水平又抑制了部分小微企业融资需求。在小微企业发展现状并不乐观的情况下，民间资本和银行信贷机构更多地向大中型企业抛出橄榄枝，慷慨地投资。但民间借贷本身具有较强的随意性、隐蔽性和风险性，极易引起民事纠纷，造成诸多社会问题。

5.1.6 相应政策扶持不到位，监管体系不完善

我国已出台了不少对小微企业发展有利的政策，但是并没有完全解决小微企业资金短缺的难题。政府出台的大多是指导性、理论性政策，缺乏从资金、技术、人才等方面提供实质性的扶持措施。相关职能部门在企业信用培育和规范发展上权力分割，缺乏有效整合与沟通协作，而农村小微企业更关注的是具体可行的、直接关系到融资过程中某些环节的政策。如今还未建立起一套运作成熟的小微企业贷款担保体系，之前的许多民间担保机构由于其盈利性的经营特质已逐渐退出市场担保体系，而国有机构的担保机制尚不成熟仍待完善，这使得投资人的资金无法得到可靠而有效的保障，相关信贷机构不得不因此而“慎贷”。此外，有些扶持政策的宣传力度不够。许多小微企业不主动领会相关政策，甚至不知有相关的规定。小微企业自身信用管理状况不尽相同，大多数企业尚未建立起符合现代企业制度要求的信用管理体系，且信用意识整体淡薄，缺乏

统一管理查询的信用信息资料库和相应的法律法规，信用评价标准不统一，信用管理不完善，大部分还处在摸索或起步阶段。

5.2　样本企业的基本特征

在农村的经济发展过程中，小微企业发挥着越来越重要的作用。它不仅可以推动整个农村经济增长，而且为广大农村人口提供了就业渠道，为农村剩余劳动力的转移发挥了重大的作用。在研究了中部六省的农村小微企业后，按照企业注册时的行业登记，本章把这些小微企业分为第一、二、三产业。第一产业包括从事农业、林业、纺织等初级产品加工经营的企业；第二产业包括从事制造、化工、建筑等行业经营的企业；第三产业包括从事餐饮、贸易、物流、通信等企业。基于此，本章共得到 52 个有效样本，基本分布情况如表 5.1 所示。

表 5.1　样本企业按地区分类分布情况

中部地区	频数	构成比
山西	10	19.2%
江西	5	9.6%
河南	7	13.5%
安徽	11	21.2%
湖北	9	17.3%
湖南	10	19.2%
合计	52	100.0%

从表 5.1 中可以看到，安徽省的小微企业有 11 个，占 21.2%；山西省和湖南省的小微企业各有 10 个，占 19.2%；最少的江西省的小微企业有 5 个，占 9.6%。总体来看，这些被调查的企业在地区分布上是具有代表性的。

表 5.2　样本企业按行业分类分布情况

行业	频数	构成比
农业	7	13.50%
林业	1	1.92%
煤矿	1	1.92%
化学制品	2	3.80%
纺织、化纤、布	4	7.70%
建设、建筑	10	19.20%
食品、饮品	6	11.50%
机械维修	7	13.50%
贸易及物流	5	9.60%
塑业	3	5.80%
服务	2	3.84%
网络科技	3	5.80%
其他	1	1.92%
合计	52	100.00%

表 5.2 反映出样本企业的行业分布。由表可以看出样本企业所从事的行业较为分散，共涉及 13 个行业小类别。总体来看，这些小微企业主要集中在农业、食品、机械和建筑业。从事农林业、食品饮料行业和建筑业共有 23 家，占总样本的 44.23%。其中从事建筑业的有 10 家小微企业，占 19.2%，比重最多。说明农村小微企业在行业选择上与农业和新农村建设有着密切的关系。此外样本企业从事较多的行业还有机械维修、贸易及物流，分别占 13.5% 和 9.6%。

由表 5.3 可知，总体上，本章所调查的小微企业的成立时间较晚，2000 年后注册成立的有 49 家，占总样本的 94.23%；2010 年以后注册成立的企业达 34 家，占总样本的 65.38%；其中 2015 年注册成立的企业最多，有 18 家，占 34.62%。注册时间最晚的一家为 2018 年；样本企业中也有成立时间较早的企业，成立时间最早的为 1989 年。

表 5.3　样本企业注册时间分布

注册时间	频数	构成比
1989	1	1.92%
1995	1	1.92%
1997	1	1.92%
2000	2	3.85%
2001	1	1.92%
2003	3	5.77%
2005	1	1.92%
2006	1	1.92%
2007	1	1.92%
2008	2	3.85%
2009	4	7.70%
2010	2	3.85%
2011	2	3.85%
2012	3	5.77%
2013	4	7.70%
2014	3	5.77%
2015	18	34.62%
2016	1	1.92%
2018	1	1.92%
合计	52	100.00%

企业登记类型的情况反映在表 5.4 中。由表可知，在 52 家样本企业中，有限责任公司所占的比重最大，有 39 家，占总样本的 75%；个体商户有 9 家，占 17.31%。最少的类型为个人独资企业和集体企业，在样本中各有 1 家。

表 5.4 样本企业按企业登记类型分布情况

企业注册类型	频数	构成比
个体商户	9	17.31%
个人独资	1	1.92%
有限责任公司	39	75.00%
股份有限公司	2	3.85%
集体企业	1	1.92%
合计	52	100.00%

5.3 农村小微企业融资约束

融资约束是在资本市场不完善的情况下，企业由于内外部融资成本的差异，无法支付过高的外部融资成本而导致融资不足。因此，企业的投资决策过多地依赖内源融资，导致投资普遍低于最优水平，企业的发展受到限制，如表 5.5 所示。

表 5.5 融资约束的相关理论

学者	时间	理论	主要内容
Coase	1937 年	交易费用理论	小微企业和金融机构的交易成本的平均成本和边际成本远远高于大中型企业

续表

学者	时间	理论	主要内容
Akerlof, Spence & Stigitiz	1970—1990 年	信息不对称理论	在社会政治、经济等活动中，一些成员拥有其他成员无法拥有的信息，由此造成信息的不对称。企业面临的融资约束程度与信息不对称程度正相关
Jensen & Meckling	1976 年	委托代理理论	经济资源的所有者是委托人，负责使用以及控制这些资源的经理人员是代理人。代理问题的存在，使得企业的外部融资成本高于内部融资成本
Leyshon & Thrift	1990 年	金融排斥理论	小微企业由于自身缺陷、制度缺陷等原因被主流金融排斥在外，很难融入到正规金融体系当中，并难以从正规融资渠道获得所需要的金融产品或者服务
Hilscher	2013 年	预算软约束	当企业遇到临时性的经营困难无法按时偿还贷款或者申请新的贷款时，银行不会轻易地要求企业破产清算，而是倾向于帮助企业通过再谈判获得展期或额外资金
Bellone	2016 年	成本加成法	产品质量的提高有利于增强出口企业的定价能力，从而使出口企业获得较高的成本加成

农村小微企业融资约束的类型可以划分为供给型融资约束和需求型融资约束。从金融资源供给角度来看，农村金融高质量发展主要障碍是农村金融发展的供给驱动力不足。供给型约束包括部分融资约束和完全融资约束两种类型，其中，部分融资约束是指小微企业只获得所需的部分融资，而完全融资约束是指小微企业没有获得任何正规金融机构的信贷资金，即贷款申请被正规金融机构拒绝。小微企业大多是私营企业或个体工商户，缺乏规范化的财务数据，还有些小微企业为了避税而低报盈利水平。由于小微企业财务数据不规范，缺乏

合格的抵押品和担保方，导致银行获取小微企业真实经营情况的信息成本过高，进而难以向小微企业贷款。所以，大型商业银行出于成本考虑，一般更愿意贷款给规模较大的大中型企业，发挥规模经济效应；而不愿意给贷款规模较小的小微企业发放贷款，产生规模不经济效应。Dul 和 Solmon（2017）在研究了尼日利亚的农村金融发展状况后发现，农村的融资资源约束包括农村金融机构的缺失是限制农村经济发展的要素原因之一。

从金融需求角度来看，农村金融发展的主要障碍是农民以及农村小微企业金融有效需求不足。需求型融资约束是指小微企业本身害怕风险、无法支付贷款利息、对正规金融决策判断等因素而主动地放弃向正规金融申请融资的现象，包括交易成本约束和风险约束两种类型。截至 2018 年 6 月末，小微企业的不良贷款率为 2.75%，比大型企业高 1.7 个百分点，单户授信 500 万元以下贷款的不良贷款率更高，收益难以覆盖风险，违约风险相对较高。受到风险的约束，农村小微企业担心无法承担贷款的相关风险，而没有意向与正规金融机构申请融资，从而从非正规融资途径获得融资资金。另外，大多数农村小微企业内部管理不规范，缺少现代化企业管理制度。企业的重大经营和融资决策，只由夫妻双方一起决定，这些决策很有可能缺乏一定的科学性并缺乏严密的论证。有时，某个决策的失误就可能导致整个企业溃败。Wentzel（2016）通过对南非弱势群体金融服务的调查则显示，因为农民或者农村小微企业主体自身教育水平较低，无法自发产生有效金融需求，使得农村金融发展有效性不足。王馨平（2017）认为正规金融机构、亲戚朋友、民间金融借贷三种融资渠道下同时发挥各自优势才能满足农村小微企业多样化的借贷需求。

对于样本小微企业发展面临的主要制约因素，主要表现为：缺乏资金、内部管理不当、技术力量不足、借贷成本高和信息缺乏，见表 5.6。

表 5.6　样本企业面临主要制约因素分布

主要制约因素	频数	构成比
缺乏资金	20	38.46%
内部管理不当	6	11.54%
技术力量不足	5	9.62%
借贷成本高	15	28.85%
信息缺乏	4	7.69%
其他	2	3.84%
合计	52	100.00%

从表 5.6 中可以看出，缺乏资金是制约样本农村小微企业的主要因素，占 38.64%；其次是借贷成本高，占 28.85%。剩余的三个因素包括内部管理不当、借贷成本高、信息缺乏所占比率相近，在 10% 左右。表 5.7 是按照各个省的样本企业的主要制约因素的分布，由表可知，中部的六个省的样本企业的主要制约因素都是缺乏资金。这两个数据充分反映了当前农村小微企业的发展困境：本身缺乏资金，向金融机构贷款的成本又高。很多农村小微企业都在起步阶段，需要大量资金，面对着现实压力，它们是在夹缝中生存，很难打破缺乏资金导致市场竞争力弱进而加剧资金缺乏的恶性循环。

表 5.7　中部六省的各属样本企业发展面临的主要制约因素分布

省份	缺乏资金	内部管理不当	借贷成本高	技术力量不足	信息缺乏	其他
山西	4	1	3	1	1	0
河南	3	1	3	0	1	0
安徽	5	2	4	1	0	1
湖北	3	0	2	1	1	0
湖南	3	2	2	2	1	0
江西	3	0	1	0	0	1
合计	20	6	15	5	4	2

5.4 农村小微企业融资渠道选择

5.4.1 可供渠道选择

农村小微企业可供融资渠道有外源融资、内源融资和新型融资模式：

1. 外源融资模式

外源融资是指企业通过各种方式向企业之外的其他经济主体筹集资金的行为，它的优点是资金来源极其广泛，方式多种多样，使用灵活方便，可以满足资金短缺者的各种资金需求，具有集中性、大量性等特点。它是连接资金盈余者和资金短缺者的重要融资方式，可大大提高资金的使用效率。按照融资是否需要通过金融中介机构，外源融资进一步可分为直接融资和间接融资两种。

直接融资是指没有金融中介机构介入的资金融通方式，企业直接从投资者手中获取资金，主要包括股权融资、债权融资、民间借贷和混合融资。中小板和创业板的财富效应，引导社会资金向具有自主创新能力的中小微企业聚集，创业投资也成为支持小微企业发展的重要资金力量，在小微企业融资问题的解决中发挥着不可或缺的作用。但由于我国资本市场不完善，融资程序复杂，消耗时间长，限制条件多，小微企业很难从资本市场上筹集资金。民间借贷等非正规金融机构在小微企业融资渠道选择中占有重要的地位，它有效降低了信贷市场中的信息不对称程度，缓解了逆向选择和道德风险问题，大大减少了交易双方的成本，从而在很大程度上解决了小微企业融资难的问题。但是，这种融资方式缺乏法律的有效规制，规范化程度不高，有时会影响金融市场秩序。

间接融资是指企业融资需要通过金融中介机构来筹集资金，主要形式有银行贷款等。农村小微企业除了自身积累外，对间接融资依赖性大，间接融资仍是小微企业主要的外部融资来源。然而农村小微企业进行银行借贷融资具有一定难度：财务风险高，银行借贷具有一定期限，且具有法律效应，可能导致收益低的企业破产。借款较难，交易成本高，难以获得信贷支持；农村小微企业资产担保不足，也难以获得信贷支持。随着小微企业金融服务政策不断深化，各银行机构改进了对小微企业的金融服务，银行体系服务小微企业的能力得到一定程度的提高。截至 2018 年 9 月末，小微企业贷款余额 33.04 万亿元，有贷款余额的户数 1791.58 万户。其中，普惠型小微企业贷款余额 8.93 万亿元，同比增长 19.8%，较各项贷款同比增速高 7.17 个百分点；有贷款余额的户数 1601.01 万户，同比增加 406.71 万户，阶段性完成了贷款增速、户数“两增”目标。

2. 内源融资模式

内源融资来源于企业内部，又称为内部融资，是指企业以自有资金或在生产经营过程中通过企业自身积累收入来获得资金，并用于开展后续的生产经营活动。相对于外源融资，农村小微企业更倾向于内源融资。由于小微企业的局限性，企业资金的需求量不像大中型企业那么高，内源融资已能足够满足小微企业当前的发展需求，所以小微企业更加倾向依赖于内源融资，它对企业的生存与发展发挥着重要作用。企业的内源融资主要有企业留存收益和企业内部投资两种形式。关于企业留存收益，企业的税后利润主要有两种分配方式：① 以红利的形式发放给股东，作为股东给予资金支持的奖励，同时用来鼓励股东增加投资以筹集更多资金。② 以留存收益的形式留存于企业内部，用于日后的生产经营。将企业的税后利润作为留存收益进行企业内部融资将成为企业融资的一项重要来源。企业内部投资是指通过吸收企业内部员工的资金，形成企业的债务性融资，包括向内部经理，员工借款而获得所需资金。虽然相对于其他金融投资而言，内部投资的收益会相对较低。但作为企业内部职工，能够及时了解企业的经营状况和可持续经营能力，信息相对对称，在一定程度上避免了投资金融市场所带来的金融风险，降低了融资成本，并提高了小微企业的融资效率。当然，这也需要国家制定相应的制度予以规范，避免恶意集资的发生，保证内部投资的规范性和安全性。

3. 新型融资模式

（1）互联网金融

互联网金融（ITFIN）是指传统金融机构与互联网企业利用互联网技术和信息通信技术实现资金融通、支付、投资和信息中介服务的新型金融业务模式。互联网与金融深度融合是大势所趋，将对金融产品、业务、组织和服务等方面产生更加深刻的影响。

2014 年，互联网金融这一概念首次在政府报告中体现出来。在政府的支持和引导下，互联网技术不断更新，电子商务模式也在不断创新，互联网金融走进我们的视野，成为了一个热点研究话题，并成为了我国社会经济发展的巨大影响因素。互联网金融对促进小微企业发展发挥了现有金融机构难以替代的积极作用，为“大众创业、万众创新”打开了大门。作为新生事物，互联网金融既需要市场驱动，鼓励创新，也需要政策助力，促进发展。互联网金融主要包括 P2P 信贷平台、众筹融资和大数据金融，如图 5.1 所示。

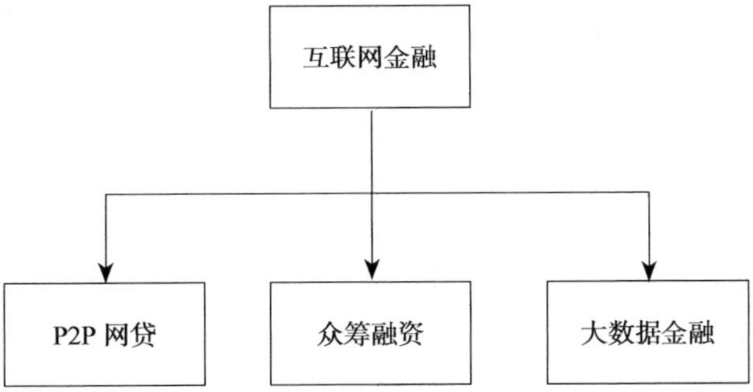

图 5.1　互联网金融模式

① P2P 网贷。

P2P 网贷（Person to Person，P2P）即个人对个人，又称点对点网络借款，属于互联网金融产品的一种。简单来说，就是借助互联网平台，进行民间小额借贷的金融服务。对借款方来说，这是一种极为有效的筹集资金的方式，而对贷款方来说，则是某种意义上的理财行为。通常情况下，其投资收益远超银行储蓄收益。

P2P 网络贷款是在互联网技术全球发展创新基础上所产生的金融创新。P2P 网贷是指借助于 P2P 公司而搭建的第三方互联网平台，可以叫作点对点信贷或人人贷，是指个体和个体之间通过互联网平台实现的直接借贷。与传统私人借贷不同的是，借款人的融资行为和借款审核通过网络平台完成，成为一种新型的金融脱媒，而 P2P 网络贷款平台也被称为“在线版”的民间借贷平台。2007 年 8 月，中国第一个纯线上的网贷平台“拍拍贷”正式运营，P2P 网贷行业凭借其更低的利率、更好的客户体验、更快的业务效率、更广的服务范围在中国生根，有效填补了小额贷款金融市场的空白，也成为广大中小企业与民间资本对接的桥梁。而政府支持、云技术和大数据的运用更为此行业注入推进剂，近五年，中国的 P2P 网贷行业实现爆发式增长。截至 2017 年年底，中国的 P2P 网贷平台数量达到 1931 家，年交易量为 28048.49 亿元，中国一举成为全球网络贷款交易规模最大的国家。

P2P 这种互联金融模式的特点是不需要传统金融机构作为中介，直接连通出资人和贷款人。该模式能够充分解决时间和空间对融资匹配的制约，实现资金的有效配置。利用这个借贷平台，小微企业进行筹资的行为是受到《合同法》《民法通则》等法律法规、最高人民法院相关司法解释和保护。

P2P 债权转让模式如图 5.2 所示。

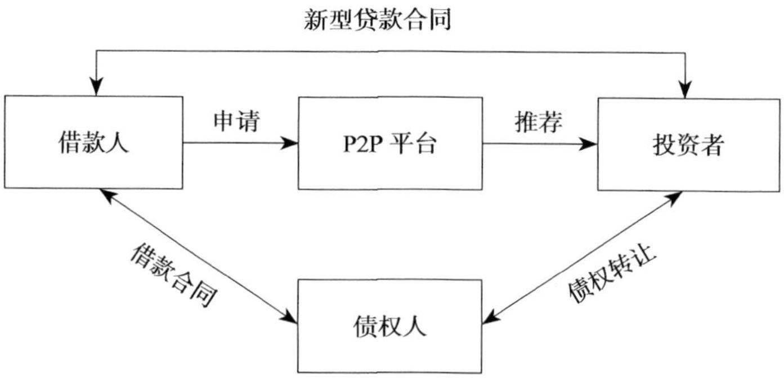

图 5.2　P2P 债权转让模式

② 众筹融资。

众筹融资也就是大众融资，是一种向群众融资，用来支持融资的发起人的一种行为。2008 年金融危机过后，世界各国的银行业对于贷款问题要求更为严格和苛刻，这就使得刚注册或者刚刚起步的小微企业的融资问题变得更加困难，对于这些小微企业，有想法有创新但是在银行的征信系统中还达不到银行的放贷要求，所以银行不会轻易给他们贷款，在这种形式背景下，众筹融资的出现，给小微企业的融资带来了曙光。

众筹融资由三方组成：筹资人（发起人）、众筹平台、投资人。筹资人利用互联网将自己的项目展示在众筹平台上，获取大家的关注，投资人在评估后若认可可对其提供资金支持，从而实现了面向社会大众筹资。众筹融资主要分为以下四种模式：股权众筹、回报众筹、债权众筹和捐赠众筹。

众筹融资通过互联网平台为某些缺乏资金的投资项目募集股本金。众筹融资是小微企业可以通过利用互联网和 SNS 传播的特征，充分发挥大众积少成多的效用，把公众的资源和能力进行归集，为他们实现创办活动、建设项目等提供资金援助的一种有效融资方式。投资者应当充分了解小微企业股权众筹融资活动所面临的风险，同时具备相应的风险承受能力，然后进行小额投资。目前，我国众筹网站规模已经逐步扩大，据不完全统计，截至 2017 年 3 月底，众筹平台数量约有 437 家，从 2011 年的第 1 家到 2017 年的 400 多家，发展的速度是很快的。

众筹融资运行流程图如图 5.3 所示；众筹融资的城市分布如图 5.4 所示。

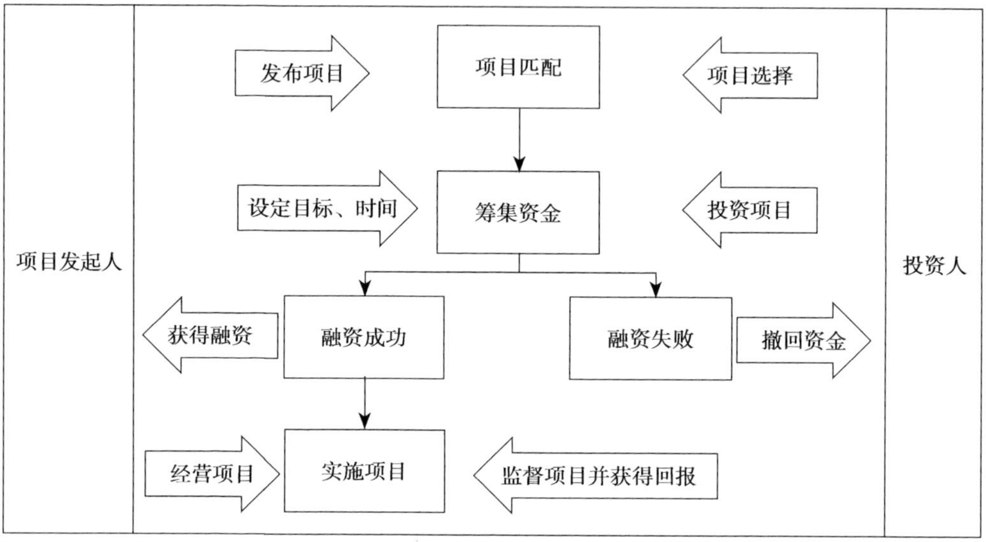

图 5.3　众筹融资运行流程图

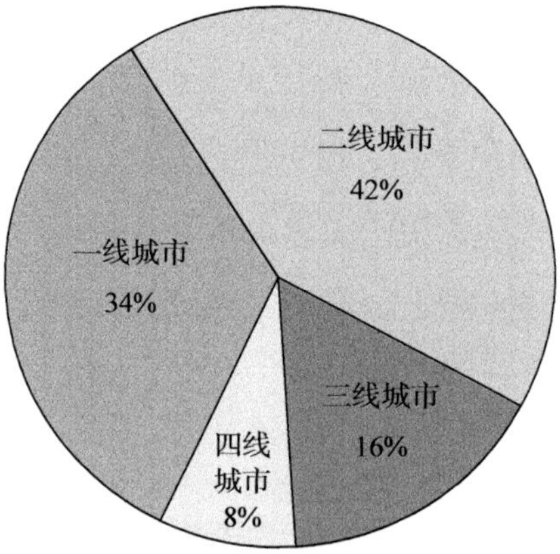

图 5.4　众筹融资的城市分布

③ 大数据金融。

大数据是指那些大小超过标准数据库工具软件能够收集、存储、管理和分析的数据集。随着大数据技术的迅猛发展，越来越多的金融业也开始使用大数据进行业务创新。大数据金融是指通过整合结构化和非结构化数据，精确分析和深入挖掘客户的交易和消费信息，掌握客户的消费习惯，并准确预测客户行为，使互联网金融机构和金融服务平台在营销和风险控制方面更加具有目的性和有效性。

大数据金融广泛应用于电商平台，是指其借助自身数据平台的积累，应用数据模型进行网上、量化放贷的模式，将服务对象的经营数据与网络行为数据转化为企业和个人的资信评估。例如蚂蚁微贷和京东供应链金融等基于网络数据的小额信用贷款。这些模型可以通过大数据挖掘技术找出其内在规律，为小微企业信贷等级评估提供依据，从而有效降低贷款的运作成本和操作风险。蚂蚁微贷通过满足商户的融资需求，建立风险控制体系，最终形成了互联网大数据金融模式。根据官网公布，截至 2017 年年末，京东金融营业收入为 103 亿元，而蚂蚁金服税前利润就是 131.89 亿元。2018 年 4 月，安信证券对蚂蚁金服的估值高达 1600 亿美元，公司净利润约 54.8 亿美元，京东金融仅次于蚂蚁金服。（见图 5.5 和图 5.6）

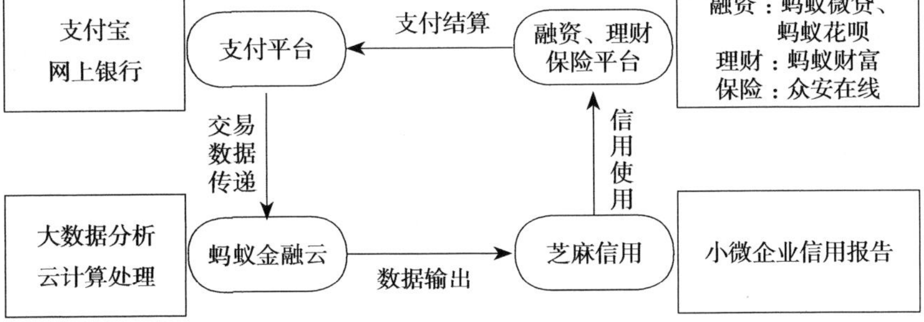

图 5.5　蚂蚁金服运营模式

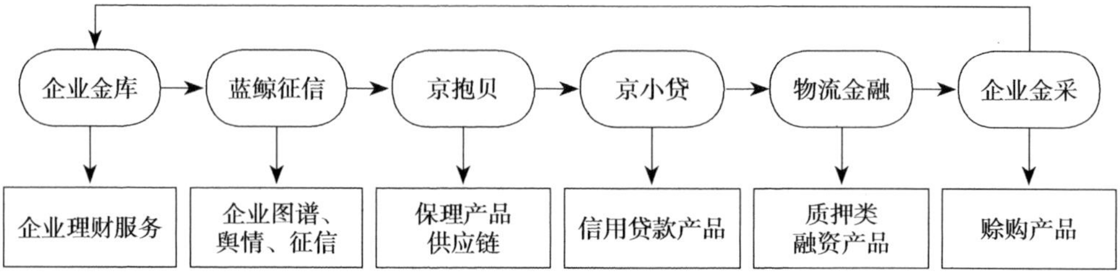

图 5.6　京东金融运营模式

大数据技术手段能够帮助金融机构准确定位内部管理盲区，制定有针对性的改进措施，进而降低运营管理成本；大数据还拓展了和客户的沟通渠道，可以更好地把握客户的消费行为习惯，做到精细化服务，提高客户的转化率；它能及时预测市场变化，制定与之相适应的营销手段；大数据金融有助于拓宽小微企业融资渠道，提升金融发展的普惠性，增加小微企业的融资比例，使小微企业能够便捷地获取融资服务资源并针对各种小微企业的需求差异开展融资产品的创新；它具有融资门槛低、资金周转快、无抵押和无担保的特征，正好应对于小微企业融资“短、小、急、频”的问题。

（2）天使投资

天使投资是权益资本投资的一种形式，此词源于纽约百老汇，1978 年在美国首次使用。天使投资是指具有一定净财富的人士，对具有巨大发展潜力的高风险的初创企业进行早期的直接投资。属于自发而又分散的民间投资方式。这些进行投资的人士被称为“投资天使”，用于投资的资本称为“天使资本”。天使投资是风险投资的一种形式，在根据天使投资人的投资数量以及对被投资企业可能提供的综合资源进行投资。

天使投资是一种创新的直接融资模式，它更看重企业的发展背景、市场潜力和社会价值。天使投资对企业资金的投入一般较小，为一次性投入。对于天使投资人来说，小额的资金投入会大大降低自身的风险。一旦企业的发展偏离自己的预期，可以及时回笼资金，避免较大程度的损失。同时，大多数的天使投资人具有独到的眼光，丰富的社会阅历和企业工作经验能够帮助天使投资人对小微企业的发展潜力进行快速判断，避免了复杂的企业调查，对于迫切需要资金进行经营周转的小微企业而言，无疑是相当合适的融资渠道。从另一个方面来说，小微企业也可以利用天使投资人的价值判断和人脉资源等各项资源，不断丰富企业自身，为以后的发展奠定基础。

天使投资一般分为个人天使和天使投资机构两种基本形式。

一是个人天使。这些天使投资人很多本身是企业家、成功的创业者、VC等，他们了解创业者面对的难处，并能给创业者提供帮助。在投资后，天使投资人往往积极为公司提供一些增值服务，比如战略规划、人才引进、公关、人脉资源、后续融资等。二是天使投资机构。天使投资机构可以汇集项目来源，定期交流和评估，会员之间可以分享行业经验和投资经验。对于合适的项目，有兴趣会员可以按照各自的时间和经验，分配尽职调查工作，并可以多人联合投资。

按照服务模式与规模的不同，天使投资分为以下三种形式。

① 创业孵化器。

现在北京中关村、深圳湾创业广场等多设立在各地的科技园区，可以为初创的科技型小微企业提供最基本的启动资金、便利的配套措施、廉价的办公场地、甚至人力资源服务等，同时，在企业经营层面，给予被投资的公司各种帮助。比如飞马旅、创展谷、微漾国际等都是这种形式的天使。

② 天使基金。

国内很知名的有新东方董事徐小平设立的“真格基金”、乐百氏董事长何伯权的“广东今日投资”、腾讯联合创始人曾李青的“德迅投资”等。还有一些类似于创业“邦天使基金”“青阳天使投资”“泰山投资”“联想之星创业投资”等。这样的规模一般是几千万元的小型的机构型基金、单笔投资额度在数百万元、投资后会要求董事会席位为被投资公司提供增值服务。

③ 平台型基金。

比较有代表的有网龙公司与 IDG 设立的“mFund 移动互联网投资基金”、联想集团设立的“联想乐基金”、新浪推出的“中国微博开发者创新基金”、360 公司发起的“免费软件起飞计划”、盛大无线的“Joy 开发基金”等。

5.4.2 样本小微企业融资渠道

样本企业所选择的融资渠道比较有限，主要为内源性融资和外源性融资，正规金融融资渠道更加受限。表 5.8 的调查统计结果显示，48.9% 的样本企业仅仅通过内源融资满足资金需求，有 34.7% 的样本农村小微企业仅通过民间融资一种外源性融资渠道进行融资，仅有 16.4% 的企业通过民间融资和正规金融融资获得融资。

表 5.8 样本企业融资渠道

项目	仅内源性融资	外源性融资	
		仅民间融资	民间和正规金融融资
企业占比	48.9%	34.7%	16.4%

5.5　企业规模与融资结构

企业规模以注册资本数额为标准划分为五个档次：50 万元以下；50 万～100 万元；100 万～500 万元；500 万～1500 万元；1500 万元以上。按照注册资本金额规模的分布如表 5.9。

表 5.9　样本企业注册资本分布

注册资本（万元）	50 万以下	50 万～100 万	100 万～500 万	500 万～1500 万	1500 万以上
有效样本（个）	52	52	52	52	52
数量（个）	14	2	13	9	14
比重（%）	26.92	3.85	25	17.31	26.92

表 5.9 显示了样本企业的注册资本规模的情况。从表中可看出，注册资本在 50 万元以下的有 14 家，占 26.92%，同时注册资本在 1500 万元以上的企业也占到了 26.92%。注册资本在 100 万元到 500 万之间的企业有 13 家，占 25%。总体来看，所调查企业的资本状况比较分散。

企业成长周期理论认为，处于发展初期和处于稳定运行阶段的小微企业资金需求量大，内源积累少，正规的外源性融资相对困难，融资结构也不会发生太大的变化，农村小微企业的融资主要以内源性融资或非正规外源融资为主，有一部分农村小微企业将内源融资作为其唯一的融资渠道，全部依靠自有资金创办企业。从处于不同发展阶段小微企业的融资特点看，企业融资方式体现出较强的阶段性特征，首先是初创阶段的企业对自有资金的依赖程度更强，其次是成长阶段的企业，最后是成熟阶段的企业。三个阶段的企业把自有资金作为最重要融资来源的占比分别为 85.7%、66.1% 和 53.6%。

调查统计发现，大部分的农村小微企业融资主要依靠内源融资和银行贷款，直接融资占比较低。对企业发展发挥主要作用的是自有资金，63.9% 的企业第一资金来源渠道选择自有资金；其次是银行贷款，第一资金来源选择银行贷款的企业占 34.5%；另外，少量企业融资主要通过内部职工入股或借款、亲朋好友筹资、私募股权基金等途径解决。如果农村小微企业仅靠自有资金，发展起来是非常困难的，因为自有资金的积累过程往往需要很长的时间，这样往往无法满足企业发展的需要。对于具有良好的发展前景和处于成长阶段的企业，它们的融资条件提高，融资需求量增加，自有资金难以满足，对外源融资的依赖性增强，贷款数额也在逐渐增长。以湖北省为例，湖北省银行业金融机构的小微企业贷款余额持续快速增长（见表 5.10）。近五年来，小微企业贷款余额年增速均在 18% 以上，高于全部贷款年平均增速 4.9% 及以上，在全部贷款中占比逐年提高。截至 2018 年年底，湖北省小微企业贷款已达 11464 亿元，在全部贷款中占比升至 24.3%。在获得外部融资的企业中，主要的融资渠道是农村信用

表 5.10　湖北省金融机构小微企业贷款余额变化

时间（年）	贷款余额（亿元）	同比增长	高于总贷款平均增速	占总贷款比率
2013	4041	23.0%	7.2%	18.4%
2014	4878	20.7%	5.1%	19.3%
2015	6152	18.1%	4.9%	21.6%
2016	7696	25.1%	8.1%	22.4%
2017	9435	22.6%	8.0%	23.6%
2018	11464	21.5%	7.8%	24.3%

社贷款和非正规融资的民间借贷，其中最主要的资金来源于农村信用社，而其他商业银行的融资相对较低。

5.6　本章小结

本章首先分析了农村小微企业融资难的原因，然后选择有代表性的样本企业，分析了样本企业的行业分布、企业登记类型等特征。在此基础上，本章分析并整理了可供农村小微企业选择的融资渠道，并对农村小微企业融资约束、融资结构进行了深入剖析，研究表明，农村小微企业的融资结构在不同发展阶段呈现不同的特征。在发展初期和处于稳定运行阶段的小微企业资金需求量大，内源积累少，正规的外源性融资相对困难，融资结构也不会发生太大的变化。随着企业进入成长阶段和稳定运行阶段，融资结构发生了变化，信用社融资的比例增加，说明企业的融资渠道偏好随着不同阶段的变化而变化。

第 6 章 小微企业融资需求、可获得性及融资规模的实证分析

由第 5 章的分析可知，当前我国农村小微企业融资需求较大，但普遍面临着融资约束问题。小微企业是中国经济的支柱，其兴衰与国民经济密不可分，然而小微企业的融资困境一直成为阻碍其发展的关键所在。小微企业能否健康发展关系到经济转方式、调结构的目标能否顺利实现，关系到整个国民经济能否健康稳定发展。为了破解新形式下中国的小微企业面临的融资约束，提高企业融资可获得性，有必要切实了解小微企业融资的影响因素。

6.1 因素分析及研究假设

6.1.1 因素分析

小微企业的融资需求和融资可获得性具体受哪些因素影响，这一直是国

内外学者研究的重点。在现有的文献中，对于企业融资需求的研究主要体现在企业融资需求特点、融资需求影响因素等方面。通过梳理文献，总结出影响中小企业融资需求的特点，主要有内部因素和外部环境，其中内部因素主要有企业规模、盈利性等因素（崔学刚，2008；卢亚娟，张龙耀，2012），主要的外部环境有产业集群等方面（卢亚娟，2012）。然而从企业主基本特征、地区因素等方面来分析企业融资需求影响因素的文献还不多见。对于企业融资可获得性的衡量指标主要有贷款比率、银行贷款可获得性、正规信贷满足企业资金需要的比例等，其影响因素主要有金融发展水平、政治关系、企业自身特征、企业主特征等。目前国内外文献通常从企业特征、金融发展水平、政治关系等方面考察企业融资可获得性，但相对于国外学者的研究而言，国内学者就企业主特征对企业融资可获得性影响的研究相对不足。事实上，由于小微企业的特殊性，企业主基本特征往往对小微企业融资可获得性产生重要影响。另外，现有研究主要是通过考察企业实际获得融资的情况来分析企业获得融资支持的影响因素，将“有融资需求但没有获得融资的企业”等同于“没有融资需求的企业”，并且对于企业特征因素对企业融资规模影响的研究十分少见。

针对上述研究的不足，本章以 300 家农村小微企业为例，主要研究企业主基本特征、企业基本特征以及企业的信用状况对小微企业融资需求及融资可获得性的影响因素，并且进一步分析这些影响因素对小微企业融资规模的影响。

模型结构图如图 6.1 所示。

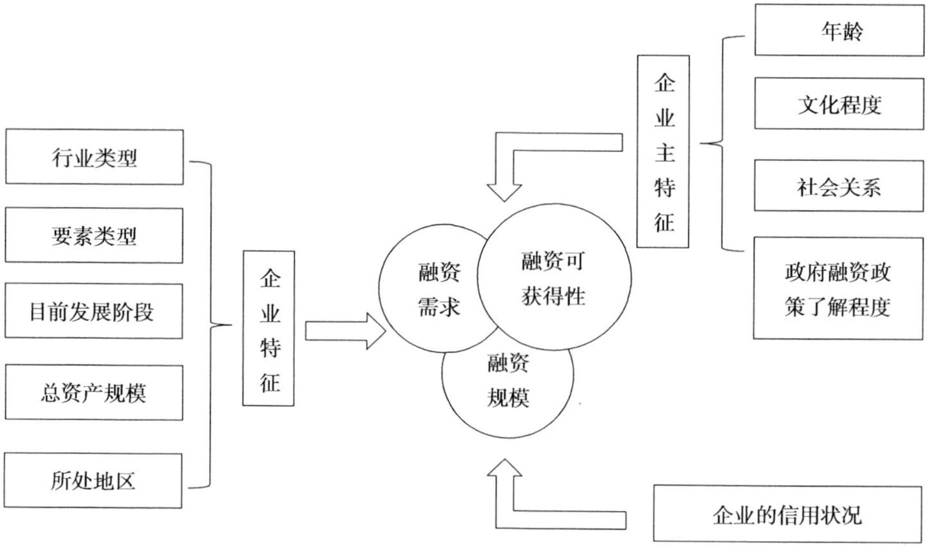

图 6.1 概念模型图

6.1.2 研究假设

（1）企业主基本特征，包括企业主年龄、文化程度、社会关系以及企业主对政府小微企业融资政策的了解程度

① 企业主年龄。一般地，企业主年龄越大，资金越丰裕，思想更保守，不愿意接受外来资金，所以随着年龄的增大，融资需求会减少；并且随着年龄的增大，一般企业主做事会更沉稳，会选择贷款就应该能考虑到偿还能力；年龄越大，经营管理经验较足，经营企业规模也越大，更加容易得到金融机构的融资。

② 企业主文化程度。一般来说，企业主文化程度越高，学习能力越强，经

营管理理念学习得越好。而经营管理理念学得较好的企业主会使企业经营状况较好，于是企业生产规模扩大的可能性越高，从而融资需求更高；同时，企业主拥有的文化程度越高，更容易得到金融机构的信任，从而更加容易得到融资。

③企业主社会关系。企业主的社会关系越好，则获得好的融资渠道较为容易，特别是拥有在金融机构的领导亲戚，小微企业相对普通老百姓更容易获得融资，且融资需求会相对较小。

④企业主对融资政策的了解程度。一般来讲，企业主对融资政策越了解越能比较出好的融资方式，易于得到借款利率较低的融资或者政府补助贴息等项目支持，此外，从社会资本理论角度来看，企业主可以通过社会资本减少融资双方信息不对称，企业融资可得性就提高。

综合上述分析，提出以下基本假设：

H1a. 企业主年龄越大，融资需求越小；

H1b. 企业主年龄越大，融资可获得性越高；

H1c. 企业主年龄越大，融资规模越小；

H2a. 企业主文化程度越高，融资需求越大；

H2b. 企业主文化程度越高，融资可获得性越高；

H2c. 企业主文化程度越高，融资规模越大；

H3a. 企业主社会关系越好，融资需求越小；

H3b. 企业主社会关系越好，融资可获得性越高；

H3c. 企业主社会关系越好，融资规模越小；

H4a. 企业主对融资政策越了解，融资需求越大；

H4b. 企业主对融资政策越了解，融资可获得性越高；

H4c. 企业主对融资政策越了解，融资规模越大。

（2）企业基本特征，包括企业的行业类型、要素类型、目前发展阶段、企业所处的地区、企业的总资产规模等

① 企业的行业类型。本章将小微企业所属的行业划分为农林牧渔业、工业、批发及零售业、住宿和餐饮业、建筑业、交通运输及仓储业、房地产开发经营及物业管理、信息传输业及软件和信息技术服务业以及其他行业。但企业所属行业不同，可能会导致企业对外部资金需求量不同。因此，本书认为，企业所处的行业从农林业到信息服务业会使企业的融资需求逐渐上升，也更容易获得融资。

② 企业的要素类型。企业要素类型不同，会导致企业对外部资金需求量不同。属于劳动密集型和资本密集型的小微企业的融资需求没有技术密集型的小微企业融资需要的资金多，技术密集型的小微企业需要资金进行技术研发，但企业面临的风险也较高，因此导致该类企业融资可获得性低。

③ 企业目前的发展阶段。小微企业在不同发展阶段，资金需求状况是不同的。本章把企业发展过程分为：起步阶段、成长阶段、稳定运行阶段与衰退阶段。一般地，如果小微企业处在起步阶段或成长阶段，其资金需求量相对较大，但并不容易获得融资。若从起步阶段到成长阶段再到稳定运行阶段，小微企业经营状况在逐渐走向良好状态，随着发展阶段的推移，融资可获得性会逐步提高。

④企业所处地区。不同地区经济发展水平不同，资金丰裕程度不同，导致不同区域的小微企业面临的资金松紧状况不同。同时，各地金融生态环境不同，导致小微企业所处的信用环境、法律环境等外部金融环境不一样，会影响企业融资可获得性。此外，不同地区政府扶持小微企业政策力度和方式不同，导致金融机构对小微企业资金供给意愿不同，提供融资服务的动力也不同，也会影

响企业融资可获得性。一般经济发展水平较高的地区，资金相对更为丰裕，金融基础设施建设比较完善，金融生态环境相对较好，金融竞争也较激烈，且地方政府也制定了很多扶持小微企业融资的政策。

⑤ 企业的总资产规模。一般而言，企业总资产规模越大，其发展所需的资金将会越多，融资需求更高。但同时小微企业的总资产规模越大，小微企业的偿债能力越强，因此，贷款人愿意为其提供融资服务，金融机构愿意给其放款。

综合上述分析，提出以下假设：

H5a. 随企业所处的行业的变化，融资需求越来越大；

H5b. 随企业所处的行业的变化，融资可获得性越来越高；

H5c. 随企业所处的行业的变化，融资规模越来越大；

H6a. 技术密集型的小微企业融资需求更大；

H6b. 劳动密集型或资本密集型的小微企业融资可得性更高；

H6c. 技术密集型的小微企业融资规模更大；

H7a. 企业在起步期和成长期的融资需求更大；

H7b. 企业进入稳定阶段后融资可得性更高；

H7b. 企业进入稳定阶段后融资规模更大；

H8a. 企业所在地区经济发展水平越高，融资需求越大；

H8b. 企业所在地区经济发展水平越高，融资可得性越高；

H8c. 企业所在地区经济发展水平越高，融资规模越大；

H9a. 企业的总资产规模越大，融资需求越大；

H9b. 企业的总资产规模越大，融资可得性越高；

H9c. 企业的总资产规模越大，融资规模越大。

（3）企业的信用状况

企业的信用状况通过企业信用等级来衡量，小微企业信用等级越高，说明企业信息披露与公开程度越高，越能真实地、准确地反映出企业经营信息。同时，信用状况越好的小微企业，也越能保证贷款资金按期偿还，其融资风险越小，从而提高贷款人为其融资的意愿程度，有利于小微企业获得融资。

综合上述分析，提出以下假设：

H10b. 企业的信用等级越高，融资可得性越高；

H10c. 企业的信用等级越高，融资规模越大。

综上所述，各研究自变量与小微企业融资可得性的关系汇总如表 6.1 所示。

表 6.1　自变量与融资可得性的关系汇总

序号	变量类型	变量假设描述	变化方向
H1a	企业主基本特征	年龄负向影响小微企业融资需求	–
H1b		年龄正向影响小微企业融资可得性	+
H1c		年龄负向影响小微企业融资规模	–
H2a		文化程度正向影响小微企业融资需求	+
H2b		文化程度正向影响小微企业融资可得性	+
H2c		文化程度正向影响小微企业融资规模	+
H3a		社会关系负向影响小微企业融资需求	–
H3b		社会关系正向影响小微企业融资可得性	+
H3c		社会关系正向影响小微企业融资规模	+
H4a		对融资政策了解程度正向影响小微企业融资需求	+
H4b		对融资政策了解程度正向影响小微企业融资可得性	+
H4c		对融资政策了解程度正向影响小微企业融资规模	+

续表

序号	变量类型	变量假设描述	变化方向
H5a	企业基本特征	行业类型正向影响小微企业融资需求	+
H5b		行业类型正向影响小微企业融资可得性	+
H5c		行业类型正向影响小微企业融资规模	+
H6a		要素类型正向影响小微企业融资需求	+
H6b		要素类型负向影响小微企业融资可得性	–
H6c		要素类型正向影响小微企业融资规模	+
H7a		目前发展阶段负向影响小微企业融资需求	–
H7b		目前发展阶段正向影响小微企业融资可得性	+
H7c		目前发展阶段正向影响小微企业融资规模	+
H8a		地区经济发展水平正向影响小微企业融资需求	+
H8b		地区经济发展水平正向影响小微企业融资可得性	+
H8c		地区经济发展水平正向影响小微企业融资规模	+
H9a		总资产规模正向影响小微企业融资需求	+
H9b		总资产规模正向影响小微企业融资可得性	+
H9c		总资产规模正向影响小微企业融资规模	+
H10b	企业信用状况	企业信用状况正向影响小微企业融资可得性	+
H10c		企业信用状况正向影响小微企业融资规模	+

6.2　数据来源、变量选择以及描述性统计

6.2.1　数据来源

根据上述结构模型与研究假设，本章需匹配相应的样本数据进行实证检验，

即对当前农村小微企业融资难背景下的企业主基本特征、企业基本特征、企业信用状况与融资需求及可得性的实证研究。本研究采用随机抽样法和典型抽样法相结合的方法，为了使样本企业更具普遍性，选取了经济发展水平较高的6个省市的农村小微企业：上海、北京、浙江、天津、江苏、福建；发展水平一般的6个省市的农村小微企业：安徽、江西、河北、河南、湖北、山西；发展水平较差的5个省市的农村小微企业：甘肃、广西、贵州、陕西、云南作为调研地区。2017年7—10月，课题组对所选省市的300家农村小微企业进行了实地走访，此次调查获得有效问卷275份，有效率为94.50%，其中经济发展水平较高的6个省市共91份，发展水平一般的6个省市共92份，发展水平较差的5个省市共92份。

具体的问卷发放以及回收情况如6.2所示。

表6.2　问卷具体情况

发放量	回收量	回收率	有效量	有效率
300	291	97%	275	94.50%

注：回收率 = 回收量 / 发放量；有效率 = 有效数 / 回收量。

6.2.2　变量选择

基于上述对小微企业融资可获得性的因素分析和研究假设，在此列出各个解释变量、被解释变量及各变量的定义与赋值。

解释变量从企业主的基本特征、企业的基本特征和企业的信用状况三个方面进行分析，其中各个变量分别为企业主基本特征：企业主年龄、企业主的文化程度、企业主的社会关系、企业主对政府小微企业融资政策的了解程度；企业基本特征：企业行业类型、企业要素类型、企业目前发展阶段、企业所处的地区、企业总资产规模以及企业信用状况。

另外，为了考察农村小微企业对金融机构信贷融资可获得性的影响因素，被解释变量从是否融资、融资可获得性进行分析。首先，探索小微企业是否融资，目的在于寻找影响农村小微企业是否借款的特征影响因素；其次，研究小微企业的融资可获得性，小微企业融资可获得性也就是小微企业从现实世界中获取融资的可能性，本章将其定义为小微企业实际获得融资额度占期望融资额度的比重；最后，对小微企业融资规模进行探讨，目的在于寻找影响小微企业借款规模的特征影响因素。各变量的定义与赋值，如表 6.3 所示。

表 6.3　变量定义说明

变量类型	变量名称	代码	变量设置
被解释变量	是否融资	Y_1	小微企业最近一年以来是否需要融资（是 =1；否 =0）
	融资可获得性	Y_2	小微企业实际获得融资额度占期望融资额度的比重（%）
	融资规模	Y_3	企业在 2017 年借款总金额（万元）
解释变量			
企业主特征	年龄	X_1	企业主实际年龄（岁）
	文化程度	X_2	企业主受教育年限（年）
	社会关系	X_3	企业主有无良好的社会关系（有 =1；没有 =0）
	对政府融资政策的了解程度	X_4	非常不了解 =1；不了解 =2；一般 =3；了解 =4；非常了解 =5

续表

变量类型	变量名称	代码	变量设置
企业特征	行业类型	X_5	农林牧渔业 =1；工业 =2；批发及零售业 =3；住宿和餐饮业 =4；建筑业 =5；交通运输及仓储业 =6；房地产开发经营及物业管理 =7；信息传输业及软件和信息技术服务业 =8；其他 =9
	要素类型	X_6	劳动密集型 =1；资本密集型 =2；技术密集型 =3；其他 =4
	发展阶段	X_7	起步阶段 =1；成长阶段 =2；稳定阶段 =3；衰退阶段 =4
	所处地区	X_8	经济发展水平较低地区 =1；经济发展水平一般地区 =2；经济发展水平较高地区 =3；其他 =4
	总资产规模	X_9	小微企业 2017 年总资产规模（万元）
	企业的信用状况	X_{10}	无认证与 C 级 =1；B 级 =2；A 级 =3；AA 级与 AAA 级 =4

6.2.3 描述性统计

1. 样本描述性统计

（1）企业主基本特征

从表 6.4 可知，本章所调研的小微企业中：从企业主年龄来看，44 岁以上人居多，占样本总体的 40.36%，这类受访者一般有着多年的经商经验，对企业发展比较了解。从企业主文化程度来看，初中及以下学历占样本总体的 5.09%，高中及以上学历约占比 94.91%；结合受访者年龄来看，受访者学历水平符合预期，该类受访者的文化水平足以支持其经营管理公司。从社会关系来看，约占 70.54% 的企业主社会关系一般或较差，因此这些企业中大多数企业主的融资需求较大。从融资政策了解程度来看，大部分都对融资政策了解，因此整体来说企业主的综合素质还是比较高的。

表 6.4　企业主基本特征统计

项目		频数	频率
企业主年龄 X_1	1=20~27 岁	42	15.27%
	2=28~35 岁	66	24.00%
	3=36~43 岁	56	20.36%
	4=44 岁以上	111	40.37%
文化程度 X_2	1= 初中及以下	14	5.09%
	2= 高中及中专	84	30.55%
	3= 大专	71	25.82%
	4= 本科	64	23.27%
	5= 研究生及以上	42	15.27%
社会关系 X_3	1= 有	194	70.55%
	0= 没有	81	29.45%
对融资政策了解程度 X_4	1= 非常不了解	26	9.45%
	2= 不了解	33	12.00%
	3= 一般	92	33.45%
	4= 了解	80	29.10%
	5= 非常了解	44	16.00%

（2）小微企业基本特征

表 6.5 所示为样本小微企业的基本情况：从行业类型来看，样本小微企业主要以批发及零售业、农林牧渔业为主，住宿和餐饮业较多，信息传输业及软件和信息技术服务业等涉及科技型的企业较少。从企业要素类型来看，样本小微企业劳动密集型小微企业居多，资本密集型和技术密集型小微企业各占了一部分。从企业发展阶段来看，当前的样本小微企业多数处于起步阶段与成长阶段，没有处于衰退期的小微企业。从企业所处地区来看，平均选取了经济发展

水平较高、一般和较差的农村小微企业分别为91、92、92家。从企业总资产规模来看，小微企业总资产规模主要集中在250万元以上，占所有样本小微企业的45.82%。从企业信用状况来看，无认证与C级的企业较多。

表6.5　企业基本特征统计

项目			频数	频率
企业基本特征	行业类型 X_5	1＝农林牧渔业	60	21.81%
		2＝工业	27	9.82%
		3＝批发及零售业	49	17.82%
		4＝住宿和餐饮业	36	13.09%
		5＝建筑业	32	11.64%
		6＝交通运输及仓储业	28	10.18%
		7＝房地产开发经营及物业管理	27	9.82%
		8＝信息传输业及软件和信息技术服务业	16	5.82%
		9＝其他	0	0.00%
	要素类型 X_6	1＝劳动密集型	131	47.64%
		2＝资本密集型	80	29.09%
		3＝技术密集型	64	23.27%
		4＝其他	0	0.00%
	发展阶段 X_7	1＝起步阶段	71	25.82%
		2＝成长阶段	103	37.45%
		3＝稳定阶段	101	36.73%
		4＝衰退阶段	0	0.00%
	所处地区 X_8	1＝经济发展水平较低	92	33.45%
		2＝经济发展水平一般	92	33.45%
		3＝经济发展水平较高	91	33.1%

续表

项目			频数	频率
企业基本特征	总资产规模 X_9	1 = 50 万元以内	26	9.45%
		2 = 50~150 万元	66	24.00%
		3 = 150~250 万元	57	20.73%
		4 = 250 万元以上	126	45.82%
企业信用状况 X_{10}		1 = 无认证与 C 级	99	36.00%
		2 = B 级	26	9.45%
		3 = A 极	92	33.45%
		4 = AA 级与 AAA 级	58	21.10%

（3）样本企业融资需求、融资可得性以及融资规模情况

表 6.6 所示为企业融资需求情况：从被调查的 275 家样本小微企业的融资基本情况来看，有融资需求的小微企业有 243 家，占样本总数的 88.36%。其中，经济发展水平较高的有融资需求的样本小微企业共 78 家，占发展水平较高省市所有样本总数的 85.71%；经济发展水平一般的省市有融资需求的样本小微企业共 81 家，占发展水平一般省市所有样本总数的 88.04%；经济发展较差的省市有融资需求的样本小微企业共 84 家，占发展水平较差省市所有样本总数的 91.30%。可见，小微企业普遍存在着资金短缺现象，尤其处于经济发展水平较低省市的小微企业融资需求更为强烈。由此可见，资金是支撑小微企业的支柱，小微企业要想健康持续发展下去，必须保证足够的资金，一旦资金不足以让企业正常运转，企业就免不了向外部借款。

表 6.7 为企业融资可获得性情况：在 216 家有融资需求且有实质性融资行为的样本小微企业中，没有获得融资的样本小微企业有 23 家，占比 10.65%；获得部分融资的样本小微企业 108 家，占比 50%；获得全部融资的样本小微企

表 6.6　样本小微企业融资需求的基本情况

地区经济发展水平		有融资需求		没有融资需求	合计
		有实质性融资行为	没有实质性融资行为		
较高	样本数量	70	8	13	91
	比例	25.45%	2.91%	4.74%	33.1%
一般	样本数量	72	9	11	92
	比例	26.18%	3.27%	4%	33.45%
较差	样本数量	74	10	8	92
	比例	26.91%	3.64%	2.9%	33.45%
总计	样本数量	216	27	32	275
	比例	78.54%	9.82%	11.64%	100%

业 85 家，占比 39.35%。其中，在经济发展较高的省市中，没有获得融资、获得部分融资、获得全部融资的样本小微企业分别占其有融资需求且有实质性融资行为的小微企业的 5.71%、40%、54.29%，说明经济发展水平较高的省市的小微企业中面临融资约束的小微企业占比为 45.71%。在经济发展一般的省市中，没有获得融资、获得部分融资、获得全部融资的样本小微企业占其有融资需求且有实质性融资行为的小微企业的 9.72%、50%、40.28%，说明经济发展水平一般的省市的小微企业中面临融资约束的小微企业占比为 59.72%。在经济发展较高的省市中，没有获得融资、获得部分融资、获得全部融资的样本小微企业分别占其有融资需求且有实质性融资行为的样本小微企业 16.22%、59.46%、24.32%，说明经济发展较差的省市中面临融资约束的小微企业占比为 75.68%。可见小微企业在发展过程中面临着融资约束问题，尤其是在经济发展水平越低的省市，小微企业面临的融资约束更为严重。

表 6.7　样本小微企业融资约束的基本情况

地区经济发展水平		有实质性融资			合计
		没有获得融资	获得部分融资	获得全部融资	
较高	样本数量	4	28	38	70
	比例	1.85%	12.96%	17.60%	32.41%
一般	样本数量	7	36	29	72
	比例	3.24%	16.67%	13.42%	33.33%
较差	样本数量	12	44	18	74
	比例	5.56%	20.37%	8.33%	34.26%
总计	样本数量	23	108	85	216
	比例	10.65%	50%	39.35%	100%

表 6.8 为小微企业融资规模基本情况：从样本小微企业的调查数据来看，2017 年融资需求规模为 50 万 ~150 万元的小微企业占比为 62.04%；近一年的融资次数在 2 次及以上的占比为 55.09%，说明小微企业融资较为频繁。

表 6.8　样本企业融资规模的基本情况（$N=216$）

项目		频数	频率
2017 年融资需求规模	5 万元以内	31	14.35%
	50 万 ~150 万元	134	62.04%
	150 万 ~250 万元	34	15.74%
	250 万元以上	17	7.87%
2017 年融资次数	0 次	78	36.11%
	1 次	19	8.80%
	2 次	68	31.48%
	3 次及其以上	51	23.61%

2. 变量描述性统计

如表 6.9 所示，将所有样本小微企业、有融资需求的样本小微企业、有融资需求且有实质性融资行为的样本小微企业进行比较后有以下发现。

表 6.9　变量统计性描述

变量名称	所有样本企业		有融资需求的样本企业		有融资需求且有实质性融资行为的样本企业	
	均值	标准差	均值	标准差	均值	标准差
企业主年龄 X_1	41.203	9.571	38.123	8.453	38.507	8.342
文化程度 X_2	13.203	2.676	12.785	2.345	13.221	2.451
社会关系 X_3	0.328	0.348	0.233	0.434	0.357	0.431
对融资政策了解程度 X_4	3.234	0.834	3.196	0.832	3.340	0.809
行业类型 X_5	3.382	2.481	3.234	2.334	3.246	2.560
要素类型 X_6	1.492	0.775	1.532	0.830	1.656	0.854
发展阶段 X_7	2.116	0.623	1.946	0.720	2.017	0.734
所处地区 X_8	2.386	0.885	2.323	0.868	2.379	0.856
总资产规模 X_9	145.363	323.173	153.456	330.234	175.823	341.304
信用状况 X_{10}	—	—	—	—	3.423	1.165

① 具有融资需求的样本小微企业的企业要素类型、企业总资产规模高于所有样本小微企业，说明具有融资需求的样本小微企业的总资产规模相对较大，

资本密集型或技术密集型的小微企业融资需求较大。而具有融资需求的样本小微企业的企业目前发展阶段、企业主年龄、企业主社会关系、地区因素的均值都要低于所有样本小微企业，说明处于起步期或成长期、企业主年龄相对较小、企业主没有良好的社会关系、处在经济发展水平较低地区的小微企业相对来讲，具有更高的融资需求。

② 具有融资需求且有实质性融资行为的样本小微企业的企业要素类型、企业总资产规模、企业主文化程度、企业主社会关系、企业主了解政府小微企业融资政策的程度、地区因素的均值都要高于所有样本小微企业，说明企业总资产规模越大、处于资本密集型或技术密集型的小微企业相对来说，更具有实质性融资行为。企业主文化程度越高，社会关系越好，了解政府融资政策的程度越深，越有利于小微企业进行融资活动。在经济发展水平越高的地区，小微企业越有实质性融资行为。

③ 具有融资需求且有实质性融资行为的样本小微企业的企业目前发展阶段和企业主年龄的均值都低于所有样本小微企业，说明具有融资需求且有实质性融资行为的样本小微企业更多为起步期或成长期，企业主年龄相对更低，更有创新意识，更敢于冒风险通过融资来扩大企业生产经营规模。

6.3　模型构建

6.3.1　小微企业融资需求模型

目前对借贷问题研究的诸多文献采用的是 Logit 模型，Logit 模型是最早的离散选择模型，较快的求解速度、较准的预测能力及适合数据量较大的特点使其在经济学、医学、心理学等大量学科中得到了广泛的应用。Logit 模型具有 IIA 特性，每个选择枝被选择概率比值的大小不会因为选择枝增减而变化，因此，在模型中可以十分方便地加入或删除选择枝，从而快速实现新的预测。由于小微企业融资需求包括有融资需求和没有融资需求两种情况，可以分别用 1 和 0 表示，是一个典型的二元离散变量。而且，小微企业融资需求受到多方面因素的影响，因此选用二元 Logit 计量模型是分析小微企业融资需求影响因素的最佳模型，模型基本形式如下：

$$p_i = F(y_i) = prob(\alpha + \beta x_i) = \frac{1}{1+e^{-y_i}} = \frac{1}{1+e^{-(\alpha+\beta x_i)}} \tag{6-1}$$

式中，p_i 为第 i 个小微企业具有融资需求的概率；y_i 为第 i 个小微企业是否有融资需求；x_i 为解释变量；α 为常数项；β 为解释变量的系数；$i = 1, 2, 3, \cdots, n$。

6.3.2　小微企业融资可得性模型

在小微企业融资过程中，部分小微企业从正规金融或非正规金融实际获得的融资总量等于它们期望的融资总量，其融资可获性为 1；还有部分小微企业实际获得的融资总量小于他们期望的融资总量，其融资可获性介于 0 和 1 之间；当然，也不排除部分小微企业没有获得任何数额的融资，即实际获得的融资总量为 0。由于这类因变量属于限值因变量[1]，所以本章选用 Tobit 模型进行回归

[1] 限制因变量，因变量的观测值是连续的，但是受到某种限制，得到的观测值并不完全反映因变量的实际状态。

分析，Tobit 模型也称为样本选择模型、受限因变量模型，是因变量满足某种约束条件下取值的模型，是指因变量虽然在正值上大致连续分布，但包含一部分以正概率取值为 0 的观察值的一类模型。这种模型的特点在于模型包含两个部分：表示约束条件的选择方程模型和满足约束条件下的某连续变量方程模型。据此，建立 Tobit 模型的形式如下：

$$y_i^* = \beta x_i + u_i \tag{6-2}$$

$$y_i = \begin{cases} 1, y_i^* \geqslant 1 \\ y_i^*, 0 \leqslant y_i^* \leqslant 1 \\ 0, y_i^* \leqslant 0 \end{cases} \tag{6-3}$$

其中，y_i 为因变量，即第 i 个小微企业融资可获得性；y_i^* 为潜在因变量，x_i 为解释变量，即影响第 i 个小微企业融资可获得性的主要因素；β 为各解释变量的系数；u_i 为随机误差项。

6.3.3　小微企业融资规模模型

在此用小微企业 2017 年间的借款总额表示融资规模的大小，建立多元线性回归模型，函数形式如下：

$$y_i = \alpha x_i + \varepsilon_i \tag{6-4}$$

其中，y_i 为因变量，即第 i 个小微企业融资规模，x_i 为解释变量，即影响第 i 个小微企业融资规模的主要因素；ε_i 为随机误差项。

6.4 实证结果分析

6.4.1 对模型一的解释和分析

本章通过 Eviews 软件利用最大似然法对上一节设定的 Logit 模型进行参数估计，结果如表 6.10。

表 6.10 小微企业融资需求影响因素的 Logit 模型回归结果

变量	系数	标准误	显著性水平
常数 C	57.998	25.209	0.014**
企业主年龄 X_1	–0.684	0.254	0.041**
文化程度 X_2	0.631	0.488	0.378
社会关系 X_3	–7.898	4.449	0.012**
融资政策了解程度 X_4	2.457	2.106	0.577
行业类型 X_5	0.324	0.544	0.951
要素类型 X_6	3.876	2.241	0.526
发展阶段 X_7	–9.880	4.482	0.001***
所处地区 X_8	0.034	0.008	0.060*
总资产规模 X_9	3.275	2.339	0.035**
Loglikelihood		–9.739	
LR statistic		98.89***	
样本量		275	

注：***、**、* 分别表示在 1%、5%、10% 的水平下显著。

从模型的回归结果来看，模型一的 LR 统计量为 98.89，通过了 1% 的显著性水平检验，因此模型一整体是显著的，说明模型是有意义的。

在企业主基本特征变量中，由表 6.10 可知，企业主年龄在模型中通过了 5% 显著性水平检验，且其回归系数均为负，说明小微企业的企业主年龄对企业融资需求有显著影响。企业主年龄越大，说明企业主一方面可能已逐步通过自我积累筹集到相对充裕的资金，满足小微企业发展的需要；另一方面，随着企业主年龄逐渐增大，其保守经营的理念越来越强，不愿意通过外来融资来寻求小微企业的更大发展，从而也降低了外部融资的意愿。假设 H1a 得到验证。

企业主社会关系在模型中通过了 5% 显著性水平检验，且其回归系数均为负，说明企业主拥有良好的社会关系对小微企业融资需求有负向影响。这主要是因为企业主由于拥有良好的社会关系，可以通过其他渠道获得所需的资金，降低小微企业对金融渠道资金的需求程度。假设 H2a 得到验证。

企业主文化程度没有通过显著性检验，原因是：一方面，样本中文化水平差异并不特别大；另一方面，有的文化程度高的企业主并没有把企业管理得特别好，而有的企业主文化程度不高，但企业风生水起，因此文化程度对融资可得性并没有通过显著性检验。企业主对融资政策了解程度没有通过显著性检验，可能的原因是样本企业主对融资政策了解程度普遍较高，样本差异性较小，因而影响不显著。

在企业基本特征变量中，由表 6.10 可知，企业目前发展阶段在模型中通过了 1% 显著性水平检验，且其回归系数为负，说明处在起步期或成长期的小微企业具有更大的融资需求。根据企业生命周期理论，企业不同成长阶段对融资需求和融资方式有重要影响。由于处在起步期或者成长期的小微企业，其内部积累不足，从而对外部资金的依赖程度大。假设 H7a 得到验证。

企业所处的地区在模型中通过了 10% 的显著性检验，其回归系数为正，说明经济发展水平对企业融资需求有正向影响，地区经济发展水平越高，企业融资需求越高。假设 H8a 得到验证。

企业总资产规模在模型中通过了 5% 的显著性检验，其回归系数为正，说明小微企业总资产规模对企业融资需求有正向影响。这可能是因为小微企业总资产规模越大，企业发展越稳健，意味着企业将会需要更多的资金去更新设备、进行产品与技术创新等。假设 H9a 得到验证。

企业要素类型没有通过显著性检验，可能的原因是样本主要集中于技术密集型企业，因而对于要素类型这一变量差异并不大，同时也受社会关系因素的影响，导致有的资本密集型或劳动密集型的企业主融资可得性越高。

对于融资需求影响因素的分析，绝大部分的研究假设均得到检验。研究结果表明，企业主基本特征中的年龄、社会关系对小微企业融资需求影响显著；企业基本特征的影响因素中，企业目前发展状况、企业所处的地区、企业总资产规模显著影响小微企业融资需求。对小微企业融资需求影响因素的研究假设验证情况汇总如表 6.11 所示。

表 6.11　融资需求研究假设验证情况汇总

序号	变量类型	变量假设描述	预测方向	结果方向	显著性
H1a	企业主基本特征	年龄负向影响小微企业融资需求	−	−	显著
H2a		文化程度正向影响小微企业融资需求	+	+	不显著
H3a		社会关系负向影响小微企业融资需求	−	−	显著
H4a		对融资政策了解程度正向影响小微企业融资需求	+	+	不显著

续表

序号	变量类型	变量假设描述	预测方向	结果方向	显著性
H5a	企业基本特征	行业类型正向影响小微企业融资需求	+	+	不显著
H6a		要素类型正向影响小微企业融资需求	+	+	不显著
H7a		目前发展阶段负向影响小微企业融资需求	–	–	显著
H8a		地区经济发展水平负向影响小微企业融资需求	+	+	显著
H9a		总资产规模正向影响小微企业融资需求	+	+	显著

6.4.2　对模型二的解释和分析

本章通过 Eviews 软件利用最大似然法对上一节设定的 Tobit 模型进行参数估计，结果如表 6.12。

表 6.12　小微企业融资可获得性影响因素的 Tobit 模型回归结果

变量	系数	标准误	显著性水平
常数 C	0.5590	0.1801	0.0019***
企业主年龄 X_1	0.0211	0.0200	0.7878
文化程度 X_2	0.0404	0.0193	0.0365**
社会关系 X_3	0.0031	0.0277	0.0021***
融资政策了解程度 X_4	0.0066	0.0190	0.005***
行业类型 X_5	0.0082	0.0094	0.3825
要素类型 X_6	-0.0400	0.0276	0.005***
发展阶段 X_7	0.0354	0.0282	0.2105
所处地区 X_8	0.0186	0.0270	0.0984*
总资产规模 X_9	0.0004	0.0001	0.8124
信用状况 X_{10}	0.0054	0.0185	0.0002***

续表

变量	系数	标准误	显著性水平
Loglikelihood		–10.899	
LR statistic		225.48***	
样本量		243	

注：***、**、* 分别表示在 1%、5%、10% 的水平下显著。

从模型的回归结果来看，似然比检验结果分别为 225.48，通过了 1% 的显著性水平检验，说明模型整体是显著的，模型有意义。

在企业主基本特征变量中，由表 6.12 可知，企业主文化程度模型中通过了 5% 显著性水平检验，其回归系数均为正。可以认为小微企业的企业主文化程度越高，获得融资的可能性越高。因为企业主文化程度越高，其经营管理水平越高，越有利于改善企业经营状况，进而能够提高企业的融资能力。假设 H2b 得到验证。

企业主社会关系在模型中通过了 1% 显著性水平检验，且其回归系数均为正，说明企业主社会关系越好，比如有亲戚朋友为乡镇以上干部或者金融机构领导，则小微企业更容易获得融资。企业主社会关系可以反映出企业拥有的社会资本情况，根据社会资本理论，企业主可以利用社会资本来减少借贷双方信息不对称，从而提高企业融资可获得性。假设 H3b 得到验证。

企业主了解政府小微企业融资政策的程度在模型中通过了 1% 显著性检验，且其回归系数均为正，说明企业主对政府各项小微企业融资的政策越了解，越有利于帮助小微企业获得融资。假设 H4b 得到验证。

在企业基本特征因素中，由表 6.12 可知，企业要素类型在模型中通过了 1% 显著性水平检验，且其回归系数均为负，说明技术密集型的小微企业相比劳动密集型或资本密集型的小微企业更难获得融资，即融资可获得性越低。可能的解释是，技术密集型的小微企业一般需要更多、更大额度的资金来进行技术研发、产业升级或者产品结构调整，来实现促进企业发展的目的，但同时企业未来经营风险较高，贷款人不太愿意为这类企业提供融资，导致融资可获得性低。假设 H6b 得到验证。

小微企业所处地区在模型中通过了 10% 显著性水平检验，其回归系数均为正，这说明不同地区的小微企业，其融资可获得性是不同的。经济发展水平较高的小微企业更容易获得融资。对此解释是，经济发展水平较高的地区，资金相对更为丰裕，金融基础设施建设比较完善，金融生态环境相对较好，金融竞争也较激烈，且地方政府也制定了很多扶持小微企业融资的政策，这些都会显著提高小微企业融资的可获得性。假设 H8b 得到验证。

小微企业信用状况在模型中通过了 1% 显著性水平检验，且其回归系数为正，说明小微企业信用状况越好，企业融资可获得性越高。这是因为，信用状况越好的小微企业，企业信息披露与公开程度越高，企业按期还债的意识越强，其融资风险越小。因此，贷款人越愿意为其提供融资。假设 H10b 得到验证。

一般而言，贷款人对企业融资时，首先会考虑企业总资产规模。企业的总资产规模越大，说明企业偿债能力也越强，贷款人越愿意为其提供融资服务。然而，企业的总资产规模系数没有通过显著性检验，这说明企业总资产规模对小微企业融资可获得性没有显著影响。可能的原因在于，小微企业的总资产规模普遍都较小，偿债能力不强，而且企业个体规模差异性不大，导致影响不显著。另外，由于小微企业自身特殊性，企业主在小微企业经营发展过程中起着决定或支配作用，导致贷款人主要考虑企业主基本特征，而较少考虑企业总资产规模。

对于融资可得性影响因素的分析，绝大部分的研究假设均得到检验。研究结果表明，企业主基本特征中的文化程度、社会关系、企业主了解政府小微企业融资政策的程度对小微企业融资可得性影响显著；企业基本特征的影响因素中，企业要素类型、企业所处的地区、企业信用状况显著影响小微企业融资可得性。对小微企业融资可得性影响因素的研究假设验证情况汇总如表 6.13 所示。

表 6.13　融资可得性研究假设验证情况汇总

序号	变量类型	变量假设描述	预测方向	结果方向	显著性
H1b	企业主基本特征	年龄正向影响小微企业融资可得性	+	+	不显著
H2b		文化程度正向影响小微企业融资可得性	+	+	显著
H3b		社会关系正向影响小微企业融资可得性	+	+	显著
H4b		对融资政策了解程度正向影响小微企业融资可得性	+	+	显著
H5b	企业基本特征	行业类型正向影响小微企业融资可得性	+	+	不显著
H6b		要素类型正向影响小微企业融资可得性	–	–	显著
H7b		目前发展阶段正向影响小微企业融资可得性	+	+	不显著
H8b		地区经济发展水平正向影响小微企业融资可得性	+	+	显著
H9b		总资产规模正向影响小微企业融资可得性	+	+	不显著
H10b	企业信用状况	企业信用状况正向影响小微企业融资可得性	+	+	显著

6.4.3　对模型三的解释和分析

本章通过 Eviews 软件利用最小二乘法对上面设定的模型进行参数估计，针对有融资需求且有实质性融资的 216 家小微企业进行回归分析来寻找小微企业特征对企业借款规模的影响因素。对模型中所有变量进行回归后发现企业主的特征对融资规模无显著影响，所以对于小微企业融资规模的模型剔除了不显著的企业主年龄、文化程度、社会关系以及对融资政策了解程度的企业主特征变量因素，结果如表 6.14 所示。

表 6.14　小微企业融资规模影响因素的模型回归结果

变量	系数	标准误	显著性水平
常数 C	73.188	59.767	0.022*
行业类型 X_5	7.497	3.133	0.367
要素类型 X_6	12.793	9.216	0.1664
发展阶段 X_7	3.595	9.413	0.0100*
所处地区 X_8	8.613	9.009	0.001***
总资产规模 X_9	2.862	6.993	0.002***
信用状况 X_{10}	1.758	6.186	0.034**
R^2	0.732		
F-statistic	2.94***		
样本量	216		

注：***、**、* 分别表示在 1%、5%、10% 的水平下显著。

从模型三的回归结果来看，整体模型的 R^2 为 0.732，证明整体模型的拟合度较高，统计结果准确性较高，F 统计量为 2.94，通过了 1% 的显著性水平检验，说明模型整体是显著的，模型有意义。

由于一些自变量间存在天然的相关性，或者如果样本不具有代表性，都会使模型面临多重共线性的威胁，从而对模型的估计结果产生一系列负面的影响，如过高估计标准误和 R^2，过低估计 t 值，以及其他一些怪异的结果。在本模型估计后，我们通过计算方差膨胀因子（Variance Inflation Factors，VIF）以检验是否存在多重共线性。根据定义，$\mathrm{VIF}(\hat{\beta}_k)=\frac{1}{1-R_k^{\ 2}}$其中$R_k^{\ 2}$为对第$k$个自变量进行回归后产生的$R^2$。判断是否存在多重共线性的标准是VIF > 10。在本模型中，由于计算得到的VIF均小于10，因此我们认为不存在多重共线性的问题。

由于OLS假设所有误差项的方差相同，也就是说来自于同分布。如果方差不相同，则产生了异方差问题。导致异方差的原因很多，如数据中有异常值、模型形式不正确以及存在自变量缺失偏倚等。如果存在异方差，则回归系数的方差估计是错误的，从而导致相应的t检验和F检验也是错误的，因此对回归系数是否显著的判断也会不正确。在本模型估计中，使用Park检验以确定所建立的模型是否存在异方差。所谓Park检验，就是以ε_i预测值平方的自然对数为因变量，以原模型中的自变量为自变量，建立OLS回归模型，随后通过计算NR2 ~ χ（k–1）进行拉格朗日乘数检验以确定是否存在异方差。如存在异方差，则使用稳健标准误代替标准误，以纠正异方差并得到正确的t和F检验值。根据Park检验结果，本模型不存在异方差。

在企业基本特征变量中，由表6.14可知，企业发展阶段在10%的显著水平上具有统计学意义并且符号为正，虽然系数的显著程度不高，但这个因素仍然影响企业贷款规模的大小。假设H7c得到验证。

企业所处地区在1%的显著水平上具有统计学意义并且符号为正，说明小微企业所处地区经济发展水平越高，获得的融资规模越大。假设H8c得到验证。

企业总资产规模1%的显著水平上具有统计学意义并且符号为正，说明总资产越多的企业，获得越大借款规模的可能性就越大。假设H9c得到验证。

企业的信用状况在 5% 的显著水平上具有统计学意义并且符号为正，可知小微企业信用状况越好，企业融资规模越大。总体上信用状况越好的小微企业，融资风险越小，贷款人越愿意为其提供融资，所以融资可得性越高，融资规模越大。假设 H10c 得到验证。

对于融资规模因素的分析，绝大部分的研究假设均得到检验。研究结果表明，企业目前发展状况、企业所处的地区、企业总资产规模、企业信用状况显著影响小微企业融资规模。对小微企业融资规模影响因素的研究假设验证情况汇总如表 6.15 所示。

表 6.15　融资规模研究假设验证情况汇总

序号	变量类型	变量假设描述	预测方向	实际方向	显著性
H5c	企业基本特征	行业类型正向影响小微企业融资规模	+	+	不显著
H6c		要素类型正向影响小微企业融资规模	+	+	不显著
H7c		目前发展阶段正向影响小微企业融资规模	+	+	显著
H8c		地区经济发展水平正向影响小微企业融资规模	+	+	显著
H9c		总资产规模正向影响小微企业融资规模	+	+	显著
H10c	企业信用状况	企业信用状况正向影响小微企业融资规模	+	+	显著

6.5　本章小结

目前农村小微企业普遍存在着资金短缺现象，有着强烈的融资需求。但由于企业扩张太快以及经济下行的压力，加上农村小微企业自身存在着规模小等特点，小微企业面临着非常严重的融资难，融资可得性较低的困境。

企业主基本特征对小微企业融资需求以及融资可获得性有重要影响作用。企业主基本特征中，企业主年龄越大以及拥有良好的社会关系，小微企业的融资需求越低。企业主文化程度越高、社会关系越好、对政府小微企业融资政策越了解，会显著地提高小微企业融资可获得性。

企业基本特征对小微企业融资需求、融资可获得性以及融资规模有重要影响作用。企业基本特征中，只有企业的行业类型这一因素不能显著影响融资需求、融资可得性与融资规模，可能是由于小微企业的主要经营市场是在利基市场❶，因此广泛的行业对于小微企业的融资不太可能产生决定性影响。技术密集型的小微企业相比劳动密集型或资本密集型的小微企业融资可获得性较低，技术密集型的小微企业未来经营不确定性大，风险较高，但若投资成功，其收益也高，因此，应更多地寻求天使基金、创业板市场等直接融资渠道。对于企业各个发展阶段，处于起步阶段的小微企业体现出盈利能力较弱、盈余返还较小甚至无盈余返还、服务能力较弱、融资能力急需提升等特征，成长期的小微企业则表现为市场占有率提升、盈利能力有所提升、融资能力增强的特征，这两类小微企业未来的发展目标均为开展横向或者纵向一体化实现规模扩大，但这两类小微企业都面临着亟需发展资金的问题。不同地区的小微企业，其融资可获得性是不同的。经济发展水平较高的地区，资金相对更为充裕，金融基础设施建设比较完善，金融生态环境相对较好，金融市场竞争较激烈，且政府也制定很多扶持小微企业融资政策，都会显著地提高小微企业融资可获得性。小

❶ 利基市场，也可表述为缝隙市场，常常被认为是市场中那些被大企业所忽略或者无暇顾及的细分市场。

微企业总资产规模越大，意味着企业将会需要更多的资金去更新设备、进行产品与技术创新等，所以融资需求越大以及融资规模越大。小微企业信用状况越好，其信息披露与公开程度越高，也越能保证贷款资金按期偿还，其融资风险越小，企业融资可获得性越高，融资规模越大。

第7章　农村金融市场借贷关系博弈分析

小微企业融资难、融资贵的原因是多方面的。首先，从小微企业自身分析，小微企业一般经营规模小、期限短、会计制度不全、制度更新滞后、倒闭率高，使得银行很难与其建立长期的信用合作关系；其次，从政府层面分析，因缺乏完善的法律法规的支持保障银行等金融机构的利益以及资金的补偿机制等，从而使农村小微企业的资金匮乏；最后，从银行层面分析，其对民营企业贷款的条件比较苛刻，仅有较少的小微企业能获得银行信贷支持。由此可见，要想彻底解决小微企业面临的融资困难问题，必须要深入研究银行与小微企业之间的关系,破解融资难的症结,为小微企业融资探索一条可行的路子。本章通过银企、民间金融等机构向农村小微企业放贷进行剖析，进一步揭示农村小微企业贷款困难的深层次原因，以便提出可行的解决方案，改变农村小微企业融资难的困境，促进我国农村小微企业的快速发展。

7.1　博弈论概述

7.1.1　博弈论的发展历程

博弈论思想古已有之，中国古代的《孙子兵法》等著作就不仅是一部军事著作，而且算是最早的一部博弈论著作。博弈论最初主要研究象棋、桥牌、赌博中的胜负问题，人们对博弈局势的把握只停留在经验上，没有向理论化发展。

博弈论考虑游戏中的个体的预测行为和实际行为，并研究它们的优化策略。近代对于博弈论的研究，开始于策梅洛（Zermelo）、波莱尔（Borel）及冯・诺依曼（von Neumann）。1928 年，冯・诺依曼证明了博弈论的基本原理，从而宣告了博弈论的正式诞生。1944 年，冯·诺依曼和摩根斯坦共著的划时代巨著《博弈论与经济行为》将二人博弈推广到 n 人博弈结构并将博弈论系统地应用于经济领域，从而奠定了这一学科的基础和理论体系。1950—1951 年，约翰・福布斯・纳什（John Forbes Nash Jr）利用不动点定理证明了均衡点的存在，为博弈论的一般化奠定了坚实的基础。纳什的开创性论文《n 人博弈的均衡点》(1950)，《非合作博弈》(1951）等，给出了纳什均衡的概念和均衡存在定理。此外，莱因哈德・泽尔腾、约翰・海萨尼的研究也对博弈论发展起到了推动作用。今天博弈论已发展成一门较完善的学科。

7.1.2 博弈论的定义

《博弈圣经》对博弈论的定义：我们把动物利用大自然移动的瘾魂，在决策人期待的空间里，形成三维均衡的语文学理论，称为博弈论。

博弈论主要研究公式化了的激励结构间的相互作用，是研究具有斗争或竞争性质现象的数学理论和方法。博弈论考虑游戏中的个体的预测行为和实际行为，并研究它们的优化策略。

博弈论已经成为经济学的标准分析工具之一。在金融学、证券学、生物学、经济学、国际关系、计算机科学、政治学、军事战略和其他很多学科都有广泛的应用。基本概念中包括局中人、策略、得失、行动、信息、收益、均衡和结果等。其中局中人、策略和收益是最基本要素。局中人、行动和结果被统称为博弈规则。

1. 局中人

在一场竞赛或博弈中，每一个有决策权的参与者成为一个局中人。只有两个局中人的博弈现象称为“两人博弈”，而多于两个局中人的博弈称为“多人博弈”。

2. 策略

一局博弈中，每个局中人都有选择实际可行的完整的行动方案，即方案不是某阶段的行动方案，而是指导整个行动的一个方案，一个局中人的一个可行的自始至终全局筹划的一个行动方案，称为这个局中人的一个策略。如果在一个博弈中局中人都总共有有限个策略，则称为“有限博弈”，否则称为“无限博弈”。

3. 得失

一局博弈结局时的结果称为得失。每个局中人在一局博弈结束时的得失，不仅与该局中人自身所选择的策略有关，而且与全局中人所取定的一组策略有关。所以，一局博弈结束时每个局中人的“得失”是全体局中人所取定的一组策略的函数，通常称为支付（payoff）函数。

4. 结果

对于博弈参与者来说，存在着一博弈结果 。

5. 均衡

均衡是平衡的意思，在经济学中，均衡意即相关量处于稳定值。在供求关系中，某一商品市场如果在某一价格下，想以此价格买此商品的人均能买到，而想卖的人均能卖出，此时我们就说，该商品的供求达到了均衡。所谓纳什均衡，它是一稳定的博弈结果。

7.1.3　博弈的类型

根据不同的标准，博弈也有不同的分类。一般认为，博弈主要可以分为合作博弈和非合作博弈。二者的区别在于相互发生作用的当事人之间有没有一个具有约束力的协议，如果有，就是合作博弈，如果没有，就是非合作博弈。

从行为的时间序列性分，博弈论进一步分为静态博弈、动态博弈两类：静态博弈是指在博弈中，参与人同时选择或虽非同时选择但后行动者并不知道先行动者采取了什么具体行动；动态博弈是指在博弈中，参与人的行动有先后顺序，且后行动者能够观察到先行动者所选择的行动。通俗的理解："囚徒困境"就是同时决策的，属于静态博弈；而棋牌类游戏等决策或行动有先后次序的，属于动态博弈。

按照参与人对其他参与人的了解程度分为完全信息博弈和不完全信息博弈。完全博弈是指在博弈过程中，每一位参与人对其他参与人的特征、策略空间及收益函数有准确的信息。不完全信息博弈是指如果参与人对其他参与人的特征、策略空间及收益函数信息了解得不够准确、或者不是对所有参与人的特征、策略空间及收益函数都有准确的信息，在这种情况下进行的博弈就是不完全信息博弈。

经济学家们所谈的博弈论一般是指非合作博弈，由于合作博弈论比非合作博弈论复杂，在理论上的成熟度远远不如非合作博弈论。非合作博弈又分为：完全信息静态博弈、完全信息动态博弈、不完全信息静态博弈、不完全信息动态博弈。与上述四种博弈相对应的均衡概念为：纳什均衡（Nash Equilibrium）、子博弈精练纳什均衡（Subgame Perfect Nash Equilibrium）、贝叶斯纳什均衡（Bayesian Nash Equilibrium）、精练贝叶斯均衡（Perfect Bayesian Equilibrium），本章重点介绍纳什均衡。

纳什均衡是指在一策略组合中，所有的参与者面临这样一种情况，当其他人不改变策略时，他此时的策略是最好的。也就是说，此时如果他改变策略他的支付将会降低。在纳什均衡点上，每一个理性的参与者都不会有单独改变策略的冲动。纳什均衡点存在性证明的前提是"博弈均衡偶"概念的提出。所谓"均衡偶"是在二人零和博弈中，当局中人 A 采取其最优策略 a*，局中人 B 也采取其最优策略 b*，如果局中人仍采取 b*，而局中人 A 却采取另一种策略 a，那么局中人 A 的支付不会超过他采取原来的策略 a* 的支付。这一结果对局中人 B 也是如此。

这样,"均衡偶"的明确定义为:一对策略 a*(属于策略集 A)和策略 b*(属于策略集 B)称之为均衡偶，对任一策略 a(属于策略集 A)和策略 b(属于策略集 B)，总有：偶对(a，b*)≤偶对(a*，b*)≥偶对(a*，b)。

对于非零和博弈也有如下定义:一对策略 a*(属于策略集 A)和策略 b*(属于策略集 B)称为非零和博弈的均衡偶，对任一策略 a(属于策略集 A)和策略 b(属于策略集 B)，总有：对局中人 A 的偶对(a，b*)≤偶对(a*，b*)；对局中人 B 的偶对(a*，b)≤偶对(a*，b*)。

有了上述定义，可得出纳什定理：任何具有有限纯策略的二人博弈至少有一个均衡偶。这一均衡偶就称为纳什均衡点。

纳什定理的严格证明要用到不动点理论，不动点理论是经济均衡研究的主要工具。通俗地说，寻找均衡点的存在性等价于找到博弈的不动点。

纳什均衡点概念提供了一种非常重要的分析手段，使博弈论研究可以在一个博弈结构里寻找比较有意义的结果。但纳什均衡点定义只局限于任何局中人不想单方面变换策略，而忽视了其他局中人改变策略的可能性，因此，在很多情况下，纳什均衡点的结论缺乏说服力，研究者们形象地称为"天真可爱的纳什均衡点"。

7.2　农村正规金融与小微企业的博弈分析

狭义的融资是指吸引外部资金为小微企业的发展提供服务，即当小微企业在经营过程中出现资金短缺时，小微企业会通过某些方式来获得资金支持，如内部积累、向金融机构借贷的行为。本节主要研究的是小微企业如何从正规金融机构取得贷款以解决其发展过程中遇到的问题。为了简化分析，本节以银行代表正规金融机构，基于此，展开银行与小微企业融资的博弈分析。

面对小微企业的贷款申请，银行有两种选择，即放贷和不放贷。如果申请贷款的小微企业是盈利企业，即小微企业的还贷能力较强时，理性的银行将选择接受贷款申请，给小微企业发放贷款；否则，银行将拒绝贷款申请，不发放贷款。然而小微企业难以从银行获得资金支持的根本原因在于银行与小微企业之间存在信息不对称，即由于小微企业规模较小、财务记录不规范、缺乏企业资金流量及借贷等的具体记录，银行无法获得小微企业详细具体的信息，再加上小微企业担保物有限，难以提供符合银行规定的担保物，故小微企业要想从银行取得所需贷款是非常困难的一件事。

农村小微企业出于资金的需求，会采取利他合作的行为，银行据此采取最优的行动。图 7.1 为小微企业向银行融资的阶段结构图。

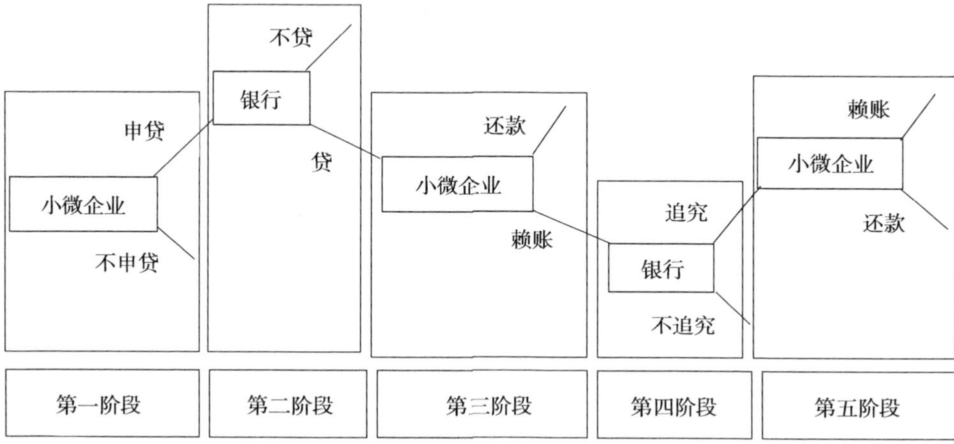

图 7.1　银行向小微企业贷款的阶段结构图

第一阶段:小微企业是否向银行申请贷款。小微企业的正规金融融资难问题，从借款人小微企业的角度来说，影响其向银行申贷或不向银行申贷的因素是本章所关心的两个问题。

第二阶段：银行对小微企业贷款申请的意愿是否给予满足。一般来说，该问题一方面有赖于银行对小微企业的资信调查和审批过程是否具有规模效应，另一方面取决于其对小微企业信誉，以及银行将为该信誉所付出的成本所做的考虑（企业逾期贷款的追缴难度和追缴成本）。这里实际上涉及规模歧视以及信息不对称两个问题。

第三阶段：小微企业在获得贷款后，是否向银行还款。对于小微企业来说，会比较两种选择下的收益，并择优而取。

第四阶段：在小微企业选择赖账后，银行追究与否的选择。如果银行认识到对某些小微企业的追缴成本较高，追缴难度较大，那么，其事先就会对贷款申请给予否决。

第五阶段：在银行选择追究的情况下，小微企业还贷与否的选择。小微企业如果继续选择违约，其信誉影响是考虑的首要问题。

7.2.1　静态博弈分析

1. 考虑隐性成本博弈分析：银行向小微企业贷款的第一、二阶段

近年来，在政府的积极引导下，我国银行等正规金融机构对小微企业的贷款支持力度不断上升，然而，正规金融机构对小微企业的资金支持却存在结构性不平衡的问题，即正规金融机构更倾向于将贷款发放给小微企业中资产规模、

财务状况等条件均属于领先的企业，而对于条件较差的小微企业的融资支持力度却依然不足。通过大量的调查研究，发现更多的小微企业选择了通过非正规金融途径获取资金。对于上述现象存在的原因，本章将引入“隐性成本”分析。由于隐性成本的存在，使得小微企业向银行融资的过程中需要的成本更高。为了防范贷款风险，银行制定了一系列小微企业向银行融资的进入标准，在正常情况下，小微企业由于自身条件的不规范而无法满足银行设定的这个标准，小微企业需要弥补的自身条件与贷款标准之间的差距就是“隐性成本”。考虑隐性成本之后的小微企业所面临的正规金融贷款成本应该是正规金融机构所公布的贷款利率与小微企业为达到向正规金融机构贷款的标准所付出的成本之和（如图 7.2 所示）。

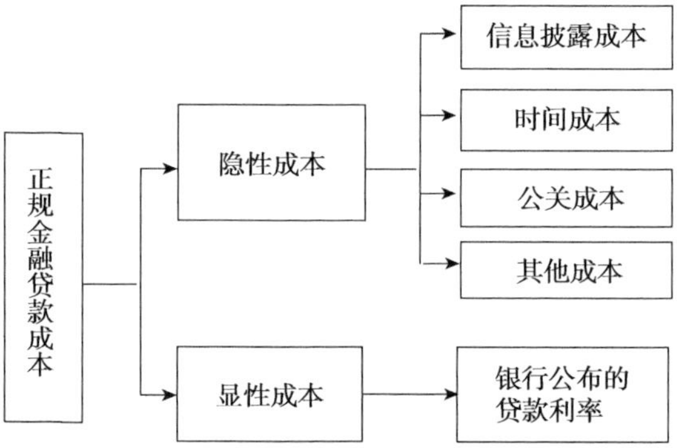

图 7.2　小微企业向正规金融机构贷款成本

（1）博弈假设

①小微企业与银行均为理性的“经济人”，追求自身利益的最大化，且存在内部矛盾。

②小微企业向银行贷款存在隐性成本，且只要资金价格合适，小微企业总有获得所需资金的渠道。

③假定银行不考虑小微企业违约的情况。

④假定小微企业的资金需求为 W、小微企业资金产出函数为 $F(W)$、银行的贷款利率为 r_1、小微企业向非银行渠道获取资金的贷款利率为 r_2、银行的资金成本为 r_0（$r_0 < r_1 < r_2$），小微企业向银行获得贷款需要付出单位资金隐性成本为 r_b。

（2）博弈分析

首先考虑小微企业的行为，即申贷和不申贷两种策略；其次，当小微企业选择申请贷款时，银行也有贷款和不贷款两种策略。可以得到如表 7.1 所示的博弈矩阵。

表 7.1　考虑隐性成本的小微企业与正规金融机构融资博弈矩阵

		正规金融机构（银行）	
		贷款	不贷款
小微企业	申贷	$(F(W)-(1+r_1+r_b)W, W(r_1-r_0))$	$-Wr_b, -Wr_0$
	不申贷	$(F(W)-(1+r_2)W, 0)$	$(F(W)-r_2W-Wr_0)$

由表可知，在不考虑小微企业违约的情况下，银行为小微企业提供贷款是其占优策略。在银行提供贷款的情况下，小微企业的策略选择需要考虑 $F(W)-(1+r_1+r_b)W$ 与 $F(W)-(1+r_2)W$ 的大小，即 r_1+r_b 与 r_2 的大小，则结论如下。

①当 $r_1+r_b>r_2$ 时，即小微企业向非银行渠道获取资金的成本小于考虑隐性成本后的银行贷款利率时，小微企业的最优策略选择是向非银行渠道贷款。

②当 $r_1+r_b<r_2$ 时，即小微企业向非银行渠道获取资金的成本大于考虑隐性

成本后的银行贷款利率时，小微企业的最优策略选择是向银行贷款。

总的来看，农村小微企业千差万别，其所面临的隐性成本也存在较大差异。许多小微企业在考虑隐性成本后的正规金融贷款成本明显超出了其他渠道的融资成本，因而放弃了向正规金融机构贷款的选择。

事实上，隐性成本的存在是市场竞争的必然结果，短期内小微企业的自身特性无法得到显著提升，银行也不可能大幅度降低小微企业的贷款门槛。隐性成本的存在从本质上说是银行与小微企业信息不对称的外在表现。因此，要想消除隐性成本，解除小微企业从银行获得贷款的歧视性障碍，最主要的途径还是消除信息不对称。消除信息不对称的渠道无外乎小微企业本身的转变去契合银行的贷款要求，或者小微企业转变融资渠道。

2. 考虑小微企业违约的博弈分析：银行向小微企业贷款的第二、三阶段

（1）博弈假设

在上文博弈假设的基础上，假定小微企业的贷款规模为 M，贷款利率为 r，小微企业贷款投资所获得的收益为 $R=F(M)$，小微企业向银行贷款时付出的隐性成本为 D，银行向小微企业发放贷款过程中的筛选成本及监督成本等交易成本为 Q，小微企业违约赖账时导致的损失为 L（包括以后难以从银行等正规金融机构获取贷款及声誉损失）。

（2）博弈分析

首先，银行进行决策，具有贷款、不贷款两种策略；其次，小微企业在获得贷款后同样有两种策略可以选择，即还款，赖账。可以得到如表 7.2 所示的博弈矩阵。

表 7.2　考虑小微企业违约的小微企业与银行的博弈矩阵

		小微企业	
		还款	赖账
银行	贷款	$(Mr-Q, R-M(1+r)-D)$	$(-B(1+r)-Q, R-D-L)$
	不贷款	$(0, -D)$	$(0, 0)$

在只有一次博弈的情况下，由于小微企业规模较小，且范围分散，缺乏完善有效的信用担保体系，银行若选择对小微企业的赖账行为追究，则需要花费较高的成本，这往往会给正规金融机构造成无法挽回的损失。由表 7.4 可知，该博弈模型是一个典型的“囚徒困境”类博弈，即小微企业与银行在各自决策时达到的单方面最优解并不是小微企业与银行作为群体时达到的最优均衡解，博弈均衡结果为（不贷款，赖账），该结果的收益矩阵是（0，0）。显然，在双方都以自身利益最大化的条件下，无法达到群体的最优。

为了摆脱此类“囚徒困境”，小微企业与银行可能约定在某个期限内共同遵守某个规则，以使双方的共同受益达到最大化，那么二者之间其实存在一个该约定期限内的有限次完全且完美的重复博弈。然而，有限次重复博弈的最终结果也只是一次性博弈均衡结果的简单重复而已。在有限次重复的最后一期中，银行作为有限次博弈中的信息劣势方，在预料小微企业的选择为赖账时，理性的最优策略选择是不贷款，导致最后的纳什均衡仍然是（不贷款，赖账）。

因此，在有限次博弈的情况下，小微企业无法从银行获取信贷是必然结果。破解的途径是将有限次博弈转化为无限次博弈。对于小微企业来说，可转变融资渠道，向信息不对称较小的其他渠道进行融资；或借助外力构建约束机制，使银行与小微企业之间的博弈能够转化为无限次博弈。

3. 考虑违约追究成本的博弈分析：银行向小微企业贷款的第三、四阶段

本章采用逆向思维推导，即如果银行满足了小微企业的贷款申请，而此时小微企业又选择了违约，那么，小微企业的这种违约行为会对银行造成多大的损失。这个损失的大小直接影响了银行是否对小微企业提供贷款。因此可以构建小微企业与银行的博弈模型来研究银行贷后对违约行为的追缴概率，进而推导正规金融对小微企业融资的满足程度。

（1）博弈假设

①小微企业对所得到的贷款有还款、赖账两种策略；当小微企业选择赖账时，银行对小微企业的赖账行为也有两种策略，即追究、不追究，并假定银行的追究行为包括事先的资信调查和事后的实施行为。

②银行如果选择对小微企业的赖账行为采取追究措施，则需要支付的追究成本为 Z，假定该追究行为给银行带来的损失弥补为 T，小微企业被银行追究赖账责任时的成本（误工影响、名誉影响等）为 U，小微企业的赖账将给银行带来经济损失为 K。

③小微企业的赖账概率为 α，还款概率为（$1-\alpha$）；银行进行追究的概率为 β，不进行追究的概率为（$1-\beta$）。

（2）博弈分析

根据上述假定，可构建银行与小微企业的完全信息静态博弈模型，得到支付矩阵如表 7.3 所示。

表 7.3　考虑违约追究成本的小微企业与银行博弈矩阵

		银行	
		追究（β）	不追究（$1-\beta$）
小微企业	赖账（α）	$(E_2-U, H-Z-K+T)$	$(E_2, H-K)$
	还款（$1-\alpha$）	$(E_1, H-Z)$	(E_1, H)

当银行不进行追究且小微企业还款时，银行和小微企业各获得正常收益 H 和 E_1；若银行不追究，而小微企业赖账时，小微企业可获得违约收益 E_2，其中 $E_1 < E_2$。由于小微企业的赖账将给银行带来经济损失 K,从而银行的收益为 $H-K$。若银行选择追究、小微企业选择还款，银行的收益为 $H-Z$，小微企业的收益为 E_1；若银行选择追究、小微企业选择赖账，银行的收益为 $H-Z-K+T$，小微企业的收益为 E_2-U。

当小微企业选择还款时，银行选择不追究的收益 H 大于追究的收益 $H-Z$，因此不追究将是银行的最优策略选择；当银行选择不追究时，小微企业选择赖账的违约收益 E_2 大于还款的收益 E_1，因而赖账是小微企业的最优策略选择。当小微企业选择赖账时，银行的最优选择取决于 $H-Z-K+T$ 与 $H-K$ 的大小，即银行追究赖账是否存在正收益 $T-Z$，当 $T-Z < 0$，银行选择不追究；当 $T-Z > 0$ 时，银行选择追究。而当银行选择追究时，小微企业的最优选择取决于 E_2-U（赖账的净收益）与 E_1 的大小：当 $E_2-\mathrm{U} > E_1$ 时，小微企业的最优选择是赖账；当 $E_2-U < E_1$ 时，小微企业的最优选择是还款。

根据上述结果展开如下分析。

①当 $E_2-U > E_1$，$T-Z > 0$ 时，小微企业的占优均衡是赖账，银行的占优均衡是追究，存在纯策略纳什均衡（赖账，追究）。

②当 $E_2-U > E_1$，$T-Z < 0$ 时，小微企业的占优均衡是赖账，银行的占优均

衡是不追究，存在纯策略纳什均衡（赖账，不追究）。

③当 $E_2-U < E_1$，$T-Z < 0$ 时，小微企业与银行存在纯策略纳什均衡（还款，不追究）。

④当 $E_2-U < E_1$，$T-Z > 0$ 时，小微企业与银行的博弈陷入循环，不存在纯策略纳什均衡解，但存在混合策略纳什均衡解。

对第④种情况再展开分析：

根据以上分析，小微企业的期望收益 Y_1：

$$Y_1 = \alpha\,[\beta\,(E_2 - U) + (1-\beta)\,E_2] + (1-\alpha)\,[\beta E_1 + (1-\beta)\,E_1] \tag{7–1}$$

其最优的一阶条件为

$$\frac{\partial Y_1}{\partial \alpha} = E_2 - \beta U - E_1 = 0 \tag{7–2}$$

求得 $\beta^* = (E_2 - E_1) / U$

银行的期望收益 Y_2：

$$Y_2 = \beta\,[(1-\alpha)(H-Z) + \alpha\,(H-Z-K+T)] + (1-\beta)\,[(1-\alpha)\,H + \alpha\,(H-K)] \tag{7–3}$$

其最优的一阶条件为

$$\frac{\partial Y_2}{\partial \beta} = \alpha T - Z = 0 \tag{7–4}$$

求得 $\alpha^* = Z/T$，即混合策略纳什均衡为（$\beta^* = (E_2 - E_1) / U,\ \alpha^* = Z/T$），可以得到如下四个结论：（a）当 $\alpha < \alpha^*$ 时，银行的最优策略选择是不追究；（b）当 $\alpha > \alpha^*$ 时，银行的最优策略选择是追究；（c）当 $\beta > \beta^*$ 时，小微企业的最优策略选择是还款；（d）当 $\beta < \beta^*$ 时，小微企业的最优策略选择是赖账。

综合分析以上四种情况下的博弈结果，第②③种情况中银行对小微企业的赖账行为不采取追究措施，在第④种情况下银行有$\left(1-\frac{E_2-E_1}{U}\right)$的概率对小微企业的赖账行为不采取追究措施。事实上，在放贷前，一旦银行因为追究成本的高昂而放弃追究赖帐损失，银行也就不会提供该笔贷款。

4. 考虑信息不对称的博弈分析

根据上文的第④种情况分析结果，可以发现小微企业赖账与银行追究这两种策略相互依存，也就是说银行的追究概率和追究力度决定了小微企业的违约与否；而银行是否采取追究措施取决于小微企业的赖账概率和对其追究成功的难易程度。这里，可以把“赖账概率”视为小微企业的“私人信息”，并且银行之所以在追究小微企业赖账行为时存在难度，大多也是因为小微企业获得贷款后的诸多“私人隐蔽行为”，而银行对这些情况则处于不知情状态。也就是说，银行与小微企业之间存在着信息不对称的状况，这是小微企业向正规金融机构（银行）获得融资困难的根本原因所在。

在小微企业与银行存在信息不对称的情况下。

（1）银行向小微企业发放贷款，由于道德风险的存在，使得小微企业的赖账概率大幅度上升，故上一节中第④种情况下的小微企业最优违约概率将由$\alpha^*=Z/T$上升到$\alpha^*>Z/T$。

（2）由于逆向选择的存在，即使是信用状况相对良好的小微企业，银行也放弃了对其的贷款发放，换言之，银行对小微企业赖账行为的最优追究概率下降，由$\beta^*=(E_2-E_1)/U$降低到$\beta^*<(E_2-E_1)/U$。

由于道德风险和逆向选择的存在，小微企业与银行之间的博弈均衡转变为（$\alpha^*>Z/T, \beta^*<(E_2-E_1)/U$）。这个新均衡解释了小微企业从正规金融融资难的必然所在。

7.2.2 动态博弈分析

7.2.1 节对银行与小微企业进行了静态博弈分析，本节将从动态博弈角度继续展开分析。不完全信息动态下的博弈问题是指，参与人行动有先后顺序，后行动者能观测到先行动者的行动。最终求得子博弈精练解，即均衡战略的行为规则在每一个信息集上都是最优的。求解的常用方法是逆向归纳法，即从最后阶段向前推演，直至得到博弈第一阶段的均衡解即子博弈精练解。本节采用逆向归纳法推演银行与小微企业的动态博弈均衡解。

1. 博弈假设

（1）小微企业与银行均为理性的经济人，都追求自身利益的最大化。

（2）银行并不拥有关于小微企业经营和财务状况的全部完美信息，且银行与小微企业的博弈行动有先后次序，后行动方根据先行动方的交易策略做出自己在某一阶段的交易策略决策。

（3）假设银行追究小微企业的赖账行为时，成功的概率为 q，不成功的概率为 $1-q$，其他参数假设同上节。

2. 博弈分析

在博弈的第四阶段，银行采取追究小微企业的策略时，银行的收益为 $q(H-Z-K+T)+(1-q)H-Z-K$。目前我国信用体系健全度不高，小微企业骗贷现象频繁，银行追究小微企业成功的概率是很低的，而且追究成本高昂，这使得银行追究小微企业责任的收益趋向于 $H-Z-K$，即追究小微企业法律责任的收益小于 0，损失更大，作为理性经济人，此时银行的最优博弈策略是放弃对小微企业的责任追查。

在博弈的第三阶段，由于小微企业意识到银行最终会放弃对自己的责任追查，小微企业此时赖账收益为 E_2-U，而还款获得 E_1，一般来说，我国金融环境对于小微企业来说信用损失很小，即 U 值很小，此时还款获利 E_1 会小于赖账获利 E_2-U，同样作为理性经济人，小微企业博弈策略是：赖账。

在博弈的第二阶段，由于银行意识到小微企业不会还贷，银行向小微企业发贷收益 $R-D-L<0$，作为理性经济人，银行博弈策略是：不发放贷款给小微企业，这也是对惜贷现象的最好诠释。

在博弈行为的第一阶段，小微企业意识到银行不会放贷给自己，同样作为理性经济人，它会避免因向银行申请贷款而产生的成本，即不向银行贷款转而寻找其他融资渠道。

7.3　农村非正规金融机构与小微企业的博弈分析

农村小微企业的资金需求还需要从非正规金融渠道得到满足。本章主要考虑民间借贷与农村小微企业的博弈。

7.3.1　完全信息博弈

1. 博弈假设

农村信贷市场是完全竞争的，即存在许多农村非正规金融机构向小微企业发放贷款，小微企业可自由选择合适的农村非正规金融机构贷款，从而信贷双方之间的博弈是完全信息博弈。与正规金融一样，非正规金融机构也有两个行动可以选择，即发放贷款和不发放贷款，前者的目的是为了实现利润，后者则是为了防范风险，故其行动集合可表示为：{ 贷款，不贷款 }。小微企业的目的也是为了实现自身收益的最大化，其行动集合可表示为：{ 借款，不借款 }。

又假设非正规金融机构用 A 来表示，小微企业用 B 来表示，贷出的本金为 V，贷款利率为 r，贷款期限为 t，非正规金融贷款所获利润为 Ve^{rt}，本利和为 $V+Ve^{rt}$。

2. 博弈分析

① 简单博弈分析：在上述博弈假设的基础上，假设当非正规金融机构贷出款项后，小微企业不还款时其损失为 V，当非正规金融不贷款，且小微企业也不还款时，双方支付均为 0，但当非正规金融不贷款，而小微企业有还款意愿时，非正规金融支付为 0，小微企业的支付为 X_0，小微企业贷款的收益为 R_0，二者的支付函数见表 7.4。

表 7.4　无任何制约条件的简单博弈支付矩阵

		B	
		还款	不还款
A	贷款	(Ve^{rt}, R_0-Ve^{rt})	$(-V, R_0+V)$
	不贷款	$(0, -X_0)$	$(0, 0)$

非正规金融有贷款和不贷款两种选择，小微企业有还款和不还款两种选择，由表中局中人的支付可以看出，对于小微企业，其占优策略是不还款，在完全信息的假设下，非正规金融机构知道小微企业的占优策略是不还款时，其最优

策略就是不贷款，这样（不贷款，不还款）构成纳什均衡，双方陷入不合作的“囚徒困境”。

② 无限次重复博弈分析：在无限次重复博弈中，局中人的收益是各阶段收益的现值之和，此时，因为博弈还没有到最后阶段，所以不能用逆向归纳法倒推求解。

假设贷方将采取冷酷战略（Grim Strategy），这个战略意味着任何参与人的一次不合作将导致永远的不合作，即如果在第 n 轮博弈中，小微企业决定不合作，采取不还款的行动，那么非正规金融将会因为放贷给小微企业而蒙受损失，从而在以后将永远采取不放贷的策略来惩罚对方，这样小微企业的一次不合作将付出以后每轮中收益都为 0 的代价。

令 ξ 为贴现因子，如果小微企业在某阶段选择了不还款，则其在该阶段将得到 $R_0 + V$ 的支付，但这个行为将带来非正规金融机构永远不给其发放贷款的惩罚，小微企业在随后的几期支付都将是 $-X_0$，因此，如果下列条件满足，给定小微企业 B 没有选择不还款，非正规金融机构 A 也不会选择不发放贷款，则

$$R_0 + V + \xi(-X_0) + \xi^2(-X_0) + \cdots \leqslant R_0 - Ve^{rt} + \xi(R_0 - Ve^{rt}) + \xi^2(R_0 - Ve^{rt}) + \cdots$$

解上述条件得

$$\xi \geqslant (R_0 - Ve^{rt} + X_0)/(X_0 + V)$$

即参与人若有足够的耐心，冷酷战略将是无限次重复博弈的一个子博弈精练纳什均衡，双方的最优选择（贷款，还款）将是每一个阶段的均衡结果，这样局中人走出了一次性或有限次博弈的困境，这说明如果博弈重复无限次且每个人有足够的耐心，任何短期的机会主义行为的所得都将是微不足道的，参与人有充分的积极性为自己建立一个乐于合作的声誉，同时也有积极性去惩罚对方的机会主义行为。

③ 有担保或声誉制约的博弈分析。从上面的分析可以看出，在不存在任何制约的情况下，农村非正规金融市场上信贷双方博弈的结果是(不放贷，不还款)，双方陷入“囚徒困境”，只有当双方博弈的次数足够多，且能近似地看成是无限次的重复博弈时，双方的合作才是可能的，除了无限次的重复博弈，为了走出“囚徒困境”，可以考虑增加一些制约条件的博弈。

有担保制约的博弈分析，当小微企业有融资需求时，农村非正规金融机构要求其用不动产作为抵押，或要求小微企业找担保人担保。为了简化分析，将担保资产记为 Q，假设非正规金融机构变现小微企业资产所得收入为 Q，变现担保耗费的成本为 C_1，且假定 $Q-C_1 \geqslant 0$，$Q-V \geqslant Ve^{rt}$，到期小微企业如果不还款，贷方有两个行动：选择变现担保资产和选择不变现担保资产。在此博弈中，非正规金融机构先行动，选择是否发放贷款，若其发放贷款，小微企业选择是否偿还贷款，若其不偿还，非正规金融机构再考虑选择是否变现担保资产。具体博弈过程和各方的支付如图 7.3 所示。

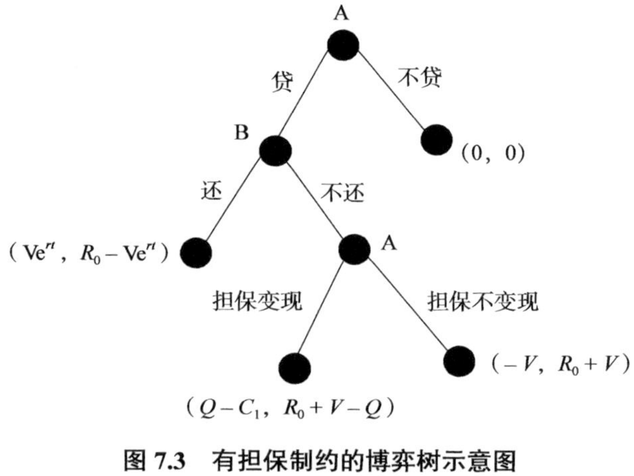

图 7.3　有担保制约的博弈树示意图

运用逆推归纳法分析，在第三阶段的博弈中，非正规金融机构选择担保变现的收益为 $Q-C_1$，选择担保不变现的收益为 $-V$，因此，理性贷方的最优策略是选择担保变现，认识到非正规金融机构在第三阶段博弈中的选择为担保变现，则在第二阶段中理性的小微企业将会选择还款，因为此时还款的收益为 R_0-Ve^{rt}，大于其不还款的收益 R_0+V-Q（$Q-V \geqslant Ve^{rt}$）。由于第二阶段中小微企业选择了还款，在第一阶段博弈中非正规金融机构会选择发放贷款，因为贷款可得收益为 Ve^{rt}，不贷为 0，从而（贷款，还款）将是博弈双方的子博弈精练均衡。可以看出，在有担保制约的条件下，博弈双方有稳定的博弈解，走出了无任何制约条件的“囚徒困境”。

7.3.2　不完全信息博弈

上面的博弈分析假定借贷双方之间信息是完全的，即所有参与人都知道博弈的结构、博弈的规则以及博弈后各方的支付函数，但现实中借贷双方的博弈并不能完全满足完全信息的假设，借贷双方之间的博弈存在不确定性。此外，对参与人而言，其参与行动受两个条件约束：① 参与农村借贷的参与约束，主要是行为人在参与中得到的期望收益不小于其参与其他行动得到的最大期望收益，这个约束主要取决于参与人的机会成本。② 参与后的激励相容约束，激励约束则是参与人参加行动后的期望收益。只有参与人参加行动后的期望收益大于 0 时，参与人才有激励实施某项行动，由此建立博弈模型。

1. 博弈假设

① 模型的参与人仍是非正规金融机构和小微企业，分别用参与人 A 和 B

来表示，二者都是以自身利益最大化为自己行动的准则。

② 博弈的信息是不对称的，即非正规金融机构和小微企业之间的信息是不完全的，借贷双方参与行动具有不确定性，即借贷双方仅以一定的概率知道对方采取何种行动，换言之，双方都以一定的概率参与博弈。假设非正规金融机构贷款的概率为 η，不贷款的概率为 $1-\eta$，小微企业还款的概率为 θ，不还款的概率为 $1-\theta$。

③ 非正规金融机构有放贷和不放贷两种选择，小微企业有还款和不还款两种选择。V、r、t，X_0，R_0 的含义同上文，W 是贷方对借方的监督成本，且有 $W < Ve^{rt}$，P 是当借方不还款时贷方对借方的惩罚。

2. 博弈分析

因完全信息情况下的混合战略均衡可以解释为不完全信息情况下纯战略均衡的极限。为简化分析，使用完全信息下的混合博弈来描述农村信贷市场中的不确定性。具体博弈矩阵见表 7.5。

表 7.5　不完全信息下的博弈矩阵

		B	
		还款	不还款
A	贷款	$(Ve^{rt}-W, R_0-Ve^{rt})$	$(-V-W+P, R_0+V-P)$
	不贷款	$(0, -X_0)$	$(0, 0)$

下面对农村信贷市场非正规金融机构和小微企业不同选择下的期望收益展开分析。

① 若 η 值给定，则农村信贷市场中的小微企业选择还款（$\theta=1$）和选择不

还款（$\theta=0$）的期望收益分别是：

$$E_B(\eta,1)=(R_0-Ve^{rt})\eta-X_0(1-\eta)=(R_0+X_0-Ve^{rt})\eta-X_0$$

$$E_B(\eta,0)=(R_0+V-P)\eta+0(1-\eta)=(R_0+V-P)\eta$$

解：$E_B(\eta,1)=E_B(\eta,0)$

得：$\eta^*=X_0/X_0+P-V-Ve^{rt}$

当非正规金融机构贷款的概率小于 η^* 时，小微企业的最优策略选择是还款；当非正规金融机构贷款的概率大于 η^* 时，小微企业的最优策略选择是不还款；当非正规金融机构贷款的概率等于 η^* 时，小微企业随机的选择是还款与不还款。也就是说，非正规金融机构的机会成本越大，其选择贷款的概率越小，从而小微企业还款的可能性越大，即小微企业在选择是否还款时，对于越不好贷的款，其还款的积极性也越高。

② 若 θ 值给定，则农村信贷市场中的非正规金融机构选择贷款（$\eta=1$）和选择不贷款（$\eta=0$）的期望收益分别是

$$E_A(1,\theta)=(Ve^{rt}-W)\theta+(-V-W+P)(1-\theta)=(Ve^{rt}+V-P)\theta-V-W-P$$

$$E_A(0,\theta)=0$$

解：$E_A(1,\theta)=E_A(0,\theta)$

得：$\theta^*=V+W-P/V+Ve^{rt}-P$

当小微企业还款的概率小于 θ^* 时，非正规金融机构的最优策略选择是不贷款；当小微企业还款的概率大于 θ^* 时，非正规金融机构的最优策略选择是贷款；当小微企业贷款的概率等于 θ^* 时，非正规金融机构随机的选择是贷款和不贷款。也就是说，小微企业的还款概率越大，非正规金融机构贷款给小微企业的意愿也越强，因此，混合战略的纳什均衡是：

$$(\eta^*=X_0/X_0+P-V-Ve^{rt},\theta^*=V+W-P/V+Ve^{rt}-P)$$

即非正规金融机构以 $\frac{X_0}{X_0+P-V-Ve^{rt}}$ 的概率选择发放贷款，小微企业以 $\frac{V+W-P}{V+Ve^{rt}-P}$ 的概率选择还款。在此博弈中，非正规金融机构的纳什均衡值主要与惩罚成本、贷款金额、贷款利率和期限等有关（X_0 较小，可以忽略不计），非正规金融机构的贷款金额越大，惩罚所需的成本越小，利率越大，贷款期限越长，非正规金融机构贷款概率也越大。

7.4　小微企业与政府及金融机构的博弈分析

同样，为了简化分析，本节以银行代表正规金融机构，基于此，展开小微企业与政府及金融机构的博弈分析。

由于小微企业规模小、资金少，在发展过程中经常会出现资金缺口现象，特别是大多数小微企业处于创业阶段或者生命周期的生长期，其发展是不规范的，财务记录不标准，信用状况有待考量，银行出于自身利益考虑，不会轻易通过小微企业的贷款申请，这就需要政府出面促进银行对小微企业贷款的实现。政府积极进行金融环境改革、鼓励银行对小微企业的资金支持，促进小微企业的发展，增加就业。

1. 博弈假设

① 参与者：博弈参与者为小微企业、银行和政府，博弈方都从自身的利益出发，追求利益最大化，政府主要起促进的作用。

② 信息：信息是不对称的。银行根据小微企业的经营情况和信用状况来决

定放贷与否，政府通过制定一些政策措施来增加银行对小微企业放贷的积极性，还可能直接为小微企业提供资金支持。

③ 策略：小微企业和银行还有政府均有两种选择，小微企业有还款与不还款两种选择，同样银行相应的也有放贷与不放贷两种决策。在小微企业无法还贷的情况下，政府采取的策略有扶持和不扶持。银行、小微企业和政府的决策不是同时进行的，属于动态博弈。

图 7.4 用决策树分析各参与者是怎么进行博弈的，一方的决策对其他方有什么样的影响。

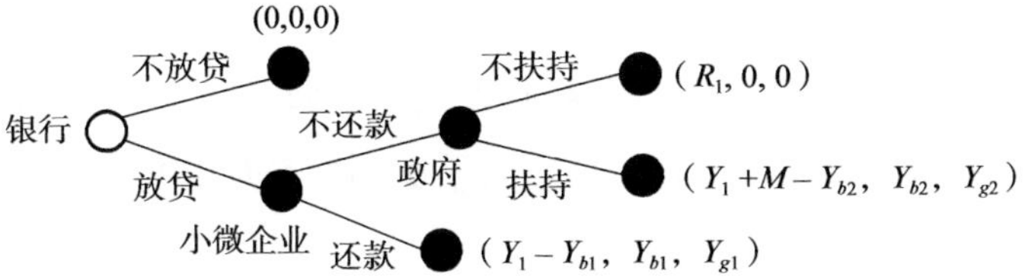

图 7.4　小微企业与政府及银行三方博弈树

变量描述：Y_1 为小微企业贷款的期望收益，Y_b 为商业银行贷款的期望收益，Y_g 为政府扶持的期望收益。小微企业不还贷的概率为 α，还贷的概率为 $1-\alpha$，政府采取措施扶持的概率为 β，不扶持的概率为 $1-\beta$。小微企业获得贷款后的收益为 R_1，商业银行利息为 Y_{b1}，M 为政府提供的资助。

2. 博弈分析

阶段一：银行放贷与否的选择。出于自身利益考虑，如果银行不贷款给小微企业，则三方的期望收益均为 0；如果银行最终决定贷款给小微企业，此时博弈将会进入阶段二。

阶段二：小微企业还贷与否的选择，假设小微企业还贷的情况下（概率为 $1-\alpha$），小微企业获得的收益为 Y_1-Y_{b1}，商业银行获得利息收益为 Y_{b1}，政府获得收益为 Y_{g1}。此时小微企业、商业银行、政府三者的期望收益向量为（Y_1-Y_{b1}，Y_{b1}，Y_{g1}）；如果小微企业不还贷，博弈将会继续进入到阶段三。

阶段三：政府是否采取扶持政策的选择。大多数情况下，小微企业不还贷是因为小微企业的经营状况不好，出现了亏损，从而无力偿还银行的利息，甚至会面临破产。此时，如果政府不扶持，则小微企业的收益记为 Y_1（可能为负值或非常小），银行和政府的收益均为 0。如果政府扶持小微企业，为小微企业提供的资助为 M，小微企业将会向银行偿还贷款和利息，其收益为 Y_1+M-Y_{b2}，银行获得收益为 Y_{b2}，政府获得的收益为 Y_{g2}。此时小微企业、商业银行、政府三者的期望收益向量为（Y_1+M-Y_{b2}，Y_{b2}，Y_{g2}）。下面用期望收益来分析三方的博弈，找出其均衡解。

① 从小微企业的角度来看，贷款为小微企业带来的期望收益是 Y_1，不还贷的情况下，小微企业的期望收益为 $\beta(Y_1+M-Y_{b2})+(1-\beta)Y_1$，这时需要比较 Y_1-Y_{b1} 和 $\beta(Y_1+M-Y_{b2})+(1-\beta)Y_1$ 的大小，通过比较二者的大小，如果 $\beta(Y_1+M-Y_{b2})+(1-\beta)Y_1 \geqslant Y_1-Y_{b1}$，即小微企业不还贷所获得收益大于或等于还贷的收益时，小微企业的最优策略选择是不还贷；如果 $\beta(Y_1+M-Y_{b2})+(1-\beta)Y_1 \leqslant Y_1-Y_{b1}$，即小微企业不还贷所获得的收益小于还贷的收益时，小微企业的最优策略是还贷。

② 从政府的角度来看，当出现小微企业不还贷的情况时，政府做出扶持措施所获得的收益是 Y_{g2}，不予理睬任其发展的期望收益是 0。比较 Y_{g2} 和 0 的大小，如果 $Y_{g2} \geqslant 0$，即政府采取扶持措施所获得的收益大于不予理睬的收益时，政府

就会做出扶持措施；如果 $Y_{g2}\leqslant 0$，也就是说政府采取扶持措施之后获得的收益小于不予理睬所获得的收益时，政府会做出不扶持的决策。

③ 从银行的角度来看，其不放贷给小微企业的收益是 0，在为小微企业发放贷款的情况下，银行贷款的期望收益是 $(1-\alpha)\ Y_{b1}+\alpha\beta Y_{b2}$，如果 $(1-\alpha)\ Y_{b1}+\alpha\beta Y_{b2}\leqslant 0$，银行将会否定小微企业的贷款申请，不会放贷给小微企业；如果 $(1-\alpha)\ Y_{b1}+\alpha\beta Y_{b2}\geqslant 0$，银行会选择放贷给小微企业，因为此项贷款可以为银行带来一定的收益。

总的来看，政府在小微企业从银行获得贷款的三方博弈中，不能一直采取扶持的措施，因为过度的扶持会使小微企业产生依赖心理，降低小微企业的自我修复能力，从而影响小微企业在长远方面的发展。对于扶持与不扶持的选择，政府应认真考虑、仔细斟酌，确保有利于小微企业长远发展，在有利于我国经济发展、社会进步的情况下才能采取扶持的措施。

7.5　小结

本章首先探讨了农村正规金融与小微企业的博弈均衡问题，从博弈理论视角探究了当下银行惜贷、小微企业违约高的现象；然后对非正规金融机构与小微企业借贷进行了博弈分析，最后分析了政府对博弈均衡的作用力，以期为后文政策扶持体系经验借鉴和对策的提出提供理论支撑。

通过对小微企业与银行借贷关系互动过程的博弈分析可知，只有切实提高银行对小微企业信息流，建立及完善相应的政策和制度，最大限度缓解银行与小微企业间的信息不对称情况，才能使银行在整个过程中的信息成本降低，使其加大对小微企业的放贷力度。对于非正规金融，政府会在一定范围内扶持其为小微企业放贷，但非正规金融始终是正规金融的补充，且政府最终会通过促使非正规金融机构的正规化来使其为小微企业的融资提供更多支持。

第 8 章　国内外农村金融市场对小微企业融资支持模式对比

本章通过分析国内外农村金融市场及其对小微企业的融资支持模式，得出一些可以借鉴的经验，为农村金融支持小微企业的发展提供一些借鉴。

8.1　美国农村金融市场对小微企业融资支持模式

8.1.1　美国的农村金融市场体系

美国作为农业现代化国家，拥有较为完备的农村金融服务体系，这个体系大致可以分为商业金融、合作金融、政策金融以及农业保险制度四个分支体系。

1. 商业性金融

美国的农业金融体系主要还是以商业性金融机构为基础，非营利性农业金融机构或合作性农业金融机构只是起辅助性融资渠道。美国商业性农业金融体系主要由以下两类机构构成。

① 商业银行。美国约有 4000 多家商业银行开展农业信贷业务，占美国商业银行总数的 90%，农业贷款总额一般占商业银行各类贷款总额的 50% 以上。农户可向商业银行提供担保证明或相关信用证明取得贷款，商业银行根据贷款人的信用等级确定贷款额度。对偿还能力较差的贷款人，商业银行一般提供中短期小额贷款，且需以农具、牲畜、农产品等作为抵押物；对偿还能力强、财力相对雄厚的农户，商业银行则可提供长期大额贷款，通常也需贷款人以土地、固定资产作为抵押物。

② 其他私人信贷支持。主要包括个人贷款、经销商贷款等。个人或经销商与农场主签订买卖合同，经销商从农户手中收购农产品、农作物，农户则可通过接受预付款的方式获得资金支持。这种贷款随意性较大，很大程度上取决于市场行情的波动。

2. 合作性金融

美国建立了以联邦土地银行、联邦中间信贷银行、合作社银行为主的合作性农业金融体系。这三个系统起初都是由政府出资、采用自上而下的方式组建起来的。随着政府资金的逐步退出，三大系统目前已经成为由农场主所拥有的真正意义上的合作金融组织。

① 联邦土地银行系统。根据 1916 年美国国会通过的《联邦农业贷款法案》，全美被划分为 12 个农业信用区，每个信用区设立一个联邦土地银行。这 12 家联邦土地银行构成了美国的联邦土地银行体系。联邦土地银行下设许多联邦土地银行合作社，每个合作社又由众多农场主出资组成。联邦土地银行实行股份

所有制，每个需要贷款的农场主必须入股土地银行，数额不得低于贷款额度的5%。由于联邦土地银行不吸收公众存款，故这一部分股权资金是其发放贷款的重要来源，其他资金主要通过发行债券筹集。另外，联邦土地银行只办理长期不动产抵押贷款。

② 联邦中间信贷银行系统。联邦中间信贷银行系统的结构与联邦土地银行系统类似，它是由 12 家联邦中间信贷银行及其下设机构组成。联邦中间信贷银行在全美共设 400 多个生产信贷协会地方机构，协会还设有 1600 多个生产信用合作社及其他分支机构，构成一个庞大的农业生产信贷体系。农场主在向联邦中间信贷银行借贷之前，必须入股银行，成为银行的股东。与联邦土地银行不同的是，联邦中间信贷银行主要提供中短期抵押贷款，且不直接向农户发放贷款，只向生产合作社提供贷款，再由生产合作社将贷款发放给农户，以建立风险共担机制。

③ 合作社银行系统。1933 年，美国政府批准在 12 个农业信用区设立合作社银行。合作社银行并不直接向农户发放贷款，而是通过各类生产合作社向资金短缺的农户发放贷款，农户只有加入相关的合作社才可办理贷款业务。与联邦中间银行系统和联邦土地银行系统类似，合作社银行系统也是在 12 个农业信用区分别设立一个合作银行，且合作银行系统还拥有一个中央合作银行。中央合作银行主要是对业务范围超过一个农业信用区的大生产合作社提供金融服务。

3. 政策性金融

美国政策性农村金融机构是由美国联邦政府主导创建的，专门针对本国农业发展和农村发展提供融资的机构。美国的政策金融体系主要由农民家计局、农村电气化管理局、商品信贷公司和小企业管理局组成，其主要功能是为农业生产及其有关的活动提供信贷资金和服务，并通过信贷活动调节农业生产规模和发展方向，控制农业发展规模等。

① 农民家计局。为解决贫困农户的农业生产问题，美国政府于 1946 年成立农民家计局。其最初的借贷对象主要是贫困农户及相关涉农产业从业人员，后来贷款投向逐渐扩展到低收入农户修缮房屋、农村生活环境改善、农业生产基础设施建设等非营利性项目。

② 农村电气化管理局。农村电气化管理局成立于 1935 年，旨在发展农业地区电力和通信事业，实现农村电气化。其主要职能是对农业地区非营利合作组织和农场发放低息贷款，用于建设农村电网、农村通信网络、农田水利设施等农业基础设施，同时还向贷款人提供相应的技术指导。

③ 商品信贷公司。美国的商品信贷公司成立于 1933 年 10 月，设立的主要目的是为在发生自然灾害导致农业减产、农产品价格大幅波动的情况下对农民给予贷款和补贴，以降低农业企业和家庭农场的经营风险。商品信贷公司贷款给农户，农户以尚未收获的粮食及农产品为抵押物，到下一季收获，农户将农产品售卖以偿还贷款。农户也可将粮食谷物等农产品作为抵偿物获得贷款。

④ 小企业管理局。小企业管理局成立于 20 世纪 50 年代，主要为那些无法从商业性金融机构获得贷款的小企业提供信贷服务。小企业规模小、抗市场风险能力差、信誉度低，故不易向盈利性商业银行借款。美国政府通过建立小企业管理局向成长性小企业发放贷款，帮助小企业解决融资困难问题，还为小企业提供担保信贷服务，帮助其向商业性信贷机构获得贷款。

4. 美国农业保险体系

美国为促进本国农业发展、保障农户生产生活所采取的一项强有力措施就是提供农业保险。自《联邦农作物保险法》颁布以来，美国逐步形成了由联邦农作物保险公司、私营保险公司、保险代理人和保险查勘人构成的完善的农业保险体系，如图 8.1 所示。

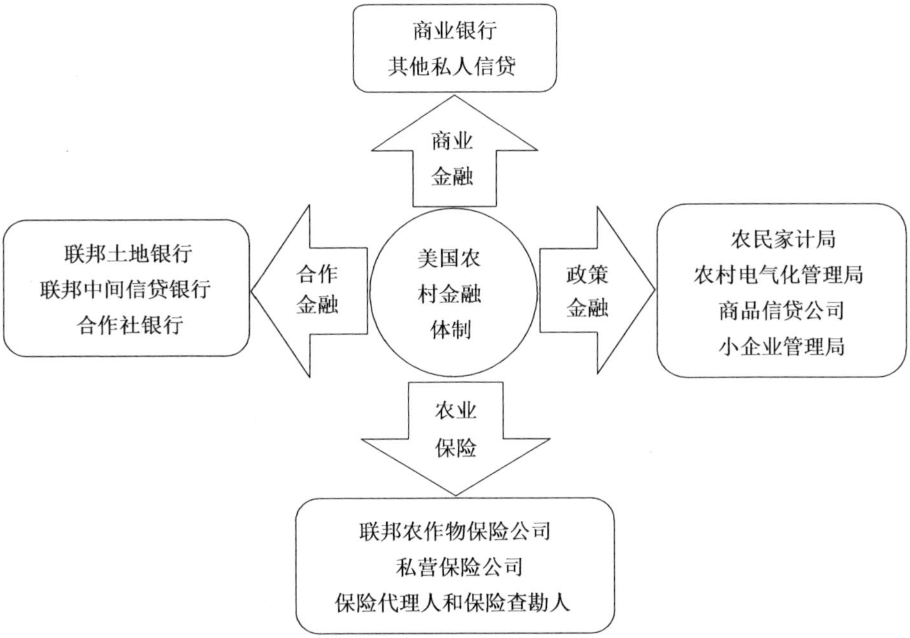

图 8.1　美国农村金融市场体系图

① 联邦农作物保险公司。联邦农作物保险公司主要负责全国性险种条款的制定、风险控制以及向私营保险公司提供再保险支持等，并不直接参与保险业务的经营。

② 私营保险公司。有经营农险资格的私营保险公司则在联邦农作物保险公司的指导和监督下承担农作物的保险业务，他们与联邦农作物保险公司签订协议，并承诺执行联邦农作物保险公司的各项规定。

③ 保险代理人和保险查勘人。农作物保险代理人和保险查勘人，可分为独立人员和私营保险公司的雇员。美国农作物保险主要通过代理人销售，他们负责农作物保险业务具体工作的实施。

8.1.2 美国农村金融市场对小微企业融资模式

在美国，小微企业的产值占据整个私营经济的一半以上，每年全美新增就业人员中有四分之三来自小微企业，美国小微企业的健康发展主要是因为美国已经建立起了包括信用担保、银行贷款、股权融资、金融投资机构融资在内的多元融资模式，这为小微企业的发展提供了良好的资金保障。

1. 信用担保融资模式

信用担保是小微企业一项重要的融资条件。在美国，企业要获得贷款就必须通过信用担保，而有近八成的小微企业也选择了这种贷款方式。为了满足企业的贷款需求，就必须提高商业银行的放贷积极性。为此，美国政府建立了比较完善的信用担保体系，包括信用评估机构和担保机构，这样就减少了商业银行在给小微企业发放贷款时的风险，从而可以使小微企业通过银行信贷解决融资难题。美国的小微企业信用担保体系包括三个主要层次：① 全国性的小微企业信用担保体系。这个担保体系由小企业管理局负责组织和运行，其吸纳了全美约 7000 家商业银行成为这个信用担保体系的合作单位，这为大量小微企业解决融资问题提供了有效渠道。② 区域性的信用担保体系。这一层次主要是各级地方政府根据本地区小微企业的特点和融资需求而建立的，为地方小微企业融资建立了制度化渠道。③社区性信用担保体系。这是最基础的信用担保体系，在美国有许多社区小型金融机构，与此相适应，美国各地都有社区性信用担保体系，主要是针对本社区内的创业困难人员及小微企业，这为许多小企业在创立初期环节资金紧张提供了很好的解决途径。

2. 银行贷款融资模式

美国小微企业的另一大成功融资模式就是银行贷款融资。美国拥有数量庞大的商业银行，这些银行规模各异，可以适应不同小微企业的融资需求。由于美国实行联邦制，银行也分为两类，由联邦政府审批并管理的是国民银行，由州政府审批和管理的是州银行，二者都可以为小微企业提供贷款融资。因此，商业银行提供给小微企业的贷款大约占到小微企业从金融机构获得资金的将近七成。商业银行向小微企业发放贷款的方式也是多样的：① 为期一年、用于流动资金的短期贷款，这部分贷款占美国商业银行对小微企业贷款额的 60% 左右，同时，这种贷款不能用于固定资产投资。② 应收应付款贷款，主要解决小微企业的临时资金需求。③ 租赁融资，为小微企业提供租赁业务。

3. 股权融资模式

上市融资是小微企业解决资金问题的有效途径，通过发行股票可以提高融资效率。股权融资模式为具有高度成长潜力但前期盈利不高的小微企业提供了方便快捷的融资渠道，同时证券市场实现了风险控制的法制化和程序化，通过股票发行监管和交易活动监管，有效地减少了融资过程中的风险。美国的证券交易市场十分发达，有纽约证交所和美国证交所等主板市场，也有上市门槛较低的纳斯达克市场和OTC市场。发达的证券市场为美国的小微企业上市融资提供了广阔的渠道，上市融资使小微企业的融资成本降低、融资风险分散、融资效率提高，使小微企业的发展有了充足的资金保障。美国还建立了全国证券经纪商协会自动报价系统，这是一个形式比较灵活的二板市场，其目的是帮助高成长的小微企业上市融资，极大地促进了具有成长潜力的小微企业的融资和发展。

4. 金融投资机构融资模式

美国的金融投资机构也很发达，由小企业管理局批准成立的小微企业投资公司数量众多，美国联邦政府为这些投资公司提供财政拨款以及贷款优惠，这些投资公司可以为小微企业提高风险资本、债券等，帮助其优化资金结构和拓展业务。另外，私人投资公司也可以为小微企业提供贷款。美国的许多私人投资公司都创办一些预期收益较高的风险投资项目，这些项目主要针对那些在其他渠道贷款较难的小微企业。美国政府还建立了SBIC（Small Business Investment Company Program）计划，它通过美国政府所制定的优惠的融资政策，丰富了小微企业投融资体系，成为当时推动小微企业迅速成长的重要助推器。

8.2　日本农村金融市场对小微企业融资支持模式

8.2.1　日本的农村金融市场体系

日本农村金融体系主要包括农村合作金融、政策金融、农业信用保证和保险制度三大体系。

1. 合作性金融

日本农村合作金融在日本农村金融体系中占有主导地位，是扶持农村社会发展的主力，主要包括农业协同组织、信用农业协同组织及农林中央金库。

① 农业协同组织是最基层的农村金融组织，以农业为主，参与对象主要为各类农业生产者。农业协同组织通过吸收会员的形式，为组织内的农户办理存款、贷款、支付结算以及农业保险等业务。它不以营利为目的，所吸收的会员多是本行业、本系统的农业生产者，他们之间相互了解、信任程度较高。

② 信用农业协同组织是日本农村金融的中间组织，它的主要任务就是帮助各类农业协会进行有效的资金管理、清算、调拨和运行，并在必要时为农协提供农业融资服务，指导基层农业协同组织资金运行及管理，扶持农业发展。信用农业协同组织可以储金的形式保管农协系统中的富余资金，也可将其作为借款出借给具有资金需求的农协会员，允许利用富余资金购买有价证券来参与投资，或将富余资金存入农林中央金库。

③ 农林中央金库位居日本金融系统最高层，是中央的农村金融一级组织。农林中央金库负责对全国农村金融组织的资金进行统一调配、清算与协调，通过一定的法律法规有效地运营资金，同时对信用农业协同组织的工作进行必要的指导与帮助。农林中央金库还发挥吸纳系统剩余存款的重要作用；也向农协提供融资便利，缓解因季节性变动等因素造成的农协资金不足。农林中央金库的资金不仅用于信农组织，而且对于涉农大型企业也有一定的扶持，这样可以有效避免信用农业协同组织资金紧张问题。在农村合作金融系统中，这三级组织不存在行政隶属关系，也不存在市场竞争关系，而是相互影响、相互协调的独立体，共同为日本农村市场提供有效的金融服务。

2. 政策性金融

日本的主要农业政策性金融机构为农林渔业金融公库，在日本农业政策性金融发展中发挥着主力军作用,它以政府为主导,通过充分发挥政府的协调作用，与农协的合作性金融系统紧密配合。

农林渔业金融公库在资金投向上主要用于土壤改良、造林以及渔业、牧畜业等基础设施建设，同时还用于农业生产现代化建设、农业产业品种及技术改良、大型农产品交易市场以及农林渔业基础设施建设的融资上，不以盈利为目的，旨在强化政府与农林渔业之间的政策联结，通过财政支持为农林渔业基础设施建设提供长期低息信贷资金，提供的借款都是利率较低、期限较长的，如农林渔业金融公库的贷款如存在不能及时还款的情况时，可向政府提出减免要求，政府可酌情为其减免一定的利息，损失的部分由政府填补。这样可以有效增强金融机构抵御风险的能力。

3. 农业信用保证和保险制度

日本是世界上最早建立农业信用保证保险制度的国家之一。由于日本地理特性，自然灾害频发，农业保险体系成为日本农业金融体系不可或缺的重要组成部分。

日本的农业信用保证和保险制度是一种属于政府与农业共同参与的农业保险制度，政府给农业保险一定比例的保费补贴，一方面，使借款人获得足够的资金、增加农民收入；另一方面，还可以提高金融机构的收益，降低金融风险。从保险的种类来看，日本的农业信用保证和保险制度主要包括保证保险与融资保险两大类。保证保险是农民通过保证的方式获得一定的信用贷款，融资保险是农民通过融资平台获得资金。日本的农业保险采取强制性与自愿性相结合的方式，凡是关系国计民生的、影响农民收入的农作物采取强制险，其余的农业险种采取自愿的形式购买。农业保险组织由三级构成，分为基层农业共济组合（市、町、村），直接经营农业保险业务，对农业从业者进行补偿救助；中间层农业共济组合联合会（都、道、府、县）一级为基层提供分保以及区域内的保险调节；最高层级中央级，农业共济再保险特别账户，为中间层农业共济组合联合会提供再保险业务服务，并参资设立农业共济基金，为联合会提供贷款。这三个层级职能定位明确，基层和中间层负责保险业务的经营，高层不参与，仅行使定期检查和不定期检查的监管权力和提供相关的外部支持，如图 8.2 所示。

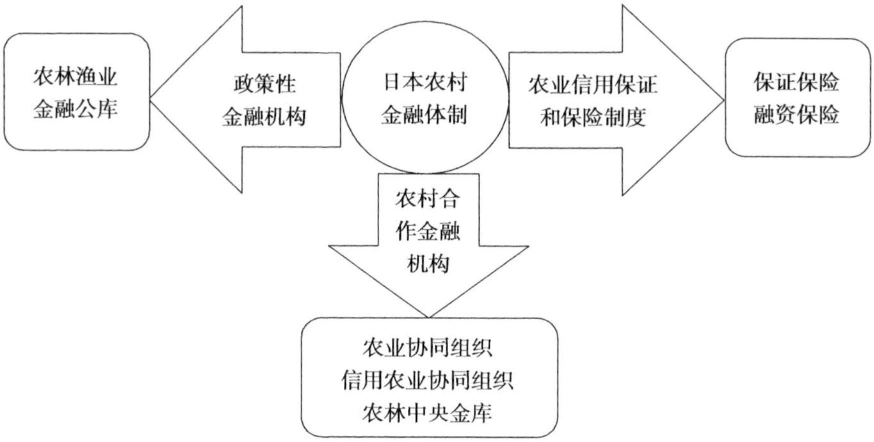

图 8.2 日本农村金融市场制度结构图

8.2.2 日本农村金融市场对小微企业融资模式

日本作为发达国家，也十分重视小微企业的发展。日本小微企业数目约占企业总数的 90% 以上，是日本经济发展的主要动力。日本政府在探索解决小微企业融资问题的道路上也有一定成功的经验，其融资模式主要有以下几种。

1. 政府干预融资模式

从日本历史的发展国政中可以看出，政府在小微企业发展融资过程中发挥了重要的作用。从 1936 年日本政府成立的商工组合中央金库、1949 年成立的国民金融金库、1953 年成立的小微企业金融金库到 1972 年的冲绳振兴开发金融公库，这些政府干预建立的政策性国库都是服务于小微企业，并且库中资金绝大部分来源于政府，利率低且对于小微企业风险较小，可真正帮扶小微企业融资，在小微企业融资中发挥着重要的作用。

2. 核心银行融资模式

日本核心银行主要是指都市一级银行、二级银行以及地方银行。核心银行融资模式是日本小微企业主要的间接融资模式。核心银行融资有以下特点：①小微企业对核心银行有较强的依赖性，并且根据企业规模的不同选择相应的融资银行，规模稍大的企业选择都市银行，规模稍小的选择地区性银行。② 很多小微企业与银行建立了长期合作的融资关系，这样就保障了企业在核心银行的信贷信誉，有效避免了企业因市场不稳定而融资不稳定的问题。

3. 民间借贷融资模式

日本社会中存在的放贷机构可以统称为民间借贷融资模式，如富士商事、三洋商事等。这些放贷机构的特点是一般只有放贷服务。日本为规范此类融资机构，提高民间融资的积极性，制定了相关法律条文和政策措施，以保证民间机构与企业双方的利益。

4. 双层担保融资模式

双层担保是日本政府为解决小微企业融资担保问题而提出的。第一层指的是信用保证协会制度，信用保证协会作为小微企业的担保人，资金由政府支持，这样有效减少了银行放贷的风险；第二层是信用保证协会与小微企业保险公库之间签订一份小微企业信用保险合同，保证在小微企业无法兑现还款时，信用保证协会代为偿还贷款，并由小微企业保险公库支付一定的保险金。日本不同于其他国家的双层保险制度，很好地解决了小微企业与银行之间的后续融资纠纷。

5. 证券化融资模式

在日本，同一家公司可以同时在不同的交易所上市。日本的证券交易所主要有东京、大阪、札幌、福冈、名古屋6所。这6所交易所均设有面向小微企业的创业板，为小微企业的上市打通了更为便捷的通道。并且各交易所不断优化融资条例和规则，简化上市程序，降低上市门槛，加强交易过程中的监管。

8.3 国内农村金融市场对小微企业融资支持模式

8.3.1 浙江省探索典型小微企业融资模式

近年来，浙江省金融系统围绕小微企业的融资特点，探索出几种较为有效的模式。在部分地区或领域取得初步成效，形成一定经验，主要有传统关系型小微信贷模式、电商网络贷款模式和投贷联动模式。

1. 传统关系型小微信贷模式

通过关系型信贷来着力缓解小微企业抵押担保不足和信息不对称问题，以泰隆银行、台州银行等较为典型。首先，打造了一支人数众多、贴近客户，具有较好经验的客户经理队伍，将社会化的“软信息”和数字化的“硬信息”有机结合，进行定性分析和定量测评，来了解和甄别客户。比如泰隆银行的客户经理占全行员工的比例超过50%，台州银行占1/3以上，平均每个客户经理管理200多个有效客户。其次，开发出适合的微贷技术和创新产品。比如泰隆银行形成的以“三品三表”为核心的小微企业信贷风险管理技术，推出的“义融通”

担保贷款和“信融通”信用贷款创新性产品等。又如，台州银行将长期以来服务小微企业的经验与从德国国际项目咨询公司引进的标准化微贷款技术和人员培养模式结合起来，推出了“小本贷款”等典型产品。

2. 新型网络贷款模式

浙江网商银行是我国首家将核心系统架构在金融云上的银行，其推出的网络贷款是典型的金融科技驱动的小微企业创新产品。主要有以下特点：①“数据即业务”，通过大数据对贷前、贷中、贷后进行分析，如营销分析、产品创新预测、交易实施风控、业务趋势判断、客户授信等，实现“数据即业务”。比如电商贷款产品就是基于大数据对借款人进行预授信，创造了“310”贷款模式，大幅降低了放贷成本，提高了放贷效率。② 业务基于真实场景，使得信贷产品更加贴近小微企业需要，其淘宝贷款、天猫贷款、阿里云贷款、菜鸟货押贷款、支付宝商户贷、口碑商户贷等产品都是基于阿里巴巴和蚂蚁金服的生态体系。2017 年以来，将服务对象从“网商”扩展至“码商”。截至 2018 年 8 月末，已服务近 300 万家线下小微商家。③ 创新风险管理模式基于大数据、云计算等现代信息技术的应用，在信用风险识别、风险分析、风险控制三方面建立起一套比较完整的风险模型管理体系，覆盖整个信贷生命周期。截至 2018 年 8 月末，网商银行累计向 900 多万家小微企业和个体经营者提供无抵押纯信用的融资服务，累计发放小微企业贷款额 1 万亿元，户均贷款余额仅 2.43 万元，不良贷款率仅 1% 左右。

3. 投贷联动业务模式

目前，我国正在部分金融机构开展投贷联动试点。在浙江，杭州银行在与创投（私募）机构开展外部投贷联动，具体业务包括银投联动业务（合作创投投资+银行跟进贷款模式）、选择权业务（银行贷款+认股权证模式）、创投基金委托投资业务（银行作为合作创投基金的有限合伙人）和股权直投业务（通过合作创投机构直接投资企业）等。投贷联动业务为浙江科创型小微企业融资提供新方式、新渠道，比如在银投联贷业务上，截至 2018 年 8 月末，杭州银行已累计支持创投机构投资入股科创企业 1170 家，有授信余额 324 户，贷款余额 26 亿元；在股权直投业务上，2016 年以来已通过合作创投机构直接投资企业 11 家，实际出资 7098 万元。在各方努力下，近年来浙江省小微企业融资取得新成效，截至 2018 年 9 月末，全省小微企业贷款余额 2.36 万亿元，同比增长 9%，占全部企业贷款的 40.5%，但是小微企业融资难、融资贵问题仍然存在，根据 2018 年年中的调查显示，四分之一的小微企业反映融资难度较去年有所上升，三成小微企业反映综合融资成本比年初上升。

8.3.2 江苏省创新小微企业融资模式

1. 大企业入股小微企业

大企业是指资本实力雄厚的企业，它们以设备、资金、厂房或者材料等入股成为股东之一，但是它们入股是有前提条件的。① 该企业在行业中能够起到引领作用，这样新的企业可以借助大企业迅速打开市场，为其在创业时期节约一笔广告成本。② 该大型企业不可以控股，只能对小微企业有重大影响，如果小微企业被控股，也就成为大企业的子公司，那么就失去自身该有的性质。③ 大企业对相似或是同一产业的业务管理非常熟悉，同时自身的盈利能力比较强且非常稳定，管理水平可以向新起步的创新型小微企业传授。这样大企业在同一行业的地位和威信上升了，也使得小微企业有了依赖相信的对象，经营风险得到一定的释放。大企业的入股可以在一定程度上减轻创建企业前期的困难。

2. 采用融资租赁方式融资

首先，融资租赁的大多是实物，融资公司将设备、房屋等物品卖给承租人，而自己保留所有权，出租公司降低了融资风险，同时承租人变相融通到资金。其次，融资租赁的融资交易成本比向银行贷款的成本要低，这是由于融资租赁程序简单，手续简单，降低了融资费用，而且融资租赁对公司信用等级要求相对较低，减少了一些资产评估事项，与贷款相比减少了交易成本。公司融资租赁时，多数是针对资产比较大、技术比较先进的技术设备进行的，融资数额较大，减少了公司融资的精力。最后，融资租赁的对象多数是具有先进技术的高新科技设备，公司将会享受到国家税收优惠政策，融资成本可以视为“购买”固定资产的成本，可作为税前成本费用扣减，一定程度上降低了公司成本。

3. 政府创建并完善小微企业专项基金

小微企业所带来的利益好处是政府和人民有目共睹的，然而制约小微企业建立和发展的因素也是不可忽视的，尤其是资金短缺问题是阻碍企业成长壮大的最关键因素。因此省政府相关部门有必要创建和完善小微企业专项基金，将该项基金支持小微企业发展。这项基金可以由银监会的专业部门管理，要做到使用基金的程序合理，使用的数额公开透明，以便社会和其他企业监督。基金的运营要保证绩效高、风险小，以便有更多的资金支持企业发展。基金一部分来源于政府，一部分来源民间，以保证能够调动一切积极的力量去发展这类企业。创建基金服务平台，壮大基金评审管理专家队伍，开展管理咨询，为小微企业提供资金支持。

4. 小微企业联合成集团后发行债券

中国债券市场的时间不长，企业要发行债券需要经过严格的程序审核和规范严密的管理模式。通常能够发行债券的大多是在市场上有着良好信誉并且实力雄厚的大企业，那些刚起步的小微企业是没有资格发行债券的。① 因为它们在市场上没有信用记录。② 它们规模小，资本实力弱。因此，可以通过产业集团的方式来发行债券。同一产业区的相关创新型企业，可以通过签订相关协议组成一个新的企业集团，这样它们就有一定的企业规模发行债券了，这个集团只是名义上的集团，但是它们对发行的债券承担相应的责任，对于它们发行债券所筹集的资金可以根据注册资本占各个企业注册资本的百分比来分配。同时为了公正透明，每一家创新型小微企业派出几位相关的专业人员去管理和监督资金的筹集和使用情况，它们偿还债券利息也是按注册资本占各个企业注册资本的百分比来分配的。另外，政府需要制定相关的法律法规和派出相关部门来监督管理这种签约式的集团，并且协议中必须规定债券到期前一定时间将要偿还的资金筹集到位不可违约。

5. 引进风险投资融资模式

股票市场和银行贷款不会成为小微企业的主要融资来源，原因有以下几点。① 银行将大型企业作为放贷的对象，对于小微企业考虑较少。② 小微企业的固定资产比较少，它们具有的是知识产权和优秀的人才，而知识和人才不具有抵押担保的条件。③ 公司上市的条件对小微企业来说太苛刻，注册资本和每年的盈利能力都有硬性规定，无疑为小微企业的融资设置了障碍。以上三个条件决定了风险投资将会为小微企业的发展壮大提供资本。进行风险投资的人或是企业还会为企业提供管理经验，因为投资者是看好此行业或是该公司的发展前景，希望公司成长成熟后能够获得资本增值利益，同时江苏省政府也会引导风险投资，制造有利的外部环境，出台支持性的服务政策，将融资风险降到最低，以便解决小微企业的融资难问题。

8.3.3　安徽省构建普惠小微金融服务体系模式

近年来，安徽省以供给侧结构性改革为主线，着力构建普惠小微金融四个体系，持续提升金融服务实体经济特别是小微企业水平。

1. 构建普惠小微金融产品和服务体系，提升小微金融服务便捷性

一是提升地方金融机构服务能力。安徽省 83 家农村信用社全部改制为农村商业银行。二是设立续贷过桥资金。对暂时资金周转困难但符合贷款条件的小微企业提供短期过桥资金。三是推进小微企业应收账款融资。重点打造“核心企业 + 平台 + 银行”全流程线上供应链融资模式。四是推广“税融通”业务。引导金融机构根据企业纳税信用等级提供一定额度的信用贷款或担保贷款。

2. 构建多层次资本市场对接体系，提升小微金融服务可得性

一是大力发展直接融资。推进企业首发上市、再融资，设立股权投资基金。二是推动小微企业上市挂牌。实施上市挂牌奖补政策，推进全省区域性股权市

场建设。以此促进金融资源优化配置，提升金融服务均等化水平和服务效率。三是构建升级股权投资基金体系。设立种子基金、风险投资基金、小微企业发展基金等，建立覆盖企业全生命周期、对接上市挂牌全过程的基金体系。

3. 构建政策性融资担保体系，提升小微金融服务普惠性

一是完善政策性担保体系。二是首创新型政银担保合作模式。由担保机构、省级财政、合作银行、所在地本级财政按照 4：3：2：1 的比例分别承担风险补偿,将 500 万元以下业务全部纳入。三是将小微企业作为政策性担保的重中之重。明确市级机构小微企业担保户数比重不低于 70%，县级不低于 90%，担保费率不高于 1.2%。

4. 构建普惠小微金融政策保障体系，提升小微金融服务持续性

一是出台激励措施，制定金融支持服务实体经济发展、小微企业融资服务行动方案等系列政策。二是实施小微金融财政奖补。三是强化政策落实督查考核。省政府将小微企业金融服务纳入对市级政府目标管理绩效考核范围，有效激励各级政府将金融支持小微企业发展的政策落实到位。

8.3.4　湖北省推进小微金融服务网格化模式

为破解小微企业融资难题，湖北省自 2015 年起，借鉴基层综治工作及平安建设经验，首创实施“金融服务网格化”战略，推进金融体制机制创新，打通普惠金融服务小微企业的“最后一公里”。

1. 全面实施金融服务网格化战略

一是明确服务模式。借助政府网格化信息管理平台，将社区和乡村综治网格重新划分成若干金融网格，将银行业机构金融服务资源均衡配置于各个网格中，以此促进金融资源优化配置，提升金融服务均等化水平和服务效率。二是加强顶层设计。由省政府制订总体方案，推动全省金融机构布局网格化，允许城市网格适度交叉，农村以填补金融服务空白为主，实现有限的金融资源服务质效最大化。三是凝聚多方合力。充分发挥工商、税务、海关、财政、保险等机构服务小微企业职能作用，激励银、证、保机构创新小微企业融资产品，形成政府相关部门和金融机构相互配合的服务网络格局。

2. 提升金融服务网格化水平

一是创新服务。积极推广“银税互动”“银税保互动”等新服务模式，湖北省创新各类信贷产品和服务方式近 550 种，基本做到“一县多品”；建立湖北省小微企业公共服务平台网络，构建线上线下立体化服务网络。二是信息共享。推动金融机构与政府综治网络信息对接，将金融服务模块嵌入网格信息平台，实现信息共享，推动金融服务无缝对接。三是精准支持。近年来湖北省就在全国首创利用国库间歇资金建立县域经济发展调度资金，借助县域网格平台，调度资金扶持小微企业的精准度逐年提升，总规模逐年增加，有效缓解了小微企业的融资难题。

3. 充分发挥金融服务网格化作用

一是助力县域金融工程。在金融服务网格化的基础上，以提升县域贷存比为核心，以推动企业股份制改造、到多层次资本市场融资为突破口，在全省范围内大力实施县域金融工程，着力缓解县域融资难、融资贵问题。近年来，湖北省县域贷存比平均每年提升1个百分点以上。二是对接区域资本市场。出台专门政策支持县域优质企业通过股份制改造，进入区域性资本市场挂牌融资。三是加强信用体系建设。整合工商、税务、财政、海关、知识产权、科技等20多个部门的企业信用信息，建成信用信息服务平台。

8.3.5 深圳市打造科技“双创”小微金融模式

近年来，深圳市围绕建设国际科技产业创新中心目标，着力打造科技“双创”小微金融，构建多层次小微企业金融服务体系，促进创新链与资金链有机融合。

1. 实施科技金融计划

加快建设国家首批促进科技和金融结合试点城市，出台促进科技和金融结合30条措施、支持成立29家科技金融专营机构、45家科技特色支行、99家融资担保公司、128家小额贷款公司，推出“孵化贷”“研发贷”等特色金融产品和服务；对科技型小微企业加大贷款贴息力度；大力发展科技保险；成立知识产权质押融资风险补偿基金；组建专门从事政策性担保的小微企业融资担保集团。

2. 打造风投创投中心

大力发展天使投资、风险投资、股权投资，引导更多社会资本投向初创期、成长型企业。在全国率先推进创业投资地方立法，出台促进股权投资基金业的发展政策，设立注册资本 200 亿元的创投引导基金，成立规模 150 亿元的小微企业发展基金，筹建天使基金，推动规模 2000 亿元的中国国有资本风险投资基金落户。

3. 推进科技型小微企业上市培育工程

发挥深圳市多层次资本市场优势，支持企业扩大直接融资，对拟在中小板、创业板、新三板、区域性股权市场上市挂牌的科技型小微企业给予支持奖励。

4. 搭建创业创新金融服务平台

运用大数据、云计算等技术，整合科技、工商、税务、公安、海关、银监等 70 多个单位近 200 项涉企信息，整合全市科技型中小微企业资金需求，打造科技型中小微企业“一站式”金融服务平台。

8.4　对比与启示

从世界范围来看，凡是小微企业发展比较成功的国家和地区，都具有发达的农村金融体系以及较为完备的小微企业金融支持体系，从而为小微企业的健康成长与迅速壮大提供了强有力的保障。从我国各地区范围来看，不断地创新小微企业融资模式以及健全小微企业法律法规体系对农村金融支持小微企业发展有着极为重要的作用。据此，总结出以下六点启示。

① 充分认识政府在小微企业发展中的主导作用。由于小微企业在市场地位、信息获取、规模效益等方面处于不利地位，很难得到与大企业进行公平竞

争的机会，从而导致小微企业融资难这一现象的出现。这也就是说，在小微企业融资领域，存在着一定程度的市场失灵。为纠正这一失灵现象，政府有必要进行干预。也正因为如此，市场化国家都把扶持小微企业发展作为本国政府经济工作的一项重要内容。

② 制定健全的小微企业法律法规体系。为了支持小微企业发展、促进公平竞争、规范市场行为、营造良好的基础环境、保障小微企业的利益，许多国家和地区都制定和实施了一系列的法律法规。美国政府制定了一系列法律法规，以保障小微企业有参与公平竞争的机会。日本是在发达国家之中，小微企业立法最健全的国家。日本政府先后制定了 30 多个有关小微企业的法律，形成了相对独立、较为完整的小微企业法律体系。

③ 建立完善的信用担保制度。小微企业相对于大企业来说，由于有更多的信息不对称问题及道德风险，使得银行对小微企业贷款时存在较大的信用风险。为此，建立完善的信用担保制度，就有助于分担金融机构的信用风险，在一定程度上缓解小微企业融资难的问题。美国的小微企业信用担保体系层次分明：第一层次是全国性小微企业信用担保体系，由小企业管理局及其在各地的 96 个办公室直接操作；第二层次是区域性专业担保体系，由地方政府操作；第三层次是社区性担保体系。日本通过信用保证协会来对小微企业进行担保。同时，也建立了信用保证保险制度、融资基金制度、损失补偿金补助制度等来作为支撑。

④ 实行适当的政策倾斜。小微企业由于在市场竞争中常处于弱势地位，所以政府应该从财政、税收、金融等政策方面给予小微企业适当的政策倾斜，来为小微企业的快速发展营造更为宽松的环境。美国在税收优惠方面采取了低税率，还进行税收减免与提高固定折旧率的办法。

⑤ 设立扶持小微企业发展的投资基金。通过设立投资基金，解决企业在成立及发展过程中存在的资金短缺问题，来对小微企业进行资金方面的支持。美国的小微企业投资公司和日本的小微企业育成公司是通过为小微企业提供风险资本、股票与债券融资等业务，对小微企业进行投资。

⑥ 健全完善小微企业金融服务支持体系。日本各地政府成立了承包企业振兴协会、小微企业综合指导所，开展小微企业经营诊断工作。民间组织也建立了支持小微企业的机构，为小微企业提供贷款、实行经营指导、培养人才、提供市场信息，促进技术开发，开展国际合作等。

8.5　本章小结

本章通过对美国、日本等发达国家农村金融市场及其对小微企业融资支持模式与我国典型地区如浙江、江苏、安徽、湖北、深圳五个地区的小微企业创新支持模式的深入对比研究，总结出了有价值的经验，为我国其他地区农村金融支持小微企业的发展提供一定的借鉴。

第 9 章　个案研究：山西农村金融市场对小微企业融资支持

习近平总书记在广东考察时强调，小微企业能办大事，小微企业在国民经济发展中起着不可替代的重要作用，发展前景很大。总书记的讲话十分重要，十分及时地传递出重要信号，充分肯定了小微企业的重要地位和作用。山西省小微企业数量庞大，涉及各行各业，在拉动山西省经济增长、增加就业、促进经济转型跨越发展等方面发挥着重要作用。但是，由于企业规模小，管理体制不完善、缺乏资金等问题的存在，严重制约了山西省小微企业的发展。研究表明，农村金融市场与小微企业的融资有着密切的关系，小微企业的融资需要在金融市场中完成，而一个高度发展的农村金融市场可以帮助小微企业更好地完成融资。本章以山西省为例，研究山西农村金融市场对小微企业的融资支持。

9.1　山西省小微企业概况

小微企业是山西省经济和社会发展的重要组成部分，是推动产业结构升级的底层力量，与就业、经济增长和社会稳定息息相关。在调整产业结构、增加就业岗位、提高居民收入、保持社会和谐稳定等方面发挥着举足轻重的作用，有巨大的发展前景。近年来，山西省小微企业得到了飞速的发展，促进了山西省的市场繁荣和社会稳定。

2017 年年底，山西省小微企业达 25.56 万户，占山西省企业总数的 99.7%；小微企业经济总量占到山西省 GDP 的 48.58%；小微企业的税收占山西省税收总收入的 50%；70% 以上的创新、发明成果来自小微企业；80% 以上的新增就业岗位是小微企业提供。2018 年 6 月，国家统计局山西调查总队对山西省 1099 个新设立小微企业和个体经营户跟踪调查显示，新设立小微企业和个体经营户呈现“三高一好”的运行态势。首先，批发零售业营业率最高。分行业营业单位看，批发零售业营业单位数量占全部调查营业单位的比率最高，达到 52.3%，排在第二位的是租赁和商务服务业；其次，资产规模和营业收入不断提高。跟踪调查显示，在被调查的 448 家单位填报了资产，资产总规模为 9.84 亿元，比 2014 年同期增长了 52.1%；然后，享受税费优惠政策面大幅提高，随着国家扶持政策的持续发力，享受税费优惠政策的小微企业覆盖面进一步扩大；最后，山西省新兴行业前景看好。从产业划分来看，山西省新设立小微企业和个体经营户行业分布广泛，门类种类多，如图 9.1 所示，第三产业所占的比重最大、其次是第二产业，第三产业的经营状况很好，营业率也居最高。

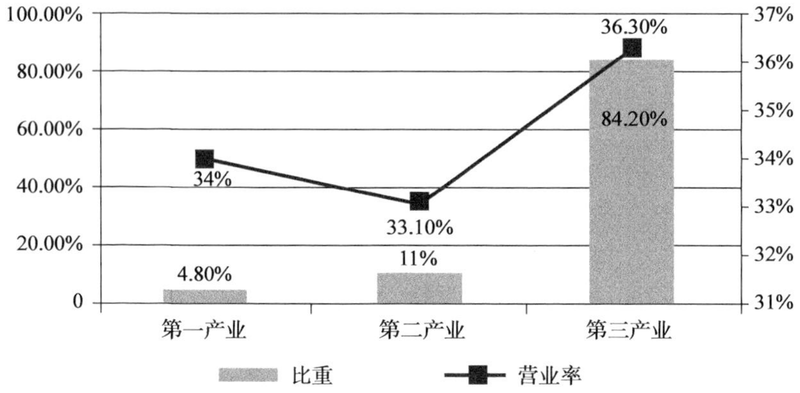

图 9.1　新设立的第一、二、三产业的小微企业比重及营业率

山西省各台政策的颁布，加快了各大金融机构在小微企业服务和产品方面的创新，使小微企业的融资问题得到了一定程度的改善。截至 2018 年三季度末，山西省小微企业贷款余额 4813.2 亿元，同比增长 16.8%，高于各项贷款增速 6.2 个百分点。普惠金融领域小微企业贷款（含单户授信 500 万元及以下小微企业贷款、个体工商户、小微企业主经营性贷款）余额 1136.6 亿元，同比增长 17.3%，高于各项贷款增速 6.7 个百分点。2018 年 9 月份，山西省新发放的小型、微型企业贷款平均利率、单户授信小于等于 1000 万元的小微企业贷款平均利率、个体工商户经营性贷款、小微企业主经营性贷款平均利率较上月和去年同期都有所降低。如表 9.1 所示。

表 9.1　2018 年 9 月新发放的小微企业贷款平均利率

企业类型	平均利率	较上月降低（个百分点）
新发放的小型企业贷款	7.26%	0.462
新发放的微型企业贷款	6.87%	0.856

续表

企业类型	平均利率	较上月降低（个百分点）
单户授信小于等于 1000 万元的小微企业贷款	7.41%	0.71
个体工商户经营性贷款		0.17
小微企业主经营性贷款		0.12

资料来源：山西省统计局。

9.2　山西省小微企业投融资环境分析

PEST 分析法主要是针对宏观环境的一种分析方法。P 是政治（Politics），E 是经济（Economy），S 是社会（Society），T 是技术（Technology）。本章运用 PEST 分析法分析山西省小微企业投融资环境。

9.2.1　政治因素

近年来，山西在货币政策、收费减免、融资税收优惠等多项金融服务政策方面不断加大对小微企业的支持，各大金融机构也加大在小微企业服务和产品方面的创新，山西省小微企业的融资问题因此得到一定改善。

2018 年 6 月初，山西省政府印发了《关于促进金融支持小微企业发展的实施意见》，从完善融资担保体系、拓宽抵质押范围、强化征信体系建设、优化发展环境四大方面，为促进金融支持山西省小微企业提出了具体措施。2018 年年底，山西省政府再次公开发布《关于进一步深化小微企业金融服务缓解融资难融资贵的意见》，提出充分运用财政手段支持小微企业融资、进一步提升银行机构小微企业金融服务水平、激活资本市场服务小微企业融资功能、充分发挥融资担保机构增信作用、发挥好小额贷款公司补充作用、营造小微企业融资良好环境六大类27项措施，引导金融机构加大资金投放，合理控制融资综合成本，缓解小微企业融资难、融资贵。如表9.2所示。

表9.2　2018年山西省政府出台的主要政策

政策	《关于促进金融支持小微企业发展的实施意见》	《关于进一步促进小微工业企业上规升级的意见》	《关于进一步深化小微企业金融服务缓解融资难融资贵的意见》
时间	2018年05月15日	2018年08月30日	2018年10月16日
主要内容	一、完善小微企业融资担保体系 二、拓宽小微企业融资抵质押范围 三、强化小微企业征信体系建设 四、优化小微企业融资发展环境	一、新增工业企业规模 二、分类推动上规升级 三、加大税费支持力度 四、加大财政支持力度 五、加大融资支持力度 六、优化企业发展环境 七、加强组织协调考核	一、充分运用财政手段支持小微企业融资 二、进一步提升银行机构小微企业金融服务水平 三、激活资本市场服务小微企业融资功能 四、充分发挥融资担保机构增信作用 五、发挥好小额贷款公司的补充作用 六、营造小微企业融资的良好环境

资料来源：山西省人民政府门户网站。

2018年9月底，人民银行太原中心支行联合山西省金融办、山西银监局等八部门印发了《关于深化山西省小微企业金融服务工作的实施意见》，对人民银行总行等国家五部委出台的意见做了进一步的细化，这对于进一步提升金融服务质量和覆盖面，聚焦破解民营和小微企业融资难、融资贵的问题具有积极的推动作用。

影响山西小微企业宏观环境的政治因素如图9.2所示。

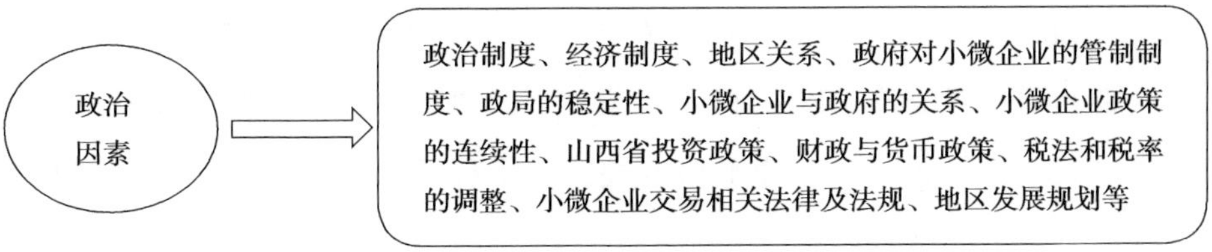

图 9.2　影响山西省小微企业的主要政治因素

9.2.2　经济因素

1. 经济总体情况

2018 年以来，山西省经济增长稳定性增强，结构调整成效明显，新动能茁壮成长，质量效益持续改善，经济运行保持稳中向好、好中提质的发展态势。

① 经济增长韧性增强。自 2017 年以来山西省 GDP 增速一直保持在 6% 以上，经济增长的韧性和稳定性不断增强，如图 9.3 所示。

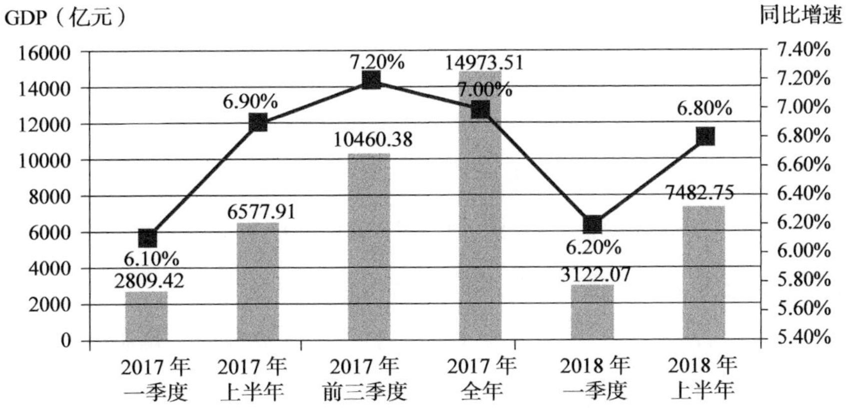

图 9.3　2017—2018 年山西 GDP 总量及增速情况

② 农业生产总体稳定。山西省农林牧渔业增加值 343.7 亿元，按可比价格计算，比上年同期增长 3.1%。由于春季气候条件等因素的影响，夏粮减产，但仍为历史上较好年景。畜牧业平稳发展，玉米种植面积继续减少，小杂粮、中草药材、蔬菜面积增加。

③ 结构调整成效明显。表现为服务业支撑引领作用更加凸显、工业转型升级步伐加快。山西省规模以上工业中，煤炭工业增加值增长 0.8%，非煤工业增加值增长 10.5%，非煤工业对工业增长贡献率达 92.2%。从效益看，非煤产业盈利水平大幅提升。此外，装备制造业投资快速增长，技改投资占比提升。

④ 经济效益继续向好。表现为企业经营状况持续向好。工业企业盈利能力增强。此外，财政收入高位增长。山西省一般公共预算收入 1233.8 亿元，同比增长 25.4%，其中，税收收入增长 27.6%。

2. 金融环境

2018 年上半年，山西省金融机构认真贯彻落实新发展理念，积极支持山西省供给侧结构性改革和高质量转型发展，金融运行呈现稳中向好发展态势。社会融资规模合理增长，贷款快速增长，信贷结构持续优化，流动性保持稳定。

① 社会融资规模合理增长，间接融资占比持续上升。截至 2018 年年末，山西省社会融资规模存量为 7 亿元。从结构上看，间接融资占比持续上升，间接融资额占社会融资规模比重达 81.2%，比上年同期提高 0.9 个百分点；直接融资余额占社会融资规模的比重为 18.3%，比上年同期下降 0.8 个百分点。

② 各项贷款快速增长，金融服务供给侧结构性改革能力增强。2018 年山西省信贷结构持续优化，金融服务供给侧结构性改革能力增强。长期贷款大幅增长，连续 30 个月实现同比多增；煤炭行业表内外融资合理增加；民生领域和薄弱环

节信贷支持力度加强。其中山西省涉农贷款、小微企业贷款、500 万元以下的小微企业贷款都有所增加；金融助推脱贫攻坚力度加大。见表 9.3。

表 9.3　2018 年 6 月各贷款项情况

贷款项	余额（亿元）	比年初增加（亿元）	同比增长	同比增长（亿元）
中长期贷款	13811.6	1014.1	16.60%	59.9
煤炭行业表内外融资	6679	250	—	—
房地产贷款	3522	712	—	—
涉农贷款余额	10300.2	543	5.6%	—
小微企业贷款	4694	308	—	—
精准扶贫贷款	1263	—	—	37.8
项目精准扶贫贷款	727.3	—	—	—
脱贫人口发放贷款	60.1	16.6	—	81.6

资料来源：山西银行业协会。

③ 企业银行间市场融资同比少增。受短融、超短融集中兑付影响，煤炭企业短期融资、超短期融资都同比少增。中期票据、定向工具和资产支持票据融资余额与上年同期基本持平。

④ 多维度补充流动性资金，银行体系流动性保持稳定。2018 年，人民银行太原中心支行认真贯彻落实普惠金融定向降准、差别化存款准备金率等货币政策，多维度补充地方法人金融机构流动性。通过发放再贷款、再贴现、常备借贷便利等货币政策工具向市场注入流动性资金约 1000 亿元。2018 年 7 月，人民银行再次定向降准，释放省内 6 家城商行、8 家非县域农商行流动性资金 22 亿元，如图 9.4 所示。

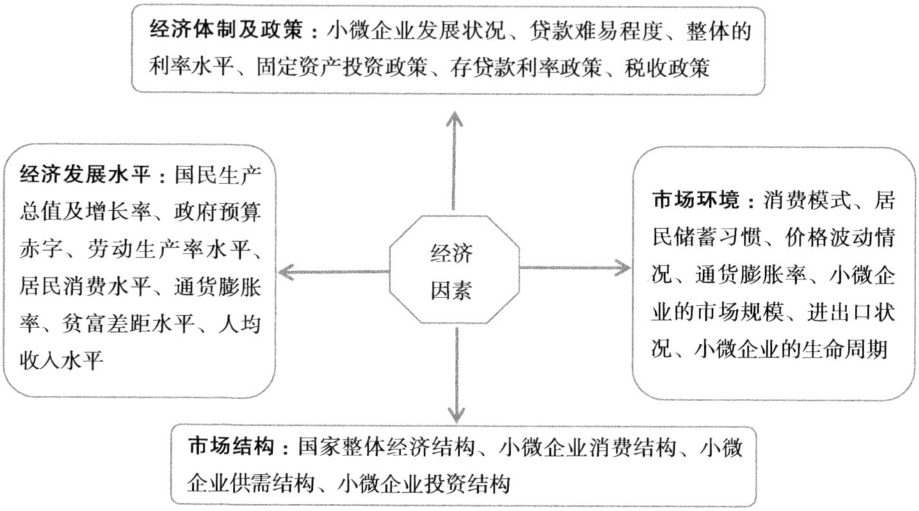

图 9.4　影响山西省小微企业的经济因素

3. 技术因素

党的十九大报告指出："深化科技体制改革，建立以企业为主体、市场为导向、产学研深度融合的技术创新体系，加强对小微企业创新的支持。"小微企业是山西数量最大、最具创新活力的企业群体，山西省每年新登记注册的企业基本都是小微企业，约 65% 的发明专利、75% 以上的企业技术创新成果及 80% 以上的新产品开发均来源于小微企业。由此可见，引导支持小微企业走"专精特新"发展之路，已经成为引领带动山西小微企业创新转型的重要抓手。在"双创"蓬勃发展的新时代，山西省积极提升企业素质，搭建服务平台、着力宣传推介，强化资金支持、改善融资服务，推进小微企业双创基地建设、双创示范县建设，深入实施创新驱动发展战略，大力推进统筹科技资源改革和创新型省份建设，如图 9.5 所示。

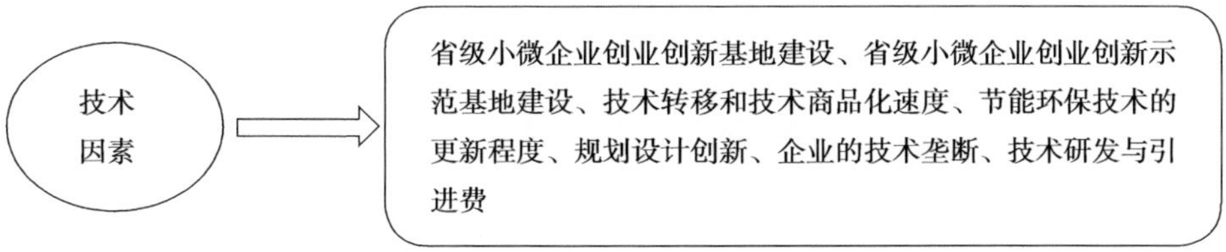

图 9.5　影响山西省小微企业的技术因素

4. 社会因素

社会因素主要表现为消费市场增速加快、就业形势总体稳定、人口数量持续上升、生产要素支撑有力、社会信用信息共享平台建设卓有成效，具体如图 9.6 所示。

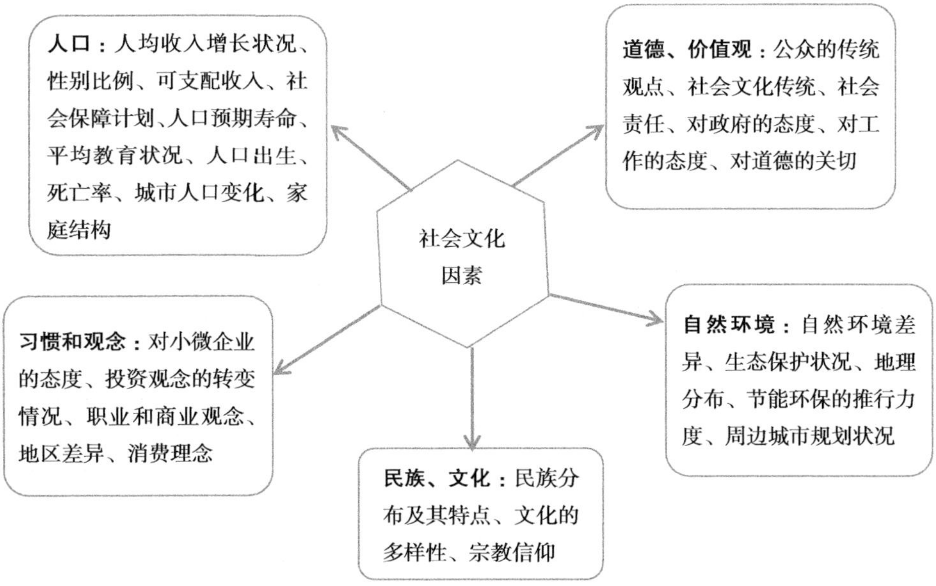

图 9.6　影响山西省小微企业的社会因素

9.3 山西农村金融供给分析

本节具体考察山西省农村金融市场供给主体的金融供给行为。农村金融供给主体是指在农村领域中为经济主体提供金融服务的机构或个人，包括正规金融机构、非正规金融机构和准正规金融机构。山西省农村金融市场的供给主体主要包括中国农业银行山西分行、中国农业发展银行山西分行、山西省农村信用合作社以及山西民间个人组建的私人钱庄或合会等。

9.3.1 正规金融机构的金融供给

1. 中国农业银行山西分行

农业银行是新中国的第一家商业银行，也是改革开放后恢复成立的第一家国家专业银行。中国农业银行山西分行于 1979 年恢复成立，农业银行成为山西省农村经济领域占主导地位的国有专业银行。之后为了明确各自分工，于 1996 年 10 月完成了农村信用社与农行的脱离，农业银行的角色开始向国有独资商业银行转变。目前，农业银行已正式改制为股份有限公司。

近年来，农行山西省分行在山西省委、省政府和农业银行总行党委的正确领导下，紧紧围绕“建设区域主流银行”的战略目标，牢牢把握稳中求进的工作总基调，积极应对错综复杂的外部形势，以练好内功、提升竞争力为主线，打基础、强营销、控风险、抓党建，主体业务稳步提升，区域主流银行建设扎实推进，发展态势持续向好，在支持地方经济发展和服务城乡居民上取得了显著成效，连续多年荣获山西省政府“支持山西经济发展贡献奖”。

农行山西省分行支持山西省综改建设，提升金融服务能力。在推动山西国家转型综改区建设中充分彰显了“国家队”的责任和“主力军”的担当，集中支持了山西省煤炭电力、公路铁路以及高端装备制造、煤层气开发、风能发电等转型重点民生项目和战略新兴产业；以私募债、理财融资为重点，努力拓宽融资渠道，服务企业低成本和多元化的融资需求；全力支持县域经济和小微企业发展，有效解决小微企业融资困扰;强化网点转型，优化业务流程，深化服务内涵，完善产品体系，致力于为广大客户提供高效、便捷、优质的金融服务。

农行山西分行服务“三农”永不止步，助力强农富农惠农。围绕国家惠农政策，在全国率先推行金穗“惠农通”全覆盖，使现代金融服务网络遍及山西省村庄，广大农民足不出村就可享受刷卡消费、转账结算、资金汇划等现代金融服务。为山西省“万村千乡市场工程”物流配送企业、农家店布放智能转账终端，大力提升农村地区信息化水平和金融服务水平。重点开展了为农民代缴电费、话费等公用事业缴费业务、代理新农合、新农保等涉农直补项目的转账汇款、支付结算等基础便民金融服务。围绕国家强农政策，大力支持农业产业化龙头企业发展。围绕国家富农政策，积极开展金融链服务和农户贷款业务，带动农村经济发展和农民致富。

农行山西分行全面严密防范风险，打造区域主流银行。不断强化风险管理，提高风控专业化水平；积极推进流程改造，加快柜台流程再造，加强运营风险防控；落实“两个责任”，深化党风廉政建设，深入落实中央八项规定精神，党风行风持续好转；大力开展培训教育，努力提高干部员工队伍综合素质和管理水平；全面履行社会责任，打造“高品质、高效率、负责任”的国际一流大型商业银行。

2018 年以来，农行山西省分行通过增产品、降成本、提效率，不断提高小微金融服务的覆盖率、可得性和满意度，小微金融服务水平持续提升。积极创新，运用互联网和大数据技术，开发“数据网贷”业务，为供应链核心企业的上下游中小微企业客户提供线上信用贷款业务，开发“小微企业政府采购贷”，为政府采购中标小微企业提供额度不超过 500 万元、期限不超过一年的信用贷款支持。农行山西省分行采取措施降低服务成本，区分不同担保方式和授信额度实施差别化利率优惠政策，将利率优惠政策范围内的普惠贷款业务利率审批权限下放至信贷业务有权审批行，对小微企业融资服务费中 7 项承诺类费用和 12 项顾问类费用进行减免。此外，不断优化流程，在全辖设立 23 个普惠金融专营机构，打造小微企业“信贷工厂 2.0”品牌，推行小微企业开户时间承诺制，对小微企业客户信贷业务流程中各个环节实行限时办结。

2. 中国农业发展银行山西分行

中国农业发展银行山西省分行成立于 1995 年 2 月，是山西省内唯一的一家农业政策性银行。其主要职责是按照国家的法律法规和方针政策，以国家信用为基础筹集资金，承担农业政策性金融业务，代理财政支农资金的拨付，为山西省农业和农村经济发展服务。目前，山西省系统共有二级分行（含省分行营业部）11 个、县级支行 67 个，并向外派驻客户服务组 21 个、扶贫工作组 15 个，一支 1700 余人的农业政策性金融专业队伍，服务网络基本覆盖山西省县域。

近年来，中国农业发展银行山西省分行以党的十九大精神为指引，以高质量服务乡村振兴战略为主抓手，全力配合打好“三大攻坚战”，较好地发挥了农业政策性银行的战略支撑作用。

中国农业发展银行山西省分行全力服务乡村振兴战略。坚持资金倾斜、创新方式、拓宽领域，为山西省乡村振兴提供强有力的信贷支持。① 紧扣农业供给侧结构性改革这条主线，坚持强供给、补短板、去杠杆，2018 年上半年新投放贷款的较大部分执行基准利率或下浮利率，为政府和企业节省大量成本支出。② 牢牢把握粮食安全主动权。全力保障粮食收储、轮换和夏粮收购资金供应；推行贷款保证保险模式，支持多元市场主体入市收购，扩大在山西省粮食收购市场份额。③ 推动农业农村基础设施建设提挡升级。大力支持农业农村现代化，农业发展银行山西分行城乡一体化贷款 155 亿元，农村路网贷款 19 亿元。加快推进业务创新和市场化运作，审批 PPP 和公司自营贷款 10.1 亿元，投放 6.5 亿元。

中国农业发展银行山西省分行持续提升精准扶贫成效。聚焦精准，多点发力，截至 2018 年 6 月末农业发展银行山西分行扶贫贷款余额达 253.3 亿元。① 全力支持深度贫困地区脱贫攻坚。2018 年上半年在 10 个深度贫困县累放贷款 11 亿元，深度贫困县贷款余额达 36 亿元；② 突出支持易地扶贫搬迁，农业发展银行山西分行该项贷款余额 59.3 亿元，占山西省份额的 60%，支持 11 市、68 县的搬迁项目，惠及建档立卡贫困人口 28.2 万人；③ 精准聚焦产业扶贫和扶贫过桥“两大领域”。大力推广产业扶贫“吕梁模式”，审批贷款 1.5 亿元、投放 1 亿元、支持企业 16 户。加快推进扶贫过桥贷款业务，审批项目 21 个、金额 22.3 亿元、投放 2.4 亿元。

作为中国唯一的农业政策性银行，农发行始终将支持涉农中小微企业发展作为工作重点，不断强化政策性银行支农支小职能。积极探索推广支农转贷业务、信用保证基金、政银企合作联合增信模式等，有效破解涉农中小微企业抵押担保不足问题；对小微企业实行优惠利率，同时与国家有关部委合作，为小微企业提供贷款贴息支持；探索发展产业链金融，以核心企业为纽带，支持链上中小微企业，推动各经营主体间的良性互动和包容性增长；适应小微企业融资需求“短、小、频、急”特点，搭建绿色办贷通道，精简办贷环节，提高办贷效率。

3. 山西农村信用合作社

山西省农村信用社是山西省各级农村合作金融机构（含农村信用联社、农村商业银行）的简称，是由山西省人民政府主管的地方性金融机构。山西省农村信用社已有 70 多年的发展历史，目前已经成为山西省经济社会，特别是“三农”和小微企业发展的重要金融力量。目前是我国分支机构最多的农村正规金融机构，其分支机构几乎遍及乡镇甚至农村，是农村正规金融机构中向农村和农业经济提供金融服务的核心力量。

近年来，山西省农村信用社认真贯彻落实中央和省委省政府、监管部门关于脱贫攻坚工作的重大部署，牢记使命，勇于担当，金融精准扶贫工作取得了明显成效。其中，“5321”扶贫小额信贷余额达 54.91 亿元，完成全年目标的 177.92%，依托扶贫小额信贷支持 12.08 万户贫困户走上脱贫致富之路。

9.3.2 非正规金融机构的金融供给

除了正规金融部门提供服务外，各种形式的非正规金融部门例如亲友之间的个人借贷行为、个人和企业团体间的直接借款行为、高利贷、各种合会、私人钱庄、民间集资、民间商业信用等随着需求产生，并且越来越多。其中，建立在血缘和亲情关系基础上的关系型信用更具有灵活、多样、及时和低成本等显著特点。当农户或小微企业的信贷需求在正规金融部门得不到有效满足时，他们自然会寻求非正规金融途径。

民间融资是一种主要的非正规金融机构融资，民间融资是产生并生存于民间的资金融通行为，因此被称为“草根金融”。据统计，山西银监局将山西省民间融资分为生活急需类、生产经营类及其他包括非法集资、赌博市场的高利贷、资金市场的“倒买倒卖”等类型。其具体类型主要有：农村合作基金会、小额信贷、合会、钱庄、典当行、互助会等。对于山西不少地区的农民来说，非正规金融市场的重要性要远远超过正规金融市场。民间融资呈快速增长、逐年活跃态势，已成为支持县域经济发展资金的重要来源。从地区分布看，吕梁、忻州、临汾仍是民间融资最活跃的地区，三地的民间融资余额在山西省的比例在 60% 以上。同时，山西的乡镇企业很大一部分是靠民间借贷起家或发家的，据不完全统计，山西小微企业的资金来源 60% 靠民间借款。农村正规金融供给不足，为农村民间借贷提供了生存的空间。由于民间借贷手续简便，相对于金融机构复杂的借款手续来说，更加适应民间资金融通“短、小、急”的特点，因此成为小微企业及个人选择民间融资的重要原因。

1978 年改革开放以来，山西农村民间金融组织和融资活动，在非政府制度安排甚至压制的情况下得以生存并迅速发展。应该说民间融资的存在和发展，一方面，在银行类金融机构力所不及的领域和范围起到拾遗补缺的作用，其在扩大农村生产经营资金、活跃农村金融市场、提高金融效率、尤其是促进农村个体私营经济发展等方面起到了积极作用；另一方面，由于属于非正规金融组织，自发性必然蕴藏一定的风险性，违约率高，易受市场形势和政策变化的影响。它吸引了城乡居民大量闲置资金，长期游离于国家金融监管体系之外，形成监管真空，造成金融信号失真。特别是高利贷引起的民事纠纷和刑事案件，更是增加了社会不稳定因素。如不加以正确引导和规范，将可能对社会稳定和金融秩序造成破坏和冲击。

9.3.3 准正规金融机构的金融供给

1. 山西民间小额贷款公司

山西省作为全国第一批小额贷款公司试点省份，2005 年 11 月 27 日，率先在全国成立“日升隆”和“晋源泰”两家小额贷款公司。经过 13 年的发展，山西省小额贷款公司立足“三农”，服务小微，以其灵活性和便捷性，为农户及小微企业提供了一条可行的融资渠道，在一定程度上弥补了小城镇、农村及偏远地区的金融服务不足。截至 2018 年 5 月末，山西省有 552 家小额贷款公司，数量居全国第二位，注册资本金 373 亿元，贷款余额 289 亿元。其中，涉农贷款户数达到了 2.18 万户，贷款额度为 83.89 亿元；支持小微企业与个体工商户 7316 户，贷款余额为 101 亿元，覆盖山西省 11 市 107 个县（市、区）。

2012 年 8 月成立的山西省小额贷款公司协会，是由山西省人民政府金融工作办公室（简称“省金融办”）主管、经山西省民政厅登记注册、由设在山西省境内的小额贷款公司自愿组成的为实现会员共同意愿，按照章程开展活动的行业性、地方性、非营利性、自律性的社会团体组织。协会宗旨是以科学发展观为指导，大力促进会员间的合作，维护小额贷款公司行业的共同利益，遵守国家法律、法规和各项金融方针政策，充分发挥自律、维权、协调和服务职能，推进行业协作，大力提升行业服务，规范会员经营行为，保护会员合法权益。山西省小额贷款公司协会的成立，对推动山西省小额贷款公司科学规范发展，提升对小额贷款公司的有效监管，促进小额贷款公司完善法人治理结构起到积极作用。

与银行相比，小额贷款公司更为便捷、迅速，适合小微企业、个体工商户的资金需求；与民间借贷相比，小额贷款更加规范、贷款利息可双方协商。然而，在机构数量快速扩张的同时，过去十年间小贷行业也出现了一些风险，例如部分小额贷款公司存在偏离方向、模式单一、管理松懈、风控薄弱、人才缺乏等突出问题；小额贷款公司行业宏观层面的一些缺陷或不足，如法规制度建设、税收政策、融资渠道、诉讼环境和生存空间等问题；另外，地区间小额贷款公司制度、法规差异较大，一定程度上影响了小额贷款公司的均衡发展等。目前，小额贷款公司面临的挑战主要来自两大方面：一方面来自小额贷款公司自身信心与能力不足，包括应用数字技术能力不足；另一方面来自客户还款能力下降，民间借贷混乱，尤其是在如何适应数字技术高速发展的新情况，使传统小额贷款公司插上科技翅膀，努力降本增效，成为摆在小额贷款公司面前的严峻课题。

近年来，山西省金融办组织山西省各市小额贷款公司主管部门，坚持“分类评级、分类指导、分类处置”的差异化监管原则，加强了对山西省小额贷款公司的监管与服务。对部分存在违规、违法行为的小额贷款公司，加大监管力度，取消其试点经营资格。

为进一步规范小额贷款公司放贷行为，从源头防止风险事件的发生，近期，省金融办还出台了促进山西省小额贷款公司规范经营防范风险的意见，要求小额贷款公司必须坚持“小额、分散”的放贷原则，严禁非法吸收或变相非法吸收公众资金，严禁抽逃或变相抽逃注册资本金，严禁发放高息贷款，严禁账外经营，全面加强了对小额贷款公司的监督管理，主动防范化解金融风险。

2. 山西村镇银行

随着分支机构的不断增加，如今，村镇银行正成为山西金融服务小微企业和“三农”的新生力量，有效填补农村金融服务的空白。山西银监局的最新数据显示，从 2008 年 7 月山西首家村镇银行——盂县汇民村镇银行正式挂牌营业至今，山西省已批筹 77 家村镇银行（含开业 70 家）、分支机构 61 家，分布 11 个市、74 个县（区），覆盖山西省 70% 以上的县域，省内村镇银行数量初具规模、布局较为合理、经营日趋稳健、服务渐具特色。

（1）创新服务，撬动普惠金融发展

数据显示，凭借贴近“三农”、灵活便捷的经营方式，山西省村镇银行在市场竞争狭缝中赢得发展先机。截至 2017 年 4 月末，山西省村镇银行资产总额达 333.85 亿元，各项贷款 174.57 亿元，投放的农户贷款和小微企业贷款余额合计 167.94 亿元，占各项贷款 96.2%，较 2017 年年初均有所增加，如表 9.4 所示。

表 9.4　山西省村镇银行资产

贷款类型	总额	较年初增加（亿元）	增长率
农户贷款	111.85	3.9	3.80%
小微企业贷款	56.09	0.9	1.63%

资料来源：山西省银行业协会网。

在加大支农支小信贷投放的同时，省内村镇银行紧紧围绕县域农村金融需求对传统农村金融经营模式、贷款技术进行创新，提供差异化产品，持续提升金融服务质效，弥补农村金融市场和社区金融服务的不足，如图 9.7 所示。

尧都农商银行发起设立的村镇银行	• 推出特色支农产品，投放涉农贷款 16175 笔 91.72 亿元，创新小微贷款模式，一次授信，循环使用
尧都区惠都等村镇银行	• 专设办贷大厅，开通小额贷款专柜，第一时间受理、调查、审批
太原尖草坪信都等村镇银行	• 免收客户“银信通”业务和结算业务手续费
曲沃新田等村镇银行	• 启用流动服务车
山阴太行等村镇银行	• 在行政村建立便民金融服务站
寿阳汇都等村镇银行	• 提供社区免费诊疗等人性化服务
高平太行等村镇银行	• 开展宣传爱心、慰问孤寡老人公益活动
大同南郊区京都等村镇银行	• 开展“金融惠民进社区”“金融知识进农村”“金融文化下乡”等活动
长治泰都等村镇银行	• 组建金融扶贫工作队
忻府区秀都等村镇银行	• 设立环卫工人爱心驿站

图 9.7　各村镇银行特色产品

（2）有效监管，激活县域金融服务

山西省村镇银行的快速发展，离不开科学稳健的发展战略和审慎规范的经营模式。在持续有效的监管之下，山西省村镇银行在坚持市场定位回归本源、健全公司治理、增强发展原动力、规范业务经营、实现可持续发展等方面取得显著成效。一直以来，山西省村镇银行坚持市场定位，完善考核激励机制，不断提高农户和小微贷款比重，通过精细化管理降低营运成本，有效解决“融资难融资贵”问题。同时，在山西银监局的支持和鼓励下，不断向下延伸服务网络，扩大金融服务覆盖面，县域金融的服务能力不断提升。

为了帮助村镇银行建立流动性风险控制机制，提升村镇银行流动性应急管理能力，监管机构也不断加强主发起行的履职监管，要求主发起行履行大股东职责，强化对村镇银行流动性支持功能。此前，山西银监局先后制定《山西银监局关于进一步加强村镇银行监管工作的通知》及《山西银监局关于村镇银行印章管理风险提示的通知》，从市场准入、公司治理、合规经营、风险体系、资本约束、主发起行履职等方面强化监管。同时，防范异地开户暴露出的印章管理不善问题，并提出“约法三章”，要求发起行既不能越权干预经营，又不能放任不管，既要做到帮助扶持，又要加强审计监督。此外，自然人股东既不能插手经营，又不能漠不关心，既要做到履行义务，又要发挥积极作用。村镇银行既不能突起冒进，又不能停滞不前，既要做到坚持定位，又要提升服务水平。

（3）山西村镇银行的优势与不足

山西村镇银行运作有如下优势。① 相比于商业银行，村镇银行的准入门槛低，市场空间大。与一般的商业银行相比，村镇银行的注册资本和资产规模要小得多。② 村镇银行是股份制银行，具有明晰、多元化的产权结构，属于一级法人治理结构。信贷审批管理链条短、决策效率高，便于根据当地农村实际创新金融产品，按照市场化原则经营。③ 为了控制可能存在的市场风险，村镇银行制定了完善的信贷风险控制机制，实现了较好的盈利水平。④ 村镇银行针对分散、小额的低端市场，扎根基层，解决了国有商业银行因贷款审批严格、门槛高、手续烦琐对农户和小微企业支持不足的问题。

山西村镇银行受成立时间短、业务拓展滞后等因素制约，山西村镇银行发展面临以下不足。① 资金来源把握较难。公众对村镇银行认知需要时间，且农户和企业的存款基数有限，村镇银行存款业务发展缓慢，吸储压力大。另外由于政策等因素的制约，村镇银行尚未获得优惠再融资方式的支持，再融资渠道受限，市场竞争力不足。② 金融监管很难到位。目前监管部门对村镇银行采取“低门槛、严监管”的模式，但由于村镇银行成立时间短、经营压力重，人员素质和内控建设等方面还有待提高。监管政策和银行业务不断变化，使监管工作压力较大。③ 大部分村镇银行设在县城，降低了为“三农”服务的效果。村镇银行向城镇发展，边缘地区农户享受的服务十分有限，偏离了政策初衷。④ 信用环境改善困难。在经济欠发达的农村地区，农户的信用和法律意识淡薄，村镇银行的贷款面临较大信贷风险。

3. 山西农村资金互助社

2010 年 9 月 27 日，山西首家农村资金互助社——汾西县勍香镇众鑫农村资金互助社正式挂牌开业，标志着山西新型农村金融机构种类进一步丰富。该互助社经山西银监局批准，由勍香镇 11 户农民作为主发起人自愿入股筹建，其注册资本为 31 万元人民币，是主要为社员提供存贷款、结算、购买金融债券等业务的社区互助性银行业金融机构。互助社以服务社员为宗旨，实行社员民主管理，诚信为民，谋求社员共同利益，为社区农民提供金融服务。农村资金互助社是真正的“草根银行”，有利于弥补农村金融供给不足，建立农村资金回流长效机制。目前山西省的浑源、汾西、兴县、五台、万荣、稷山等县城已经开办了农村资金互助社。

依据山西农村资金互助社的具体发展情况，山西农村资金互助社存在一些优势与不足。

农村资金互助社具有以下优势。

① 借贷信息对称，交易成本低。商业性金融机构对于农村经济具有典型的外生性，信贷供给与农民需求信息不对称，很难满足农村经济发展中日益增长的资金需求。同时，借贷双方信息不对称也会产生较高的交易与管理成本。而内生于农村经济的农村资金互助社是由区域性的农户和农村小企业自愿入股组

成，社员之间彼此熟悉，信息非常对称，故而能够有效地避免外生于农村经济的商业银行与农户之间信息不对称而造成的交易成本过高问题的出现，及时有效地满足三农企业经常性的小额资金需求。

② 服务周到，手续便捷商业性金融机构以追求利益最大化为经营目标，主要服务农村产业化龙头企业、农村小微企业以及农村种养大户等资金雄厚的农村经济主体，会把无抵押无担保的农户和农村小企业拒之门外，或者收取较高的风险补偿，很难与农村金融需求相适应。而农村资金互助社的资金主要来源于社员，也用于社员，并且社员彼此熟悉，基本上采用的是信用贷款，因此资金成本低，手续便捷，能够有效防范道德风险。

农村资金互助社的不足主要表现为以下几个方面。

① 融资渠道有限,资金来源不足。农村资金互助社除了可吸收社员存款外，还可以接受社会捐赠资金和向其他金融机构融资。但从益民资金互助社的几年实践来看，社会捐赠资金一般发生在组建初期，多为偶然发生且资金额度有限。而从其他银行业金融机构融入资金，缺乏细化的政策支持，虽然可以从当地银行机构批发贷款，但金额较小、支持有限。

② 金融功能不足，服务能力有限。农村资金互助社的业务范围可以包括办理社员存贷款和结算业务、买卖政府金融债券、办理同业存放和代理业务以及向其他金融机构融入资金等。在实际经营过程中，农村资金互助社主要是为社员办理存贷款业务，很少涉及债券、保险、同业存放等其他金融业务。资金互助社运行过程中,监管部门出于防范风险角度考量,限制单户社员发放贷款额度,难以满足贷款需求多样化、大额化趋势。

③ 金融体系不完善，发展速度缓慢。大多数农村资金互助社在政府、企业的大力支持下，基本能够实现盈利，但剔出这些因素，按照正常成本核算，很

少有互助社能够避免处于亏损状态。微弱的存款利率并不能吸引和灵活调剂农村地区的闲散资金，政府出台的相关财税优惠不多，缺乏相应的法律支撑，相应权益得不到保护，经营者忧心政策有变化，农户担心财产安全。农村资金互助社缺乏从下而上的完整体系。从国外成熟模式来看，农村合作金融体系一般是一个三级合作银行有机整体，通过自下而上的持股和自上而下的服务实现了经济上的联合，形成了强大的合作银行系统，发挥着整体优势。而目前，山西省的农村资金互助社仅仅是在各地进行零星的试点，很难形成一个完整的体系，难于发挥系统优势。

9.4　山西农村小微企业金融需求分析

9.4.1　融资服务需求现状

“融资难、融资贵”的问题，一直是制约小微企业发展的重要问题，而对于产业较为单一的内陆省份山西而言，破解这一问题更是难上加难。近年来，山西各大监管部门先后出台多项政策，以帮助山西省小微企业解决融资困局，虽取得一定成效，但如何将此问题彻底解决，仍是一大难题。

根据国家统计局山西调查总队公布的调查数据显示，山西省新设立的小微企业和个体户中，有融资需求并获得所需融资的企业，有 55% 是向个人借款，而只有 41% 的企业是从银行贷款，其余的少部分小微企业是从小额贷款公司、担保公司、典当行融资。山西小微企业负责人大多文化水平偏低，对许多现代金融制度并不熟悉，缺钱时，首先想到的仍是向亲戚朋友借钱。尽管当时的调查显示，小微企业中从银行贷款的比例在上升，向个人借款的比例在下降。2016—2018 年，山西省小微企业的发展也确实因各大金融机构推广普惠金融而受益。与此同时，为了扶持更多的小微企业通过资本市场直接融资，山西也在推动多层次资本市场的发展方面下足了功夫。近几年，山西一直都在对企业进入资本市场进行培训，2017 年 9 月，山西再度出台针对中小微企业股改的奖励政策，小微企业当年完成股改，并在工商部门登记为股份有限公司，可获得 30 万元一次性奖励。

中国人民银行太原中心支行的相关数据显示，2018 年，山西省新创办小微企业突破 10 万户。在融资服务方面积极探索创新，山西省安排资金 4600 万元对 18 个县市进行奖补，支持各市创新融资模式。山西省政府推动小微企业从资本市场融资，积极推动企业规范股改，推动企业挂牌上市，截至 2018 年 1 月，山西省累计有 83 户小企业登陆“新三板”，27 户小企业在山西股权交易中心“晋兴板”挂牌，1508 户小企业在山西股权交易中心展示。

尽管对小微企业的支持，各方的政策一直在推进，但融资问题仍在制约着各类小微企业的发展。目前，小微企业总量过大，很多生存相当困难的小微企业，自身没有资产，存货被周转，厂房早已抵押，很难符合商业银行在传统意义上的贷款条件，资金链条随时可能断裂，对于小微企业而言，也许仅仅是几万元钱，就很可能影响到其生存。小微企业在承载“创新、创业”、保障就业民生等方面发挥着至关重要的作用，但多数小微企业的生存期其实很短，市面上存续仅仅两三年的小微企业比比皆是，因此，帮助小微企业摆脱融资困局迫在眉睫。

9.4.2　保险服务需求

在市场经济环境下，各类市场主体均需要面对风险。相对于山西省大中型企业，小微企业普遍体量偏小、管理不规范、抗风险能力弱。在参与市场竞争时，除与大中型企业面临同样的市场风险、政策风险、法律风险、自然风险等外，还有其特有的风险来源，并且任何单一的风险，都可能给企业带来颠覆的危险。小微企业由于自身的实力不够，承担风险的能力非常弱，所以为了保障小微企业的顺利发展，保险业必须使用有效的保险工具。目前需要做的就是保障小微企业的信用水平，尽可能提供多种方式方法为其分担风险。

1. 山西保险机构服务小微企业的总体要求

《关于加快发展现代保险服务业的若干意见》中提到鼓励保险公司用多种不同的形式，在风险可控的前提下，为科技型企业、小微企业、战略性新兴产业等发展、成长提供信心、资金、经营等各方面的支持。中国保监会之后联合工业和信息化部、商务部、人民银行、银监会发布文件《关于大力发展信用保证保险服务和支持小微企业的指导意见》中明确表示，将积极协同保险机构创新相关政策以便缓解小微企业融资难、融资贵的问题，为小微企业发展提供更好的服务。

2. 山西保险机构服务小微企业遇到的难题及解决方案

山西省小微企业面临着多种多样的风险，但却无法充分意识到规避风险。于是大多小微企业都不会选择参保，即便参保，险种也都是集中于车险、企财险、团体意外险等。形成这样局面的可能原因有：大多小微企业的接受教育程度不高，无法充分意识到投保的重要性；山西省小微企业自身盈利能力比较弱，加之投保费用昂贵，保险机构的理赔的效率低；保险机构能提供给小微企业的险种太少，无法针对性地解决小微企业所遇到的风险问题。

融资难是小微企业发展中普遍存在的问题，针对这个问题，保险机构会提供保险融资服务。银行给小微企业提供的多数是小额贷款,但对于他们来说，有着非常大的经济压力，容易发生贷款的坏账损失。保险机构在承保过程中只依靠银行提供的信息，不能充分了解借款人的真实信息，假如借款人与银行工作人员串通违规放贷，保险机构也无法对小微企业形成法律制约。这种信息不对称会加大保险机构承担的风险使得保险机构不愿意为小微企业提供相关的服务。

因此，保险机构服务小微企业的解决方案主要有以下几种。① 增强小微企业的投保意识。既然了解到小微企业不能充分意识到投保的重要性，保险机构就应当积极采取行动，聘请专业的人员为小微企业讲解分析。让小微企业充分认识到由银行、保险机构和小微企业共同分担风险将会提高小微企业在市场中的存活率。② 加强保险机构和小微企业之间的信息交流。由于小微企业和保险机构之间有银行作为中介，那就一定会有信息不对称。保险机构应当亲身调查询问小微企业对保险方面的需求，再根据不同的小微企业的不同需求，制定不同的投保计划，这才能让小微企业积极参与投保。③ 降低投保费用，提高理赔效率。投保费用过高很大程度上阻碍了小微企业投保，通过减免保险机构的险种所缴纳的营业税，使小微企业能够承担投保费用。保险机构也应该简化相应的理赔程序，让小微企业能够在发生问题后的最短时间内降低损失。④ 政府应当提供相关政策支持。大力宣传小微企业应当积极投保，与银行和保险机构共同分担风险。降低保险机构的营业税来提高小微企业的参保的积极性。制定小微企业—银行—保险机构之间的信用信息系统，充分利用系统的数据分析来加快审核小微企业的速度、精准度，降低金融机构所承担的风险。

9.5　小微企业融资难的原因

9.5.1　内部因素

1. 经营风险高，信用体系不健全

大多数小微企业规模小、基础薄弱、设备陈旧、技术落后，再加上公司管理不善、制度不健全，经营存在很大的风险，这严重制约企业开展各种融资活动。山西省大多数小微企业在交易前不重视信用评价，交易中缺乏一个完整的信用跟踪记录链，交易后缺乏补救措施等一整套信用管理制度，结果造成巨大损失。小微企业间的失信行为不断产生模仿扩大效应。信用机制的失衡实则鼓励失信行为，这样导致小微企业整体所处的信用环境恶化。此外，山西省的小微企业多是太钢、太重等大型国有企业的下游企业或辅助企业，因为这些行业的小微企业设立门槛较低，所以，竞争激烈，盈利水平偏低，自然也就得不到较高的银行信贷资产质量总体评估。另外，由于企业信用评估机制不健全，已有的商业银行贷款信用评级标准对小微企业非常不利，再加上一些人对小微企业存有偏见，所以在实际操作过程中，融资倾向非常不利于小微企业。

2. 管理体制落后，公司治理存在漏洞

就目前情况而言，山西省小微企业普遍缺乏精通现代企业经营之道的经

营管理人才，部分企业管理体制和公司治理结构存在漏洞，主要表现为以下几点。① 大部分小微企业都是家族式企业，产权不明晰，企业固定资产较少，资产负债率较高。② 公司缺少高素质的经营管理人才，经常会出现盲目决策的情况，导致产业、产品结构不合理，不能适应市场经济发展的要求。因此，金融机构不敢轻易向小微企业提供信贷支持，即使决定向其放贷，所需要做的贷前调查、贷时审查和贷后监控工作也非常不顺。

3. 市场竞争力较弱，成长性较差

山西省小微企业主要分布于煤、焦、冶炼、化工等传统工业，这些行业能耗高、污染大，对资源的依赖性强，且大多为初级产品，市场竞争能力弱；而符合国家产业政策，产品科技含量高，有较强市场竞争力的新型行业的小微企业却非常少。小微企业这种极不合理的产业结构，与山西省金融机构现行的信贷扶持重点是不吻合的，在信贷资源有限的情况下，小微企业很难得到信贷支持。除此之外，山西省小微企业绩效低，主要表现在资金利税率、权益利润率、成本费用利润率等方面，调查表明，小微企业在这些方面远远落后于大型企业。这就导致银行和其他金融机构不敢轻易对民营小微企业放款。

9.5.2 外部因素

1. 小微企业贷款困难

对于小微企业来说，取得银行贷款难。主要表现是：

① 抵押难。小微企业可提供的抵押物少，抵押物的折扣率高，并且手续烦琐，收费昂贵，小微企业普遍难以承受。

② 小微企业很难找到合适的担保人。一些效益好的企业不愿意给其他企业做担保，效益一般的企业，银行又不允许其做担保人，而小微企业相互之间的担保常常变得有名无实。

③ 一些基层银行授权有限，办事程序复杂烦琐。即使钱到手，可能已错过商机。而一旦借到款后，一些企业宁肯接受罚息，也不愿意办续借手续，免得再经历一番评估、登记、公证等全套贷款手续。这使得许多小微企业视银行贷款为畏途，而不得已走上民间借贷的途径。

2. 缺乏相应的法律、法规保障体系

山西目前尚缺乏统一的小微企业服务管理机构，如小微企业担保机构、小微企业的信用评级机构等社会中介机构。对小微企业的发展缺乏完善的法律、法规的支持保障，目前只是按行业和所有制性质分别制定政策法规，缺乏一部统一规范的小微企业立法，造成各种所有制性质的小微企业法律地位和权利的不平等。另外，法律的执行环境也很差，加剧了金融机构的“恐贷”心理。

3. 社会信用缺失

近些年，企业和个人信用缺失现象愈演愈烈。履约率极低、债务人大量逃债务、假冒伪劣满天飞、企业虚假披露、包装上市圈钱“虚假广告”“虚假财务报表”等银行不良贷款盗版猖獗。尤其“三角债”屡清屡欠是商业信用发生危机的集中体现。

9.6 本章小结

本章以山西省为例，运用PEST分析法对山西农村金融市场对小微企业融资支持进行了深入剖析。研究表明，山西省农村金融在发展过程中一直存在着供给无法满足需求的状态，新型农村金融机构的产生会对山西农村金融市场产生较大的影响，然而因为山西省小微企业人员素质低、信用度低、管理体制和公司治理结构落后、市场竞争力较弱、成长性较差等因素，其融资难的问题仍然存在，要彻底解决山西省小微企业融资难题并不是一朝一夕的事情，许多问题还需要进一步的验证和改进。

第 10 章　对策建议

现阶段，农村小微企业的发展，已成为城镇地区带动就业、增加居民收入的重要推动力量。同时，在解决“三农”问题上，发展农村小微企业也是一个非常关键的方式。然而，随着农村小微企业市场竞争激烈程度的不断增加和自身规模的不断扩大，使得越来越多的农村小微企业陷入资金紧张状态，从而出现大量农村小微企业需要通过外部融资满足资金缺口，农村小微企业在信贷融资方面受到制约，既阻碍了农村小微企业自身的发展壮大，同时又影响了农村金融市场的发展与完善。

农村小微企业融资困境主要是由于小微企业自身缺陷以及农村金融体系支持不足两方面造成的，此外，政府的政策措施的影响也不可忽视。本章基于前面的分析并结合我国农村小微企业的实际，提出具体的对策建议。

10.1　政府服务农村小微企业融资

要解决农村小微企业“融资难、融资贵”的问题，单纯依靠小微企业自身能力十分有限，对于大量的融资空缺无法得到根本解决。因此，政府应在解决农村小微企业融资问题过程中充分发挥其作用，在金融支农、担保业务、完善征信系统等方面做出相应的制度规定，促进农村小微企业融资环境的优化，增强金融机构对农村小微企业贷款的积极性，解决农村小微企业的融资问题。

10.1.1 完善法律制度与政策

政府要建立有效的法律法规制度能够保证各项规章制度有效进行，同时加大融资信用担保体系等融资宏观环境的改善力度，保证农村小微企业能够在激烈的竞争中得以生存和发展。

① 政府要完善相关的法律制度，为农村小微企业打造一个良好的融资环境，而完善的法律体系是农村小微企业融资市场规范化、标准化的基础。一方面，进一步规范和约束农村小微企业在融资活动中的贷款资格，对于符合条件的贷款企业应该做到公平公正，避免出现满足要求却无法贷款或者是尚未达到标准却获得贷款的情况出现；另一方面，要确保监管措施都能得到落实，在实际中严格按照监管制度操作。为实现这一目标，政府需要加大干预力度，通过行政手段强制规范融资市场的发展，同时严惩违规企业。政府作为监管层出台了多项政策支持农村小微企业的发展，如央行宣布，2018 年 7 月 5 日起下调邮政储蓄银行、城市商业银行、非县域农村商业银行、外资银行人民币存款准备金率 0.5 个百分点，可释放资金约 2000 亿元，支持农村小微企业。随后，央行等五部门发布《关于进一步深化小微企业金融服务的意见》，从货币政策、监管考核、内部管理、财税激励、优化环境等方面提出 23 条短期精准发力、长期标本兼治的具体措施，全方位支持农村小微企业。

② 在信贷支持政策方面，目前农村小微企业主要贷款银行为城商行、农商行、农村信用社等中小型银行，而目前在金融体系流动性结构不均衡的背景下，小微企业从中小型银行金融间接融资的难度有所增大，尤其是在银行流动性紧缩时期、信贷收紧银行选择放贷对象趋谨慎，还本付息能力差的小微企业更加需要股份制银行甚至区域性金融机构的信贷支撑。所以，小微企业的融资需要更多的政策扶持。首先，要注重减轻农村小微企业负担。主要从全面规范涉及小微企业的行政性乱收费活动和完善政府扶持小微企业发展的税收政策两个方面着手。地方政府要进一步督促国家对小微企业减免收费的政策在当地有效落实，开展重点针对小微企业乱收费、乱摊派的专项整治活动；设置适当条件，扩大对符合条件的小微企业免征、减征或者缓征税款等多重方式的覆盖面，使其惠及更多小微企业。其次，降低政府采购准入门槛，构建公平的竞争环境。在满足政府机构正常运行及服务的前提下，可以适当考虑在地方财政预算中强制规定向小微企业的采购数额，增加小微企业参与政府采购的机会。

10.1.2 提升政策性金融支农力度

金融支农既是我国深入推进农业供给侧结构性改革的难点之一，也是激活农村资源、完善农村金融与发展农村经济的重要支撑。政策性金融支农是农村小微企业发展重要的政策支持，对于发展农村小微企业、完善农村金融市场具有重要的作用和意义。

1. 要完善金融支农激励政策

继续发挥财政政策和货币政策的引导作用，通过奖励、补贴、税收优惠和再贷款、再贴现等手段，鼓励更多的金融机构支持乡村振兴战略，撬动更多金融资本投入到“三农”工作中。落实县域金融机构涉农贷款增量奖励政策，完善涉农贴息贷款政策，降低农户和新型农业经营主体的融资成本。省级财政要积极鼓励各市县因地制宜开展地方特色政策性农业保险，提高农业保险保费补贴标准，逐步扩大特色农业产品保险以奖代补范围，推动建立多层次、多领域的政策性农业保险体系。改进农村金融差异化监管体系，着力构建符合农村金融机构特点的监管机制，强化地方政府金融风险防范处置责任，防范农村金融风险。

2. 要改革财政金融支农方式

进一步优化财政支持普惠金融发展政策，充分发挥财政资金的正向引导作用，让政策更加聚焦“三农”主体。提高财政资金支持农业供给侧结构性改革的效率，充分发挥财政性金融的导向功能和引导带动作用，增加农业信贷投入与产出率。对金融机构发放的涉农贷款，实行国家利息补贴制度，引导金融机构参与农村土地承包经营权和农民住房财产权抵押试点，扩大林权抵押贷款规模，探索扩大农业农村贷款抵押物范围。统一涉农贷款的统计口径，使涉农贷款奖励政策落到实处。大力推动农业信贷担保服务网络向农村偏远地区延伸，做好政策性农业保险工作，提供保费补贴。出台积极的财政金融支持特色农产品发展政策，对建档立卡贫困户参保特色农产品的实行保费全补方式助力精准扶贫，推动特色农产品快速发展。

10.1.3　建立和完善征信系统

当前我国农村小微企业普遍面临规模扩展迅速、资金缺口较大的问题，为了满足自身发展需要，融资便成了其获取资金的主要手段。而这种方式无疑会在无形中增加骗贷、还贷逾期等违法事件发生的概率。除此之外，融资业务量的增加，监管部门的工作压力也会加大。因此，建立统一、完整的信息系统就显得更加迫切。银行与企业之间信息不对称是农村小微企业融资问题的主要原因，加强银行与小微企业之间的有效沟通，加强双方的相互理解、相互信任是解决小微企业融资难的关键所在。要发挥政府参与的作用，通过相关政策保障提高融资保证，完善健全信用体系，能够在一定程度上解决信息不对称所带来的问题，从而能够帮助投资者增进对于小微企业经营状况的了解，让投资人更加相信企业会有很好的发展，尽量减少融资的费用支出，使得企业的融资难题得到很好的解决。

1. 加强法制建设，完善农村金融发展的信用环境

农村金融市场的健康运行和金融机构的行为规范需要建立完备的信用制度，加强外部监管体系的建设，使整个融资过程有法可依、有章可循。在农村地区重视信用法规建设，构建信用的激励与惩罚机制意义重大。

2. 完善信用管理体系

将农村小微企业的贷款授信额度按照其信用的等级和实力来划分，级别不同对应的授信额度也不同。对于信用度较好的农村小微企业，在政策上和管理上有优先权和相关的补贴；反过来说，针对存在融资业绩不佳、企业管理存在

缺陷、相关制度不成熟等问题的农村小微企业，减少对其贷款授信额度。

3. 提高失信者违约成本

通过健全法律体系加大对失信行为惩戒，依靠法律的力量，把一切信用活动纳入法制的轨道，形成有法可依、有法必依、违法必究的法制环境，要强化对各种失信行为的经济制裁，对债务人的违约行为制定更加严厉的赔偿和惩罚规则，使失信行为的违约成本提高。健全法律体系为市场经济建立必要的法制基础，才能维护和培养良好的社会信用秩序，使诚实守信成为经济主体的自觉行动。

4. 建立有效的监管机制

在农村小微企业融资市场中，监管部门可以说是一个特殊的存在，若是其未能正常工作，那么也就是在某种程度上纵容了农村小微企业的违规行为，这对整个市场来说都会产生不利影响。因此政府可以通过增强监管者的参与程度，对各个指标进行细化，对监管情况进行量化分析。

5. 建立以互联网金融信用评估平台为补充的征信系统

互联网金融的兴起依赖于大数据技术的应用，也为全面的社会信用体系建设提供了技术上的支持。从配套措施角度看，应加快农村土地流转机制和新型农村经济组织的发展，强化农户参与市场的主体地位。同时，鼓励农村小微企业通过互联网金融和电子商务的方式参与市场体系，加快推进农村经济活动的信息化，提高大数据技术在农村地区的应用。

10.1.4　拓展农业政策性担保业务

由政策性金融机构牵头，财政参与，开办农业政策性担保业务，建立健全风险转移机制，可以较好地解决农村小微企业贷款无抵押、无担保的问题，结合套期保值，农业保险等措施，可以有效降低农村小微企业经营风险，引导农村商业性金融机构加大农业资金投入，有效缓解发展农业所需资金不足问题。

由于农村小微企业规模小、资金少、缺少抵押担保物、财务制度混乱，很难通过贷款审核，也就无法获得贷款，这使得担保贷款的地位得以迅速上升，信贷体系建设要进一步发挥政府推进与市场监管。当前我国采取政策性担保、商业担保和互助担保相互作用、相互补充的模式，以政府为主体的政策性担保是主体，商业担保和互助担保起辅助作用。因此政府要合理引导民间资本，充分利用民间投资为小微企业的发展服务，组建政府与企业联合的综合性多层次小微企业融资担保机构，通过多种方式促进融资担保机构对小微企业的融资担保能力的提高，具体方式如奖励补助、资本注入和风险补偿等，具体措施如下：

1. 发展各种类型信用担保机构

当前我国信用担保机构主要是以政策性担保为主，导致各级地方政府的财政压力过大和担保机构的资金普遍偏小，影响了机构对小微企业的信用担保作用的发挥。除了大力发展政策性担保机构外，还要充分发展商业性担保机构和互助性担保机构等各种层次、各种模式的信用担保机构，来实现为众多的小微企业提供全面的信用担保。同时，对规模较小的信用担保机构，政府要为其提供减免所得税、营业税等税收、提供补贴资金等，并且信用担保机构自身要引入各种社会资本，不断整合各种优势资源，确保机构资金来源的多元化，通过增资扩股或重组兼并等方式，扶持信用担保机构的发展壮大，不断增强机构的自身资金实力和信用担保能力。

2. 建立信用担保机构的风险分散机制

可以考虑通过担保机构、小微企业与金融机构之间按照一定的比例来分担其信贷风险，避免信用担保机构的风险过于集中，降低了金融机构因担保机构承担比例高而产生的道德风险，同时也加强了金融机构对小微企业的风险识别与管理能力；也可以通过建立全国性的再担保机构作为信用担保机构的最后担保人，分散担保机构的信贷风险。

3. 健全担保机构的资金补偿机制

政策性担保也应该充分发挥其补充促进作用，以促进多层次、综合性信用担保体系的构建，建议政府按照财政收入或者小微企业税收收入的一定比例来补充信用担保机构的资金；成立信用担保的风险补偿基金，对那些积极为小微企业提供融资服务的信用担保机构给予一定的风险补偿与奖励支持，提高信用担保机构给小微企业提供担保的积极性，充分发挥信用担保在缓解小微企业融资约束问题的作用。

10.2 农村金融机构助推小微企业发展

农村正规金融机构将贷款发放给小微企业，有较多的管理成本，审批手续也较为复杂。由于小微企业对资金的需要比较小、时间急且还款时间短等特点，而银行在进行审批时往往用的时间相对比较长，在大量复杂手续中产生很多管理费用，并且大部分农村小微企业属于薄利产业，这在一定程度上阻断了农村小微企业向银行融资的途径，这就使得非正规金融机构在农村地区迅速发展，但其产生时间比较短，发展比较不完善。近年来，新型农村金融机构、互联网金融等一系列创新型的金融机构也在农村地区不断发展，本章针对农村小微企业融资所面临的困难，从农村金融机构的角度阐述了其对于农村小微企业融资问题解决的努力方向。

10.2.1　推动正规金融体系的改进

在解决农村小微企业融资难的过程中，推动农村正规金融体系改革与创新、增强农村正规金融的服务能力、提高农村正规金融的服务质量和水平十分重要。从各地向农村正规金融机构申请过贷款的农户的贷款可获程度来看，仍存在着一定比例的农户，其资金需求无法得到完全满足，这种状态的持续存在将有可能影响到整个农村经济的发展。由于农村小微企业从正规金融机构融资烦琐，在经济体制面临改革的时代背景下，正规金融机构创新性改革势在必行。农村正规金融的改进重点在于规模扩大和创新金融服务产品两方面。

1. 要扩大农村正规金融对小微企业供给的规模

正规金融机构应合理布局网点，扩大服务的覆盖面，提高服务质量，提高农户金融获得的便捷性程度；顺应“互联网 + 金融”时代的到来，通过各种网络通信软件加强与农民之间的信息沟通，提升农户对金融机构和信贷的了解程度并积极推出适应农民需求的金融产品和服务。此外，调整和完善正规金融的考评机制，促使其兼顾经济利益和社会责任，毕竟金融机构的利润来源于公众的资金，“取之于民”也要“用之于民”。

2. 正规金融服务机构需要转变思想

正规金融服务机构需要转变思想，多创新出适合农业特质和当地生产力状态的金融服务产品，效益和发展结合考虑，追求短期经济效益，降低减缓农村资金外流现象，推动创新，接受合理的抵押品，合理提升农户贷款获得。抵押的引入一定程度上实现放款人的收益确定性，但目前农村居民普遍面临着“抵押难”等问题。对此，可以从外部创造条件，通过农村商品市场、资产市场、土地产权市场、林地产权市场制度改革，拓展抵押品的空间，也可以建立担保基金，以解决农户贷款抵押品缺乏或不足的矛盾，提高资金供给结构的贷款积极性。

10.2.2　引导非正规金融体系的发展

非正规金融与正规金融相比具有门槛低、审批时间短、手续简单等优点。基于非正规金融的这些优点，大多数小微企业在无法获得正规融资的时候，会寻求非正规融资的帮助。非正规金融是对正规金融供给不平衡的一种矫正与补充，是我国金融规制的软化剂，弥补了固化金融规制导致的金融资源配置失衡问题,能有效地解决农村小微企业“贷款难”与正规金融机构的“难贷款”问题，促进农村经济的发展。

近年来，随着正规金融部门受政策导向，开始加大对农村地区融资服务，其信贷服务对象和辐射范围不断增大，不断挤占非正规金融市场，因此非正规金融对农村经济发展的促进作用将越来越小，非正规金融面临着的不断排挤的危机，亟待转型。

1. 健全完善农村非正规金融监管体系

首先，对农村非正规金融的监管细节、监管方式予以明确，规范农村非正规金融业务范围，确立农村民间金融监管的理念、目标、方式及监管标准。区分农村各经济主体之间互助性无息民间借贷、有息甚至高息的农村民间借贷以及以农村民间金融组织为中介的融资活动的标准和监管要求。明确界定合理民间金融与非法民间金融之间的法律界限，针对不同形式、不同实质的农村非正规金融实行分类监管。对从事非法集资、高利贷等非法活动的农村非正规金融组织坚决取缔。对无息或有息的互助性民间借贷，依法处理。其次，实现监管主体多元化。要发挥政府主导原则，由政府成立专门监管部门，设立监管网点，对农村非正规金融的利率变化、资金流向等方面实施动态监管。同时建立行业自律组织，发挥行业协会的协调作用，加强业内协调、合作与交流，对维护农村非正规金融稳健经营、形成良好竞争秩序发挥作用，促进农村民间金融的健康运行。

2. 放宽农村非正规金融的利率限制

高风险意味着高溢价要求，由于农村非正规金融的担保制度灵活、无须抵押物等便利性，其经营风险相对较高，因而对资金的收益要求也较高。如果将农村非正规金融纳入国家监管体系，目前的低利率管制和有限的利率浮动空间将无法补偿农村民间金融的高风险和高成本。因而对其利率的管制应当给予一定区间的放松，允许农村非正规金融的经营利率与经营风险挂钩，用以弥补高风险带来的可能损失。进一步放宽农村非正规金融利率限制将扩大其生存和发展的空间，可以吸引更多的民间资金流入农村，满足农村信贷需求，破除金融抑制。

3. 引导农村互助性借贷规范化、契约化

农村非正规金融中有相当比重是发生在亲朋好友、邻里之间的有息或无息借贷，双方之间几乎没有什么契约，仅仅依靠口头约定。无契约式借贷容易产生借款纠纷，空口无凭，无法保证借贷双方的合法利益，所以应当鼓励农村互助性借贷规范化、契约化。当借贷主体之间发生纠纷难以私下解决时，可依据我国现行法律予以办理，保护借贷双方的合法利益。同时农村借贷契约化可以使信贷主体间的借贷利率通过字据的形式予以确定，明确利率区间符合国家法定范围，抑制高利贷的蔓延，保护资金出借方的合法利息，维护借贷双方利益。

10.2.3 大力发展新型农村金融机构

新型农村金融机构在信贷服务创新中存在的问题及制约因素，阻碍了新型农村金融机构的发展壮大，同时限制了农村小微企业的发展。现阶段，政府对农村小微企业融资问题的不断重视，也是新型农村金融机构发展的重大机遇，新型农村金融组织要把握机遇，积极抢占农村小微市场。

大力发展新型农村金融机构，一方面，因为现阶段，我国的金融机构普遍存在的问题是规模比较小，导致金融机构没有能力和实力投资较大的项目，这

种金融机构一般可以选择小微企业进行投资，这样既有利于满足我国农村小微企业的融资需求，又鼓励了我国新型农村金融机构的发展；另一方面，我国小微企业分散在各处,为了推动小微企业的发展,也要大力发展新型农村金融机构，新型农村金融机构也要根据小微企业的分布特点，分散在各地，这样才能保证小微企业的融资需求，金融机构还要全面了解小微企业资信和经营状况，从而降低违约的风险，这样不仅可以更好地监督小微企业的运营状况，还有利于小微企业的进步与发展。具体措施如下。

1. 减免税收

降低新型农村金融组织的经营成本，减轻税收负担，政府可以适当降低甚至减免新型农村金融组织的营业税、教育税金及其他附加税费等，在税收上给予一定的优惠措施，尤其对农村资金互助社来说尤为重要。目前，农村资金互助社的经营经费等大多由社员大会、理事会监事会成员自费一部分，经费压力较大，政府还应适当给予财政补贴。对于涉农及小微企业的贷款可减免贷款利息税收的同时，给予一定的奖励以激励新型农村金融组织，降低农村小微企业贷款成本。

2. 制定定向的利率标准

央行可建立完善的农村金融组织利率制定标准，为新型农村金融机构提高竞争力做好制度基础，给予其较大的主动权自主安排存款利率与贷款利率。另外，还可以通过再贷款、再贴现、存款准备金等方式来支持新型农村金融的发展。再贷款方面，给予专项涉农贷款与农村小微企业贷款相应的利率优惠甚至减免；在贴现方面，鼓励新型农村金融机构为小微企业提供票据服务，并给予较低的再贴现利率；存款准备金方面可适当降低新型农村金融组织的准备金率，给予信贷业务较大支持及资金供应。

3. 创新还款方式

还款方式的创新需要考虑的有如下两方面。

① 还款期限及还款期次。前者解决的是客户还款与资金流不匹配，造成的资金短缺，现金流不足的情况，充分考虑每个客户的实际问题，在还款期限与还款期次上适应企业资金流动状况；后者所说的上支付结算手段。支付结算工具是实现资金转移的载体，也是完成债权债务清偿的手段，它能够传达来自收付双方的支付指令。

② 还款所采用的支付结算手段。支付结算方式的创新与完善，能够提高客户还款的便利性，收款成本也随之降低，目前已有的支付结算方式中，网络银行、电话银行、手机银行、微信支付、ATM 机等自助终端设备在城镇居民的运用已经非常广泛，新型农村金融组织也应根据自身条件在当地农村地区使用并推广创新的支付结算方式。

此外，新型农村金融机构对于信贷风险的控制也不容忽视，要建立完善的风险管理体系，审贷、放贷、贷后的管理都要面面俱到，还要建立一定的风险分散机制，充分运用多种金融产品，加强与其他金融组织的联系。

10.2.4 加快农业保险的全面铺开

农业保险是农村小微企业发展的基础保障，也是重要一环。农业保险不仅是现代农业可持续发展的关键因素，也是农村金融健康发展的保障。当前，农业保险保障水平主要由各地根据当地财政实力确定，各地普遍实行“低保费、低保障、广覆盖”原则，主要承保物化成本，保障水平较低。农业保险的大灾风险主要依靠保险机构自身力量，通过保险机构再保险和大灾风险准备金制度转移和分散，缺少国家层面的政策、资金和制度支撑。有限的农业保险力量在小微企业融资过程中，难以适应需求。在农村金融保险方面，购买农业保险的涉农贷款主要集中于银行业金融机构，如农村信用社小额农业贷款、村镇银行信贷风险保险等，数量冗杂的农业互助贷款基本缺乏农业金融保险。农业农村现代化建设的实践证明，农业保险制度的健全与完善在农村金融发展中具有重大意义。

1. 信贷体系建设要进一步发挥政府推进与市场监管

① 对用于农业农村现代化建设中的贷款实行财政贴息和呆账分摊等，为商业银行信贷资金向乡村振兴战略推进中的“三农”领域配置提供政策必需的特殊制度安排。

② 政府要经常组织金融机构和农村金融需求方进行对接，强化政府主导、市场运作和依法监管的信贷体系建设。

③ 要加快建立通过政府扶持、社会多方参与和市场运作的能承担起农业农村现代化建设的信贷担保机制。同时，通过政府财政扶持一批专业性的农村信用担保组织，以市场化运行的方式设立专门的农村信贷担保基金，积极拓展符合乡村特点的一些担保业务，切实解决农村小微企业融资难的问题。

2. 多元化的风险分散制度

目前国家层面尚未建立统一农业再保险制度及巨灾风险保险制度，以至于每当巨灾发生时，农业保险赔付率奇高，无论是保险公司还是投保农户都承担较大损失。因此，我国应当构建多层次农业风险保障体系。在强制实行巨灾保险的前提下，当巨灾来临时，损失由原保险公司、再保险公司及政府各自分担保险损失。原保险公司及再保险公司按保险责任进行赔偿，其余由政府的巨灾保障基金共同承担。也可以建立农业巨灾证券化体系，完善农业保险经营风险的分散方式，为农业风险提供保障。

3. 鼓励并组织金融机构积极试点抵押“标的”创新

随着农业农村现代化建设的推进，政府要采取因地制宜和灵活多样的原则，探索符合农村实际的抵押“标的”创新。

① 建立农村支农贷款与保险相结合的金融机制。要引导建立由农民、农村经济组织自愿出资形成的非营利性的互助保险组织，政府要规范并加强监管。对农业农村现代化建设中的政策性农业保险和商业性涉农保险以及互助性保险和一般性商业保险实行差别化管理，有效分散农业保险的经营风险所带来的负担。

② 建立农业风险投资公司或者农业投资基金。通过这些公司与基金来支持一些科技含量较高的农业项目投资。

③ 积极探索社会多方合作联合担保的机制。在农村金融体系改革过程中，要积极创新和探索新的担保方式。要探索农业生产经营中的农民、专业合作社、银行与农资供应商以及龙头企业等相关利益者组成的贷款担保链，形成生产经营利益共享、贷款风险各自分散共担体制机制。同时政府部门还要积极建立健全抵押担保物品的评估、管理和处置机制，根据乡村的特点扩大农村有效担保物范围。

④ 创新授信贷款机制，建立新型担保链。随着我国农业农村现代化建设的进行，农村产业集群必然出现向大户集中的现象。这时，乡村中由大户带领一般农户实现农业农村现代化、产业化的趋势已成必然。经济的发展客观上要求金融机构必须在授信方式上改革创新，社会经济生活中会出现由经济大户牵头向商业银行贷款而散户又向经济大户承贷的局面。乡村社会的竞争与发展会形成产业大户化、金融借贷与担保业主化、产贷一体化、筹资方式社会化和运行机制市场化的借贷新机制。

4. 要建立土地流转经营权质押贷款制度

随着我国农业农村现代化建设的进行，抵押担保必须探索农村地区大量存在并最具增值潜力的各种生产要素的金融化路径，它会带来农村社会财富和金融资金量的倍增，这就要研究和探索扩大农村各类物品的抵押制度。随着农村地区土地流转制度的改革和创新，一些农村地区推行了“住房换宅基地”试点方案和开办“宅基地置换贷款”等金融业务。同时，结合土地承包权可以出租、入股的流转政策，土地承包权抵押贷款势在必行。农村地区集体林权制度改革、开办林权抵押贷款以及开办农民专业合作社贷款等政策措施的推行，会为农村金融市场的发展提供强大的动力。

10.2.5 加快推广农村地区互联网融资

自2013年以来，互联网金融异军突起，为推进我国金融体系的发展注入了强劲动力，同时也为破解农村金融难题提供了新途径。互联网金融改革，开展了农村移动支付业务，展示了移动支付在农村金融市场的巨大潜力和广阔的发展空间，同时也展现了互联网金融对惠及更多低收入群体、建设包容性的农村金融体系、解决农村小微企业融资难问题等具有重大意义。

1. 完善网络安全建设

互联网金融在与农村小微企业进行交易中，企业主的个体特征、征信信息、资金的发放与归还等全部都是在互联网中进行，如果由于操作不当或者被不法分子刻意盗取信息，会为企业主造成非常大的困扰。农村小微企业主的态度与融资意向正向相关，农村小微企业主若认为互联网金融可以满足自己的贷款需求，且具有安全性，那么他的融资意向就会很大。所以，互联网金融机构若想要吸引更多的农村小微企业，就必须得到农村小微企业的信任，给企业主安全感。

2. 增加互联网金融融资场景

目前，融资场景还是很少，互联网金融平台仍是多基于传统金融机构设计的产品来设计相似借贷产品。农村小微企业的态度和过去行为影响着互联网金融的融资意向，当农村小微企业主在过去没有获得互联网金融融资时，他选择互联网金融融资的意向就会降低，如何吸引这一部分有需求却对互联网金融存在怀疑的客户使用互联网金融融资，就是一个很重要的问题。另外，从农村小微企业的资金流向和资金花费上来看，资金多被用来购买生产资料，因此融资行为具有“短、频、急”的特点。所以，互联网金融应从多方面创新融资场景，包括企业经营所处的不同阶段、不同用途、不同时间和不同利率等等，都需要增加以满足不同客户群体的需求。另外，运用大数据等互联网技术，深入挖掘贷款的使用，做到最大限度地提升资金使用效率，不仅为农村小微企业主省钱，同时也增加了自有资金的流动性，从而有效地提高利润。

3. 提高不良贷款容忍率

互联网金融机构相对于传统金融机构，它的优势在于可以满足农村小微企业“短、频、急”的融资需求，小微企业的融资需求通过互联网金融得到很大的满足，互联网金融机构在增加贷款人贷款成本的同时，还应该提高农村小微企业的不良贷款容忍率，有一些农村小微企业所在行业资金回流慢，会出现不能按时还款的问题，互联网金融机构可以通过延长还款期限，在严格审核贷款人信用等级后，给信用评级良好的贷款人更多的机会。

10.2.6　坚持农村利率市场化改革

利率市场化不仅是我国金融革新的政策目标，也是促进利率调节作用的功能实现。在农村金融市场建设中必须充分发挥利率这一金融工具的调节作用，借助利率工具激发农村金融市场自动调节市场中资金的供给和需求的功能，以便为资金需求方提供更多的资金来源，存贷款利率由市场调节，同样地，可以促进农村商业银行为农户、涉农企业等借款人提供个性化服务，提高对农业现代化的信贷支持力度。

1. 要提高农村金融市场资源配置效率

利率市场化改革的目的是要提高市场配置资金的效率，促进经济增长，提高人民福利。为了扭转农村金融市场缺乏适度竞争的局面，促进多种所有制形式金融机构的发展，要打破现有农村金融市场低效率的垄断经营格局，适时放宽各类金融机构在农村金融市场的准入条件，逐步开放农村资本市场，建立高效的竞争机制，创造公平的市场环境，通过吸收社会资本进入农村金融市场，形成多元化的农村金融组织，不断满足多样化的农村融资需求。利率市场化以后，金融机构可以根据自身特点来决定利率，那么适当地提高存款利率，就可以在短时期内吸引到更多数量的闲置资金，以备今后发展。更好地把闲置资金利用起来，利率市场化可以起到积极作用。提高资金利用效率，更好地创造价值，更好地促进经济发展。

2. 要调整信贷利率，使贷款利率更具灵活性

在进行最初的市场细分时应当建立客户类别下不同的利率标准，在对每个客户授信过程中根据其额度、期限及信用程度等信息的审核与综合分析制定出较为符合风险——收益匹配度较高的利率组合，还要制定出利率变化规则，如客户能够如约按时足额归还贷款，可适当给予剩余额度的利率奖励。信贷利率市场化之后，农村金融机构会给优质客户创造更多收益，而使那些质量不高的客户收益下降，风险较大且信誉度低的客户将退出信贷市场，从而反作用于农村金融市场，有利于农村金融市场的结构调整，促进农村地区经济发展。

10.3　提升农村小微企业自身融资能力

农村小微企业在管理上，主要依赖血缘关系的维持，这种管理模式往往有一定的缺陷，小微企业为了实现融资的目的，在财务上弄虚作假，这种信息有一定风险，这不仅会损毁企业自身的信誉度，还会给银行和投资者带来一定的风险。银行向小微企业提供贷款，在贷款时，需要加大人力资源的投入，还要

提高小微企业信息量的收集，并对信息进行分析，在这个过程中，往往会出现一定的错误，导致出现很多贷款违约率，使得金融机构选择不向小微企业贷款，在一定程度上，降低了金融机构的经营风险，还要降低企业的经营成本。因此，小微企业还需要通过提高自身的素质与能力，来提高自身的贷款可获得性。

10.3.1　提升小微企业自身能力与素质

为了有效地解决农村小微企业融资困难问题，需要加强小微企业的自身管理，进而完善企业的制度，这样不仅增强企业信息的透明度，还有利于小微企业的内部管理。

1. 建立完善的财务管理制度

建立完善的财务管理制度，规范会计记账和会计核算机制，提高财务报表的透明度和真实性，减少信息不对称增加的交易成本。按照国家规定的规范格式来编制标准财务报表，严格遵守会计政策法规来进行会计事项的记录，并对各项会计资料进行妥善的保管存放，以此来进行财务会计制度的完善与规范。财务会计制度的完善与规范，为商业银行考核小微企业经营状况提供可靠的依据，能提高贷款的审核通过率。坚持合法合规经营，自觉接受和配合工商、税务等部门的监管，按时足额缴纳各项税费，杜绝逃废债务和挪用贷款等失信行为的发生。

2. 建立产权的明晰的现代企业制度

大多数小微企业的经营方式为家庭经营，这种经营方式由家族内部人员掌权，而家庭经营企业管理者的选拔具有不正式性，在管理者的选拔过程中容易出现偏差，很容易做出错误决策。尽管是家庭成员掌权，排除了外部人员竞争的压力，但是家庭成员之间权力的争夺，也会给企业带来大量的损耗。因此，企业产权的明晰以及现代企业制度的建立显得尤为重要，只有这样才能促进小微企业融资问题的解决，促进小微企业的发展壮大。

3. 小微企业要努力创新

只有创新，才能生产出新的产品和新的服务，才能赢得更广阔的市场。小微企业大多具有较小的规模、灵活的管理方式、员工自主性大多能够充分发挥个人才能等。小微企业总经理应充分发挥小微企业的规模小、可控性大的优点，不断进行产品创新、新技术开发、新工艺探索，通过各种方式的创新来抢占和瓜分市场。

4. 加强高素质人才队伍的建设

人才队伍是小微企业的发展过程中必须面对的一个问题。大量引进高素质人才，对提高小微企业的管理水平、促进企业进步起到非常重要的作用。小微企业的发展必须把人才队伍的建设放到首要位置，人才是企业生存发展的根本，只有广泛引进高素质人才，建设高素质的人才队伍，才能促进小微企业健康快速的发展壮大。具体措施要从内外部两方面来展开，内部进行晋升机制的建立与完善，从外部引进有能力的人才，为企业注入新鲜的活力，促进企业向正规化、规范化发展。此外，小微企业还要重视管理层和员工整体素质的提升，多做一些实质性的培训和指导，这样不仅可以提高企业内部的管理结构和知识结构，还有利于农村小微企业的可持续发展。

10.3.2　加强小微企业内部诚信建设

企业的诚信度是金融机构决定放贷与否的一项重要参考依据，良好的诚信有利于农村小微企业获得贷款，反之，存在诚信问题的企业将很难获得金融机构的贷款。因此，小微企业要健全内部信用管理制度，树立以诚实守信为核心的企业文化和企业思想，要在经营过程中保持良好的诚信，以便将来从金融机构获得资金的支持。

1. 培育小微企业家的企业家精神

企业家或者企业主要经营者是企业的核心和灵魂，是企业凝聚力的核心，其素质的高低，在很大程度上决定着企业的兴衰成败。在企业中建立诚实守信、实事求是的领导干部队伍是加强企业诚信管理的关键。作为企业的领导者，首先，要有正确的经营理念。盈利是企业经营的目的，但要实现目的必须以合法经营为前提，不能图眼前利益而做违法乱纪等有失诚信的事情；其次，要运用合法的竞争手段。企业为了获得正常的利益，必须学会并善于运用一切竞争手段。但是竞争手段的运用必须合法，应以一流技术、一流产品或服务、合适价格为主要依托，而不是靠坑蒙拐骗的非法手段。

2. 加强企业员工诚信教育

企业员工作为经济个体，在企业中扮演着重要的角色。作为企业的主人，时时刻刻应以主人翁的姿态做好自身诚信修养。所以员工必须加强自身诚信修养，这不仅可以搞好同事之间的关系，有利于自身工作的正常开展，还会对企业创造良好的企业文化氛围起到积极作用，同时企业员工的诚实待人、诚信办事会提高企业的工作效率，有助于保障企业的各方面建设的顺利开展，企业发展了，员工自然是最大的受益者。除此之外，企业员工还要发挥互相诚信监督和对上级领导诚信监督的作用。有监督才会使约束硬化，企业要建立诚信监督机制，对投诉者要做到保护并可适当奖励，以刺激监督的积极性，并对恶意监督者采取多种手段进行相应的惩罚。

3. 加强小微企业诚信文化建设

企业文化是一种新的企业管理理论，是现代企业管理的灵魂。企业文化包括企业的经营观念、企业精神、价值观念、行为准则、道德规范、企业形象以及全体员工对企业的责任感、荣誉感等，加强企业文化建设有利于提高企业自身素质，增强企业的凝聚力。而诚信是企业生存和发展的基石，是企业文化的核心。要建设以诚信为核心的企业文化，首先，必须在精神文化层面培育企业的诚信理念和诚信精神，在企业内部确立诚信的共同价值观；其次，在制度文化层面建立保障诚信行为的制度规范。应将诚信纳入企业的规章制度，贯穿于企业的研发、生产、宣传和销售之中，成为企业全体员工共同遵守的行为规范，并最终转化为全体员工的自觉遵守的经营理念，使诚信行为普遍化；最后，要加强企业物质文化建设。物质文化是企业文化的外在表现和载体，是制度文化、行为文化和精神文化的物质基础，要有优质的产品和诚信的服务，企业诚信文化建设才有保证。

10.3.3 加强小微企业信息体系建设

前面提到政府建立并完善的征信系统制度，仅仅方便了金融机构的信息查询。融资问题的解决单靠此点难以解决，还需要小微企业也做出相应的努力——建立企业信息系统，记录并保存企业经营管理、财务等方面的信息。只有这样才能与金融机构征信系统实现对接，为金融机构提供有说服力的数据信息，提高贷款审核通过率，解决小微企业的融资问题，拓宽融资渠道。

信息不对称是农村小微企业融资难的根本原因所在，商业银行和小微企业之间的信息交流是解决农村小微企业融资问题的关键所在。信息不对称分为事前信息不对称、事后信息不对称两类，分别导致信贷上的逆向选择风险和道德风险。事前信息不对称是指小微企业通常比银行更清楚企业的财务状况、贷款动机、市场前景等信息，为了获得贷款，贷款者经常淡化贷款不利信息突出有利信息。事后信息不对称是指贷款投放后，由于信息不对称银行很难全面获得贷款企业的真实资金用途和经营管理信息，如果企业不主动披露真实信息，银行就难以监督贷款企业的行为，贷款风险就会出现，甚至某些企业贷款之初就没打算归还本金、支付利息，这样就产生了道德风险。

企业信息系统的建立主要是依靠互联网技术。当代互联网技术的发展，改变了人们的工作、生活和学习方式，促进了信息高速高效传播并渗透到社会生活的各个领域。互联网凭借强大的信息收集优势、数据分析能力，可使小微企业信贷融资信息不对称难题逐步缓解。随着大数据、云计算、移动支付、移动通信、社交网络等信息技术的发展，近些年中国的互联网金融井喷式发展。当前全球互联网金融运行模式主要有电商平台金融模式（以阿里、京东等为代表）、第三方支付模式（以 PayPal、支付宝为代表）和 P2P 模式（以人人贷、拍拍贷为代表）等。

企业信息系统的建立，能够规范农村小微企业信息化办公，逐渐解决信息不对称问题，使农村小微企业融资问题得到有效解决。通过农村小微企业建立的企业信息系统，运用其强大的数据处理能力，能有效进行贷前筛查、贷后跟踪，实时追踪客户生产、销售、经营情况，缓解市场信息不对称引发的逆向选择和道德风险问题，增强信贷的风险可控性，可以有效地解决信息不对称引起的农村小微企业融资难题。

10.4 本章小结

农村小微企业对农村地区的经济发展以及社会进步做出了重大的贡献，农村小微企业的生存和发展应该受到社会各界的关注以及关心。造成农村小微企业融资困难的原因既有小微企业自身的原因，也有政府政策以及金融机构的影响，本章从政府、农村金融机构、农村小微企业自身三大主体提出相应的对策建议。从小微企业自身来说，小微企业应当加强自身建设，提高自身实力，这是解决农村小微企业融资难的关键；从政府角度来说，国家政府应该调控社会上一切可利用的资源为农村小微企业融资创造有利的条件；从农村金融机构角度来说，要改进正规金融、引导非正规金融，深化改革，完善体制，创新产品，不断提高对小微企业融资服务的理念与水平。

第 11 章　研究结论与展望

11.1　研究结论

本书基于已有的研究成果，在阅读大量文献基础之上，运用了理论分析与实证分析相结合的方法，系统分析了农村金融对小微企业信贷融资的问题，内容较为丰富，结构较为完整。本书首先系统分析了农村金融机构供给能力和农村小微企业融资需求特点；其次，运用计量经济学模型对小微企业融资规模、融资需求以及融资可得性的因素进行实证研究；然后，并进一步对银企、民间金融等机构向农村小微企业放贷问题进行博弈分析；最后，通过国内外金融市场对小微企业融资支持模式对比分析，从政府、农村金融市场及小微企业等方面提出行之有效的对策建议。通过本书的研究可以得到如下结论。

① 本书从供求关系的角度对小微企业融资特点、影响因素以及金融机构的供给能力进行了分析。一方面，信用等级低、财务制度不透明、治理结构不规范、缺乏必要的抵押品、获得贷款的成本高、企业规模小抗风性能力差、信息不对

称等一系列的内部因素和金融市场结构变化、政府扶持政策力度、宏观经济发展状况等一系列外部因素制约了小微企业融资；另一方面，正规金融机构从产品设计与创新、业务流程设计、风险管理机制、分支机构设置的角度和非正规金融从减少信息不对称、成本节约以及担保机制灵活的角度又促进了小微企业的融资，二者结合起来得以使农村金融体系对小微企业融资行为达成平衡。

② 通过我国农村金融服务供给状况分析可知，农村正规金融机构由于资金来源有限、组织结构不合理、金融业务种类单一、成本高等因素的阻碍，发展受到了很大程度的限制。非正规金融机构因信息成本、交易成本、社会资本、担保财产的优势而蓬勃发展。而新型金融机构因其多元化的产权结构、简洁的公司治理结构、灵活的机制、农村特色的市场定位等特征受到农村小微企业的青睐并得到了迅速发展。

③ 农村小微企业的融资结构在不同发展阶段呈现不同的特征。在发展初期和处于稳定运行阶段的小微企业资金需求量大，内源积累少，正规的外源性融资相对困难，融资结构也不会发生太大的变化。随着企业进入成长阶段和稳定运行阶段，融资结构发生了变化，信用社融资的比例增加，说明企业的融资渠道偏好随着不同阶段的变化而变化。

④ 本书以全国范围内 300 家农村小微企业为研究对象，建立计量模型对小微企业的融资需求、融资可获得性以及融资规模的影响因素进行实证分析，研究表明，企业主基本特征中企业主年龄、社会关系、企业主文化以及对政府小微企业融资政策的了解程度与企业基本特征中企业的要素类型、发展阶段、地区因素、总资产规模以及信用状况对小微企业融资需求、融资可获得性以及融资规模有重要影响作用。

⑤ 本书利用博弈论分析方法，对小微企业与银行借贷关系互动过程进行了

博弈分析。只有切实提高银行对小微企业信息流及通过一系列政策和制度建设和完善，最大限度缓解银行与小微企业间的信息不对称情况，才能使银行在整个过程中的信息成本降低，使其加大对小微企业的放贷力度。对于非正规金融，政府会在一定程度内扶持其为小微企业放贷，但非正规金融始终是正规金融的补充。

11.2　未来展望

虽然本书内容较为丰富、结构较为完整，但是仍然存在许多不足，希望能在今后的工作中进一步完善：一是受资料和作者水平的限制，本书没有根据各个区域具体的经济发展状况和其他影响因素分别做以更细致的研究。今后可以在条件允许的情况下，收集更多的资料，实地调研更多的地区，按区域细化研究，以提高对策建议的可行性。二是在收集样本时未能够与农村小微企业业主展开深度访谈，不足以深层次了解到农村小微企业业主基本情况以及融资情况，在以后研究中需要与更多的农村小微企业业主进行深入交流，以便对农村小微企业的实际融资状况与现实需求有更好的把握。三是政府政策对农村金融对小微企业融资方面有很大影响，本书在这方面的分析还不够深入，需要在今后研究中继续深入。

参考文献

[1] 阿尔弗雷得 · 马歇尔 . 经济学原理 [M]. 北京 : 北京商务印书馆，1964.

[2] 阿尔弗雷德·韦伯 . 工业区位论 [M]. 李刚剑，陈志人，张英保，译 . 北京：商务印书馆，1997.

[3] 白光，马国忠 . 中国要走农业品牌化之路 [M]. 北京 : 中国经济出版社，2006.

[4] 边剑霞 . 农产品区域公用品牌保护和提升中的政府职能 [J]. 复旦大学，2014.

[5] 曹慧娟 . 安徽省特色农产品区域品牌建设研究 [J]. 重庆科技学院学报（社会科学版），2013（11）: 105-107.

[6] 曹立群 . 舟山特色农产品区域品牌建设研究——以舟山“晚稻杨梅”为例 [D]. 浙江海洋大学，2017.

[7] 曾建明 . 基于系统的角度 : 区域品牌形象应作为评价区域竞争力的一个新要素 [J]. 系统科学学报，2010，18（2）: 65-67，71.

[8] 陈杉，土平达 . 美国新一代合作社对我国农民合作社发展的启示 [J]. 学术交流，2016（3）: 115-122.

[9] 陈秀山，张可云 . 区域经济理论 [M]. 北京：商务印书馆，2003.

[10] 陈育花，朱顺泉 . 供应链管理中企业合作的博弈分析 [J]. 价值工程，2004（1）：61-63.

[11] 崔俊华 . 传统农区农业产业集群形成的制度障碍及对策 [J]. 2010（3）：74-77.

[12] 代丽艳 . 基层农技推广工作中农业技术人才队伍建设存在的问题及对策 [J]. 乡村科技，2014（16）.

[13] 邓贝贝，颜廷武 . 关于我国农产品品牌建设的思考 [J]. 山东农业大学学报（自然科学版），2011（4）：622-626.

[14] 邓恢华 . 从集群品牌视角探讨广州汽车产业集群竞争力的提升 [J]. 南方经济，2005（9）.

[15] 丁晓晶 . 农业产业集聚与农产品区域品牌互动分析 [J]. 通化师范学院报，2012（7）：80-82.

[16] 董俭堂 . 宁夏现代农业发展模式及关键环节研究 [J]. 农村经济与科技，2010，21（06）：89-90.

[17] 董敏，倪卫红，胡汉辉 . 产业集聚与供应链联盟——两种创新战略的比较研究及发展趋势分析 [J]. 现代经济探讨，2003（3）：36-38.

[18] 董平，苏欣 . 基于消费者的农产品区域品牌资产模型构建及实证研究 [J]. 商业时代，2012（23）：29-31.

[19] 杜秋霞 . 北京平谷完善大桃地理标志产品保护形成体系 [J]. 中国质量报，2011.

[20] 范金旺 . 农产品品牌建设探析 [J]. 江西农业学报，2007（11）：129-131.

[21] 范力勇，杜玥昌 . 开创发展绿色农产品区域品牌　助力精准脱贫——河北

农业供给侧结构性改革进程中农产品区域品牌发展策略的研究 [J]. 决策探索（下），2018（5）.
[22] 方彬楠 . 大兴西瓜产业带带活西瓜经济 [J]. 北京商报，2011.
[23] 冯林，秦燕 . 特色农产品品牌识别系统构成要素研究 [J]. 经济研究导刊，2011.
[24] 符国群 . 品牌、价格和原产地如何影响消费者的购买选择 [J]. 管理科学学报，2003（6）.
[25] 高峰，朱景丽，王学真 . 基于垂直供应链的农业产业集群竞合博弈分析 [J]. 科技管理研究，2008（12）：467-469.
[26] 龚双红 . 国外产业集群理论综述 [J]. 哈尔滨市委党校学报，2006，43（1）：40-43.
[27] 辜胜阻，郑凌云，张昭华 . 区域经济文化对创新模式影响的比较分析——以硅谷和温州为例 [J]. 中国软科学，2006（4）：8-14，45.
[28] 顾强，任宝，张彦明 . 产业集群与品牌互动发展实证研究——中国产业集群（第 3 辑）[M]. 北京：机械工业出版社，2005.
[29] 关纯兴 . 区域农产品品牌协同管理研究 [J]. 学术探索，2012（6）：74-79.
[30] 闺闽 . 地方政府与农产品区域品牌运营的理论与实践 [D]. 武汉科技大学，2012.
[31] 郭红生，胡淑琴 . 生态型地理标志农产品品牌关系的构建 [J]. 价值工程，2009（6）：2-3.
[32] 郭红生 . 区域农产品品牌的文化营销 [J]. 商场现代化，2006（11）.
[33] 郭锦墉 . 江西特色农产品区域品牌经营的思考 [J]. 中国农业资源与区划，2005（4）：51-54.

[34] 郭克锋 . 区域品牌形成与引入的经济学分析 [J]. 统计与决策，2011（7）：68-71.

[35] （美）哈罗德·W. 库恩 . 博弈论经典 [M]. 北京：中国人民大学出版社，2004.

[36] 韩秉智，王瑛 . 西北民族地区发展农业产业集群的思考——以宁夏为例 [J]. 安徽农学通报，2010.

[37] 韩福荣，赵红，赵宇彤 . 品牌竞争力测评指标体系研究 [J]. 北京工业大学学报，2008，34（6）：666-672.

[38] 何迪 . 农业产业集群与区域品牌建设分析——以通化人参品牌建设为例 [J]. 通化师范学院学报，2011，32（3）：31-33.

[39] 何吉多，朱清海，李雪 . 基于产业集群的农产品区域品牌生成机理研究 [J]. 乡镇经济，2009（1）：103-107.

[40] 何丽君 . 区域品牌形成的驱动因素分析 [J]. 福建论坛（社科教育版），2007（12）：82-86.

[41] 何频 . 论地域文化与区域特色经济 [J]. 生产力研究，2006（1）.

[42] 何庆明，戴丽萍 ."竞合"理论的帕雷托效应研究 . 广州：华南农业大学报，2004（3）.

[43] 何瑛，吴韵琴 . 农产品品牌建设中政府扶持政策研究 [J]. 安徽农业科学，2012（10）：6219-6223.

[44] 贺世红，严志强 . 西部地区地理标志农产品供应链管理中的政府行为研究品为例 [J]. 物流技术，2014（17）：308-311.

[45] 洪文生 . 产业集群区域品牌建设构想——以"安溪铁观音"为例 [J]. 华东经济管理，2005（9）.

[46] 侯志茹．东北地区产业集群发展动力机制研究 [M]. 北京：新华出版社，2010.

[47] 胡大力，吴群，等．企业品牌与区域品牌的互动 [J]. 经济管理，2006（5）：44-48.

[48] 胡大立，堪飞龙，吴群．品牌竞争力的生成及其贡献要素优势转化机制分析 [J]. 科技进步与策，2005（7）：81-83.

[49] 胡大立，湛飞龙，吴群．企业品牌与区域品牌的互动 [J]. 经济管理，2006（5）：44-48.

[50] 胡海卿．“围场马铃薯”区域公用品牌发展的六大升级 [J]. 食品工业科技，2016，37（21）.

[51] 胡明武．寿光蔬菜的品牌建设以及营销 [D]. 西北农林科技大学，2012.

[52] 胡铭．基于产业集群理论的农产品地理标志保护与发展 [J]. 农业经济问题，2008（5）：26-31.

[53] 胡平波．江西省特色农业产业集聚发展动力因素的实证 [J]. 华东经济管理，2011，25（7）：19-22.

[54] 胡晓云，等．日本“品牌农业”的发展战略与启示 [J]. 农村工作通讯，2014（24）：62-64.

[55] 胡晓云，陆琪男．农产品区域公用品牌打造的中国方法——首届中国农产品区域公用品牌建设对话录 [J]. 中国广告，2010（3）：133-136.

[56] 胡晓云．以构建强势农产品区域公用品牌为主体目标的中国农事节庆影响力评价模型研究 [J]. 广告大观（理论版），2011（4）：18-28.

[57] 胡晓云．中国的农产品品牌化：中国的体征和中国的方略 [M]. 中国农业出版社，2007.

[58] 胡晓云 . 中国果业品牌价值发现与重塑的七大方法 [J]. 中国广告，2017（2）：102-108.

[59] 胡正明，蒋婷 . 区域品牌的本质属性探析 [J]. 农村经济，2010（5）：89-92.

[60] 胡正明，王亚卓 . 农产品区域品牌形成与成长路径研究 [J]. 江西财经大学学报，2010（2）：64-68.

[61] 黄福江，高志刚 . 美国农业产业集群的实践与启示 [J]. 世界农业，2015（12）：63-67.

[62] 黄海平，龚新蜀，黄宝连 . 基于专业化分工的农业产业集聚竞争优势研究——以寿光蔬菜产业集聚为例 [J]. 农业经济问题，2010（4）：64-69，111.

[63] 黄辉 . 标准提升产品质量　质量树立企业品牌 [J]. 标准生活，2009（6）：19-20.

[64] 黄蕾 . 区域产业集群品牌——我国农产品品牌建设的新视角 [J]. 江西社会科学，2009（9）：105-109.

[65] 黄深，黄勇 . 区域品牌自我维护机制的博弈分析 [J]. 商场现代化，2007（36）：105-106.

[66] 黄喜忠，杨建梅 . 产业集群的品牌生态系统研究 [M]. 北京：经济科学出版社，2009.

[67] 黄亚均，袁志刚 . 宏观经济学 [M]. 北京：高等教育出版社，2002：55-57.

[68] 季六祥 . 一个全球化的品牌竞争力解析框架 [J]. 财贸经济，2003（8）：88-91.

[69] 贾爱萍，李大垒 . 产业集群品牌创建的影响因素 [J]. 经济管理，2009（31）：12-22.

[70] 贾让成，邵明杰 . 地方历史品牌的困境及管理策略 [J]. 经济体制改革，2005（5）：74-76.

[71] 江菲．河南省农业产业集聚研究 [D]. 河南大学，2013.

[72] 江小毅．欠发达地区农产品品牌整合战略研究 [J]. 企业经济，2009（2）：87-89.

[73] 蒋廉雄，朱辉煌，卢泰宏．区域竞争的新战略：基于协同的品牌资产构建 [J]. 中国软科学，2005（11）：107-116.

[74] 金祥荣，朱希伟．专业化产业区的起源与演化——一个历史与理论视角的考察 [J]. 经济研究，2002（8）：74-82，95.

[75] 鞠传霄．基于产业集群的区域品牌建设研究 [D]. 北京：首都经济贸易大学，2013：7.

[76] 孔祥智，金洪云，等．国外农业合作社研究——产生条件运行规则及经验借鉴 [M]. 北京：中国农业出版社，2012.

[77] 黎继子，刘春玲．集群式供应链：产业集群和供应链的耦合 [J]. 现代经济探讨，2006（5）：5-9.

[78] 李冰．关于黑龙江省农产品区域品牌建设的思考 [J]. 佳木斯大学社会科学学报，2010（5）：48-49.

[79] 李成砚，廖允成．杨凌示范区可持续发展能力评价 [J]. 安徽农业科学，2012，40（14）：8345-8347.

[80] 李春海，张文，彭牧青．农业产业集群的研究现状及其导向：组织创新视角 [J]. 中国农村经济，2011（3）：49 -58.

[81] 李大垒，仲伟周．农业供给侧改革、区域品牌建设与农产品质量提升 [J]. 理论月刊，2017（4）：132-136.

[82] 李大垒．陕西山东两省农业区域品牌建设情况比较 [J]. 中国国情国力，2016（1）：24-25.

[83] 李东升 . 全球价值链下农业产业集群功能升级分析 [J]. 国际经济合作，2008，（9）：20-23.

[84] 李光斗 . 品牌竞争力 [M]. 北京：中国人民大学出版社，2003.

[85] 李海东 . 区域品牌“搭便车”行为的博弈分析与治理路径 [J]. 江西科技师范学院学报，2008（2）：32-35.

[86] 李辉，张旭明 . 产业集群的协同效应研究 [J]. 吉林大学社会科学学报，2006 ，46（3）：43-50.

[87] 李杰,余明阳,王琦 . 品牌竞争力综述 [J]. 上海交通大学学报,2007,41（6）：1035-1044.

[88] 李景国，田友明 . 农业科学发展战略视域下农产品品牌建设机制及其营销策略研究 [J]. 安徽农业科学，2014（6）：1830-1832.

[89] 李开，徐晓飞，江天鹏 . 产业集群企业合作营销模式：理念、体系架构和运作方式——基于扎根理论的概念化研究 [J]. 经济师，2014（3）.

[90] 李丽，姜含春 . 茶叶公用品牌下企业间的博弈行为及对策分析 [J]. 中国茶叶，2008（3）：3-5.

[91] 李敏 . 国外农产品品牌研究述评 [J]. 乡镇经济，2009（10）：92-95.

[92] 李敏 . 我国农产品品牌价值及品牌战略管理研究 [D]. 华中农业大学，2008.

[93] 李琼 . 产业集群背景下湖南区域品牌建设的问题与对策 [J]. 衡阳师范学院学报，2015（1）：72-74.

[94] 李瑞丽 . 核心企业在产业集群演化过程中的作用分析 [J]. 科技与管理，2005（4）：106-109.

[95] 李铜山，刘清娟 . 新型农业经营体系研究评述 [J]. 中州学刊，2013（3）：5-8.

[96] 李晓红，程燕 . 新疆特色农产品区域品牌创建与发展策略浅析 [J]. 经济研究导刊，2015（6）：45-46，87.

[97] 李新安 . 产业集群合作创新自增强机制的博弈分析 [J]. 经济经纬，2005：353-561.

[98] 李秀萍 . 区域品牌维护中的企业博弈分析 [J]. 湖北经济学院学报（人文社会科学版），2008（12）：68-70.

[99] 李学工，易小平 . 农产品区域品牌建设中的“公共物品私人自愿供给”问题研究 [J]. 兰州商学院学报，2009（2）：65-68.

[100] 李亚林 . 区域品牌的形成创建机理研究——农产品区域品牌为例 [J]. 科技创业，2012（11）：32-35.

[101] 李永刚 . 企业品牌、区域产业品牌与地方产业集群发展 [J]. 财经论丛，2005（1）：22-27.

[102] 梁琦，刘厚俊 . 产业区位生命周期理论研究 [J]. 南京大学学报（哲学 · 人文科学 · 社会科学版），2003（5）：139-146.

[103] 梁文玲 . 基于产业集群可持续发展的区域品牌效应探究 [J]. 经济经纬，2007（3）：114-117.

[104] 梁莹，郑江波 . 区域品牌的治理机制研究：基于产业集群的视角 [J]. 统计与决策，2010（19）：145-148.

[105] 林阿禄，颜颖 . 茶叶产业集群的区域品牌协同研究——以福安“坦洋工夫”茶叶品牌为例 [J]. 质量技术监督研究，2011（5）：43-46.

[106] 林春晓 . 农业产业集聚构建区域品牌的策略研究 [D]. 山东财经大学，2014.

[107] 林德荣，滕淑珍 . 农产品区域公用品牌成长路径及影响因素研究——以“烟

台苹果”为例 [J]. 青岛农业大学学报（社会科学版），2012（2）：23-26.

[108] 林荣清 . 农产品品牌带动战略实施的机制与对策分析 [J]. 华东经济管理，2008，22（7）：59-63.

[109] 刘春玲 . 发展我国农业产业集群的对策研究 [J]. 科技创业月刊，2006.

[110] 刘恒江，陈继祥 . 要素、动力机制与竞争优势：产业集群的发展逻辑 [J]. 中国软科学，2005（2）：125-130.

[111] 刘洪波 . 区域品牌构建的三个支点 [J]. 管理研究，2011（10）：26-27.

[112] 刘华军 . 地理标志的空间分布特征与品牌溢出效应——基于中国三部门地理标志数据的实证研究 [J]. 财经研究，2011（10）：48-57.

[113] 刘进，李闯 . 传播标准化——农产品区域公用品牌的发展战略 [J]. 农产品加工，2010（11）：41-43.

[114] 刘丽，周静，孔祥军 . 地理标志的政府营销理论依据和战略研究 [J]. 广西社会科学，2010（10）：59-63.

[115] 刘丽，周静 . 基于产业集群农产品区域品牌建设的几点思考 [J]. 农业经济，2006（11）：52-53.

[116] 刘守贞，王奎良 . 烟台苹果产业的发展现状与对策措施 [J]. 山东农业科学，2011（9）：120-122.

[117] 刘守贞，张洪波，王奎良 . 农产品区域公用品牌建设的战略思考——以烟台苹果为例 [J]. 山东省农业管理干部学院学报，2012（4）：31-34.

[118] 刘婷，于英，鹿永华 . 农产品品牌竞争力对比分析——以“烟台苹果”和“新西兰苹果”为例 [J]. 林业经济，2015（12）：78-82，109.

[119] 刘婷 . 影响农产品贸易区域品牌发展的因素分析 [J]. 价格月刑，2014（3）：62-65.

[120] 刘婷 . 影响农产品区域品牌形成的要素评价——以河南省为例 [J]. 江苏农业科学，2016（8）：527 -531.
[121] 刘晓彬，李蔚 . 农产品产区品牌的经营模式及管理策略 [J]. 农村经济，2014（4）：65-68.
[122] 刘元兵,刘春晖 . 农业区域品牌经济体的共生理论解读及形成对策探析 [J]. 广东农业科学，2012（5）：198-200.
[123] 刘月平 . 区域品牌形成的驱动因素分析 [J]. 福建论坛（社科教育版），2009（12）：82-86.
[124] 刘中会 . 寿光蔬菜产业集聚研究 [D]. 东北师范大学，2009.
[125] 龙丽 . 博弈论在企业竞争中的应用研究 [M]. 厦门：厦门大学出版社，2001：4-5.
[126] 卢代富，谭贵华 . 美国农业合作社的形态法定化及其启示 [J]. 法学论坛，2012（3）：112-128.
[127] 卢秀龙,吴声怡,施生旭 . 我国茶叶区域品牌资产评估模型及实证研究——以安溪铁观音为例 [J]. 湖北社会科学，2012.
[128] 罗纪宁，黄萍 . 有机农产品区域品牌发展战略研究——基于有机农产品区域品牌模型 [J]. 品牌研究，2016（6）：89-96.
[129]（美）罗杰・B. 迈尔森 . 博弈论 [M]. 北京：中国经济出版社，2001.
[130] 吕苏榆 . 日本农业区域品牌发展探析 [J]. 现代日本经济，2012（2）：73-79.
[131] 马清学 . 农产品区域品牌建设模式研究 [J]. 河南师范大学学报（哲学社会科学版），2010（1）：142-144.
[132] 迈克尔・波特 . 竞争论 [M]. 高登北，李明轩，译 . 北京：中信出版社，2003.
[133] 孟韬 . 企业品牌、网络关系与产业集群发展 [J]. 东北财经大学学报，2006

（3）：14-16.

[134] 米新丽．美国农业合作社法初探 [J]. 江西社会科学，2015（3）：139-141.

[135] 倪焱平．基于博弈论的区域产业品牌培育途径及主体问题探讨 [J] 区域经济，2008（2）：46-48.

[136] 祁旭，马尚平．农产品区域品牌建设研究 [J]. 农村经济与科技，2018.

[137] 钱静斐，李宁辉．美国有机农业补贴政策：发展、影响及启示 [J]. 农业经济问题，2014（7）：103-109.

[138] 乔娟，张宏升．以区域品牌为重点推进农产品品牌经营战略 [J]. 湖南农业科学，2005（5）：4-8.

[139] 任强．我国农产品品牌建设的现实问题与对策 [J]. 改革与战略，2010（5）：117-119.

[140] 任青丝．我国农业产业集群研究综述 [J]. 时代视点，2001.

[141] 商世民．地理标志集群品牌对农产品产业集聚的影响——以湖北省为例 [J]. 科技进步与对策，2016（23）：40-43.

[142] 邵建平，任华亮．区域品牌形成机理及效用传导对西北地区区域品牌培育的启示 [J]. 科技管理研究，2008（3）：133-134，144.

[143] 沈鹏熠．农产品区域品牌的形成过程及其运行机制 [J]. 农业现代化研究，2011（32）：588-591.

[144] 沈青．区域产业集群发展与实施品牌战略的协同演进思考 [J]. 科技管理研究，2007（4）：53-55.

[145] 盛世豪，郑燕伟．“浙江现象”产业集群与区域经济发展 [M]. 北京：清华大学出版社，2004.

[146] 苏悦娟，孔祥军．地理标志的政府营销理论依据和战略研究 [J]. 广西社会

科学，2010（10）：59-63.

[147] 孙冬林，鲁兴启 . 产业集群与区域品牌的互动效应分析 [J]. 企业改革与管理，2010.

[148] 孙剑，龚自立 . 产业集群成熟度模型及评价指标体系研究 [J]. 技术经济与管理研究，2010（6）：120-124.

[149] 孙瑜 . 农产品价值要素理论视角下的马家沟芹菜品牌建设分析 [J]. 安徽农业科学，2012（10）：6303-6308.

[150] 涂传清，王爱虎 . 农产品区域公用品牌的经济学解析：一个基于声誉的信号传递模型田商业经济与管理，2012（11）：15-23.

[151] 王静 . 农民合作经济组织理论与实践的研究 [D]. 云南财经大学，2017.

[152] 汪明萌 . 我国农产品品牌建设浅析 [J]. 山西农业科学，2010（3）：74-79.

[153] 王丰阁 . 龙头企业在农产品区域品牌建设中的策略——基于“智猪博弈模型”[J]. 当代经济，2014.

[154] 王艳荣，刘业政 . 农业产业集群形成机制的结构验证 [J]. 中国农村经济，2011（10）：77 -85.

[155] 尉雪波，张仲燕 . 区域品牌形成和管理过程中的博弈模型研究 [J]. 统计与决策，2007（22）：138.

[156] 翁胜斌，李勇 . 农产品区域品牌生态系统的成长性研究 [J]. 农业技术经济，2016（2）：113-119.

[157] 瓮怡洁 . 有机农业：法律规制与政策扶持 [J]. 华南农业大学学报（社会科学版），2011，10（3）：7-16.

[158] 吴传清，从佳佳 . 区域产业集群品牌风险的成因及防范策略——基于文献述评与拓展研究的视角 [J]. 学习与实践，2011（2）：31-40.

[159] 吴勤堂 . 产业集群与区域经济发展耦合机理分析 [J]. 管理世界，2004：133-136.

[160] 吴士元 . 基于博弈分析的战略联盟研究 [M]. 南京：南京理工大学，2004.

[161] 习民富 . 美国农村合作社发展史简述 [J]. 黑龙江粮食，2015（1）：10-11.

[162] 夏雷 . 以区域品牌为重点推进农产品品牌经营战略 [J]. 湖南农业科学，2007（5）：4-8.

[163] 向会娟，曹明宏，潘泽江 . 农业产业集群：农村经济发展的新途径 [J]. 农村经裁，2005（3）：47-49.

[164] 谢识予 . 经济博弈论 [M]. 上海：复旦大学出版社，2001（5）：40-41.

[165] 谢玉梅 . 美国有机农业发展及其政策效应分析 [J]. 农业经济问题，2013(5):105-109.

[166] 熊爱华，汪波 . 基于产业集群的区域品牌形成研究 [J]. 山东大学学报（哲学社会科学版），2007（2）：84-89.

[167] 熊爱华 . 农业集群品牌建设模式研究 [M]. 北京：中国科学出版社，2010.

[168] 徐灵枝，吴未 . 品牌效应对陈壕制鞋业产业集群的影响分析 [M]. 中国产业集群（第 3 辑），北京：机械工业出版社，2005（12）：54-57.

[169] 徐元珍 . 我国农产品品牌与标准化关系研究 [D]. 湖南师范大学，2006.

[170] 许基南，李建军 . 基于消费者感知的特色农产品区域品牌形象结构分析 [J]. 当代财经，2010（7）：71-78.

[171] 许文苹 . 我国地理标志初级农产品协同管理模式研究 [D]. 天津大学：博士研究生学位论文，2011.

[172] 薛桂芝 . 论我国农产品区域品牌的创建 [J]. 农业现代化研究，2010,31（6）:688-691.

[173] 亚当・斯密 . 国民财富的性质和原因的研究 [M]. 北京：商务印书馆，1974.
[174] 杨佳利 . 农产品区域品牌对消费者感知质量的影响——以消费者产品知识、介入度和来源地为调节变量 [J] . 湖南农业大学学报（社会科学版），2017，18（1）：15-22.
[175] 杨建梅，黄喜忠，张胜涛 . 区域品牌的生成机理与路径研究 [J]. 科技进步与对策，2005（12）：22-24.
[176] 杨瑾，尤建新，蔡依平 . 产业集群与供应链系统一体化效应分析：一个理论的框架 [J]. 管理评论，2006：18（9）：41-46.
[177] 杨柳 . 论地理品牌与产业集群的价值实现——基于中国白酒产业的分析 [J]. 软科学，2008（12）：114-118.
[178] 杨雪莲，胡正明 . 区域品牌形成和成长二阶段理论模型与实证 [J]. 统计与决策，2012（7）：48-51.
[179] 姚春玲 . 基于农业产业集聚的农产品区域品牌竞争力提升机制分析 [J]. 中国管理信息化，2013（15）：38-40.
[180] 姚春玲 . 农业产业集聚与农产品区域品牌竞争力提升策略 [J]. 农业现代研究，2013（3）：318-321，327.
[181] 姚作为 . 企业集群与品牌聚合 [J]. 生产力研究，2004（9）：131-134.
[182] 叶敏 . 农产品品牌建设中的问题及对策 [J]. 中国经贸导刊，2013（3）：42-43.
[183] 易正兰，陈彤 . 基于农业产业集群的农业品牌发展策略 [J]. 农村经济，2007（6）：37-40.
[184] 尹成杰 . 新阶段农业产业集群发展及其思考 [J]. 农业经济问题，2006（3）：4-7，79.
[185] 尹晶 . 我国产业集群实施区域品牌建设研究——以嵊州市领带产业集群为

例 [D]. 北京：中国农业大学，2005：29-37.

[186] 于维生，朴正爱 . 博弈论及其在经济管理中的应用 [M]. 北京：清华大学出版社，2005（6）：21-22.

[187] 余明阳 . 品牌学 [M]. 合肥：安徽省人民出版社，2002：14-16.

[188] 俞燕 . 新疆特色农产品区域品牌：形成机理、效应及提升对策研究 [D]. 华中农业大学，2015.

[189] 喻卫斌 . 试论基于产业集群的区位品 [J]. 商业经济文荟，2004（6）.

[190] 元秀华 . 产业集群的创新、合作竞争和区域品牌效应分析 [J] . 湖北经济学院学报，2005（6）：70-75.

[191] 张传统，陆娟 . 农产品区域品牌购买意愿影响因素研究 [J]. 软科学，2014，28（10）：96-99.

[192] 张传统 . 农产品区域品牌发展研究 [D]. 中国农业大学，2015.

[193] 张春明 . 略论产业集群区域品牌之关联方的协同效应 [J]. 现代财经，2008，28（10）：29-33.

[194] 张光辉，张蓓 . 基于价值链理论的农业品牌科技支撑体系研究 [J]. 华南农业大学学报，2009（2）：32-35.

[195] 张光辉，张蓓 . 农产品品牌的理论与策略探讨 [J]. 农产品市场周刊，2006（20）：7-10.

[196] 张宏伟 . 产业集群研究的新进展 [J]. 经济理论与经济管理，2004（4）：69-73.

[197] 张可成，王孝莹 . 我国农产品品牌建设分析 [J]. 农业经济问题，2009（2）：22-24.

[198] 张可成，杨学成 . 农产品品牌作用机理分析 [J]. 生产力研究，2008（21）：28-30.

[199] 张可成．略论农产品品牌建设中的政府行为 [J]. 理论学刊，2009（9）：87-90.
[200] 张磊．中国传统农业文化转型研究 [D]. 西北农林科技大学，博士研究生学位论，2003.
[201] 张鹏．我国农村公共物品多元供给制度的构建 [J]. 理论与改革，2009（5）：68-71.
[202] 张世贤．论工业品品牌竞争力及其量化分析 [J]. 经济导刊，1996，（5）：38-44.
[203] 张书瑞．政府与行业协会在产业集群区域品牌营销管理中的作用探析 [J]. 当代经济，2015（9）.
[204] 张维迎．博弈论与信息经济学 [M]. 上海：上海人民出版社，2004.
[205] 张小蒂，张弛．产业集群组织创新与动态比较优势构建——以浙江绍兴为例 [J]. 浙江大学报（人文社会科学版），2010（8）：79-87.
[206] 张小青．基于集群机理的农业产业集群成长障碍与路径分析 [J]. 经济问题，2009（1）：69-71.
[207] 张学军．论美国农业经销合作社规范的演变及其启示 [J]. 浙江大学学报（人文社会科学版），2011（7）：119-133.
[208] 张艳红．虚拟社区营销价值实现的影响因素分析 [J]. 商业时代，2014（34）.
[209] 张月莉，郝放．农业集群品牌营销成功的关键影响因素分析——以黑龙江“寒地黑土”品牌为例 [J]. 农业经济问题，2013（6）：7-13.
[210] 张祖健，等．中国东部品牌研究 [M]. 北京：中国轻工业出版社，2003：23-26.
[211] 章军．农产品品牌建设的策略及改进意见——以长丰草莓为例 [J]. 安徽农业科学，2009（16）：7712-7714.

[212] 章胜勇，李崇光 . 运用地理标志提升农产品市场竞争力 [J]. 农业经济，2007（9）：80-81.

[213] 赵进 . 产业集群生态系统的协同演化机理研究 [D]. 北京交通大学：博士研究生学位论文，2011.

[214] 赵晶 . 集群企业品牌生成的 SPC 工分子模型 [J]. 经济管理，2007（4）：29-33.

[215] 赵淑杰 . 新时期我国农产品品牌建设问题之探讨 [J]. 农业经济，2007（2）：65-66.

[216] 郑寅达，费佩君 . 澳大利亚史 [M]. 上海：华东师范大学出版社，1991：204.

[217] 周涌 . 基于产业集聚理论的区域农业竞争力分析 [J]. 农村经济，2011（4）：52-53.

[218] 左两军 . 超市生鲜经营与我国农产品品牌建设——基于中间层组织与厂商理论的分析 [J]. 华南农业大学学报（社会科学版），2005（3）：64-69.

[219] Aaker D. A，Joachimsthaler E. Brand Leadership [M]. New Yorkahe Free Press，2000.

[220] Agustii Segarra Blasco，Josep Maria Arazuo Carod. Sources of Innovation and Industry University in-Teraction Evidence from Spanish Firms [J]. Research Policy，2008（37）：1283-1295.

[221] Aliza Fleischer，Anat Tchetchik. Does Rural Tourism Benefit from Agriculture? [J]. Tourism Management，2005（26）：493-501.

[222] Aliza Fleischer，Daniel Felsenstein. Support for Rural Tourism，Does it Make a Difference? [J]. Annals of Tourism Research，2000（27）：1007-1024.

[223] Allen George.Place Branding：New Tools for Economic Development [J]. Design Management Review，2007（18）：60-68.

[224] Anholt S. The Anholt OGMI City Brands Index：How the World Sees the World' s City [J]. Place Branding，2006（2）：18-31.

[225] Anholt S.NationBranding：Accontinuing Theme [J]. Journal of Brand Management，2002（10）：59-60.

[226] Anselin，Flora R，Rey S. Advanced in Spatial Econometrics：Methodology，ToolsandApplications [M]. Berlin，Springer-Verlag，2004.

[227] Antonelfi C. Collective Knowledge Communication and Innovation：Theevidence of Technological Districts. Regional studies，2000，34（6）：535-547.

[228] Arie Reichel.Ruraltourism in Israel：Service Quality and Orientation [J]. Tourism Management，2000（21）：451-459.

[229] Australia. A Social and Political History [J]. Sydney，1955：120.

[230] Australian Bureau of Statistics（ABS）[R]. 1965-1987.

[231] Baron R，Kenny D. The Moderator-Mediator Variable Distinction in Social Psychological Research：Conceptual，Strategic，and Statistical Consideration [J].Journal of Personality and Social Psychology，1986，51（6）：1173-1182.

[232] Bernardo，Dan. Agritourism：If We Build It，Will They Come? Paper Presented at the2004 Risk and Profit Conference，Manhattan，KS，August 19-20，2004.

[233] Brian Garrod. Re-conceptualizing Rural Resources as Countryside Capital：

The Case of Rural Tourism [J]. Journal of Rural Studies, 2006（22）: 117-128.

[234] Bruso S. Industrial Districts and Cooperation [M]. Geneve : IL, O, 1990.

[235] Buchanan J M. An Economic Theory of Clubs [J]. Economic, 1965, 32（25）: 1-14.

[236] Caldwell N, Freire J. R. The Differences Between Branding a Country, a Region and a City : Applying the Brand Box Model [J]. Journal of Brand Management, 2004（12）: 50.

[237] Cecilia Hegarty. Rural and Agritourism as A Tool for Reorganizing Rural Areas in Old and New Member States [J]. International Journal of Tourism Research, 2005, 7（2）: 63-77.

[238] Chaudhuri A. How Brand Reputation Affects the Advertising Brand Equity Link [J]. Journal of Advertising Research, 2002, 42（5-6）: 33-43.

[239] Claire Haven-Tang. Local Leadership for Rural Tourism Development : A Case Study of Adventa, Monmouthshire, UK [J]. Tourism Management Perspectives, 2012.

[240] Coghlan T. A. A Statistical Account of the Seven Colonies of Australia [J]. Sydney, 1902 : 582-586.

[241] Darko Dragi Dimitrovski. Rural Tourism and Regional Development [J]. Procedia Environmental Sciences, 2012（14）: 288-297.

[242] Deborah Che, VeeckAnn, Veeck Gregory. Sustaining Production and Strengthening. The agritourismproduct : Lineagesamong Michigan Agritourism Destinations [J]. Agriculture and Human Values, 2005（2）: 225-234.

[243] Dolors Garcia-Ramon M. Farm Tourism, Gender and the Environment in Spain [J]. Annals of Tourism Research, 1995（22）: 267-282.

[244] Duk-Byeong Park. Segmentation by Motivation in Rural Tourism : A Korean Case Study [J]. Tourism Management, 2009（30）: 99-108.

[245] Elhorst J. P. Applied Spatial Econometrics : Rasing the Bar [J]. Spatial Economic Analysis, 2010（5）: 18-24.

[246] Elisabeth Kastenholz. Understanding and Managing the Rural Tourism Experience-the Case of Ahistorical Village in Portugal [J]. Tourism Management Perspectives, 2012（4）: 207-214.

[247] Emese Panyik.Implementing Integrated Rural Tourism : An Event-based Approach [J]. Tourism Management, 2011（32）: 1352-1363.

[248] Filip C., Jan B., Reinhart C. Fragmentation in the Legal Amazon, Brazil : Can landscapemetrics indicate agricultural policy differences? [J]. Ecological Indicators, 2011, 11（5）: 1467-1472.

[249] Gardner B., Levy S. The Product and the Brand [J]. Harvard Business Review, No.33, March/April, 1955 : 33-39.

[250] Gilmore F. A Country Can It Be Repositioned? Spain the Success Story of Country Branding [J]. Journal of Marketing Research, 2002（8）: 281-293.

[251] Gilmore F. A Country-Can It Be Repositioned? Spain-The Success Story of Country Branding [J]. Journal of Brand Management, Vo1.9, Nos.4/5, 2002 : 281-293.

[252] Glaser B. G, Strauss A. The Discovery of Grounded Theory : Strategies for Qualitative Research [M]. Chicago : Aldine Press, 1967.

[253] Graham Busby, Samantha Rendle. The Transition From Tourism on Farms to Farm Tourism [J]. Tourism Management, 2000 (21): 635-642.

[254] Gregory Dooley, and David Bowie. Students Corner Place Brand Architecture : Strategic Management of the Brand Portfolio [J]. Place Branding, 2005, 1 (4): 402-419.

[255] Hall D. Destination Branding, Niche Marketing and National Image Projection in Central and Eastern Europe [J]. Journal of Vacation Marketing, No.S, 1999 : 227-237.

[256] Han C. M, Terpstra V. Country of Origin Effects for Uninationaland Bi-national Products. Journal of International Business Studies, 1988 (Summer): 235-255.

[257] Han C. Min : Testing the Role of Country Image in Consumer Behavior European Journal of Marketing, 1989, 24 (6): 24-40.

[258] Hankinson G. Location Branding : a Study of the Branding Practices of 12 English Cities [J]. Journal of Brand Management, 2001 (9): 127-142.

[259] Hankinson G. Relational Network Brands : Towards a Conceptual Model of Place Brands [J]. Journal of Vacation Marketing, Vo1.10 , No.2, 2004 : 109-121.

[260] Holt D. Toward a sociology of branding [J]. Journal of Consumer Culture, 2006, 6 (3): 299-302.

[261] Hudson R. Regions and Regional Uneven Development Forever? Some Reflective Comments Upontheory and Practice [J]. Regional Studies, 2007 (41): 1149-1160.

[262] HwanSuk Chris Choia，Ercan Sirakayab. Sustainability Indicators for Managing Communitytourism [J]. Tourism Management，2006（27）：1274-1289.

[263] Jackson P.，Russell P，Ward N. The Appropriation of Alternative Discourses by Mainstream Food Retailers [M] //Damian Maye，Lewis Holloway，et al. Alternative Food Geographies：Representation and Practice. Amsterdan，Netherlands & Oxford UK：Elsevier，2007：309-330.

[264] Janssen M，Hamm U. Product Labelling in the Market for Organic Food：Consumer Preferences and Willingness-to-pay for Different Organic Certification Logos [J]. Food Quality and Preference，2012，25（1）：9-22.

[265] Jiang Q.，Batt P. J. Barriers and Benefits to the Adoption of A Third Party Certified Food Safety Management System in the Food Processing Sector in Shanghai，China [J]. Food Control，2016（62）：89-96.

[266] Joyce P.，Woods A，Blacks. Network Sand Partnership：Managing Change & Competition，Small Business & Enterpyise Development，1995（2）：11-18.

[267] Kavaratzis M. Place Branding：A Review of Trendsand Conceptual Models [J]. Marketing Review，2005（5）：329-342.

[268] Keller K. L. Conceptualizing，Measuring，and Managing Customer. Based-Brand Equity. The Journal of Marketing，1993（57）：103-106.

[269] Keller K. L. Strategie Brand Managemen [M]. New Jersey：Prentiee Hall，1998.

[270] Kerr G，Johnson S. A Review of a Brand Management Strategy for a Small

Town Lessons Learn [J]. Place Branding，2005（1）: 373-387.

[271] Korea Rural EconomicInstitute. Agro-Industry Sectorand Agro Enterprise Cluster Development in Selected Transition Economies [R]. Moscow，2005 : 1-35.

[272] Kotler P.，Gertner D. Country as Brand，Product，and Beyond : A Place Marketing and Brandmanagement Perspective [J]. Journal of Brand Management，2002，9（4/5）: 249-261.

[273] Kotler P.，Haider D H. Marketing Places : Attracting Investment Industry, and Tourism to Cities，States，and Nations [M]. New York : the Free Press, 1993.

[274] Krugman P. R. and Venables A. J. Globalization and the Inequality of Nations [J]. Quarterly Journal of Economics，1995（60）: 857-880.

[275] Krugman P. R. History and Industry Location : the Case of the US Manufacturing Belt [J]. American Economic Review，1991（81）: 80-83.

[276] Krugman P. R. Increasing Returns and Economic Geography [J]. Journal of Political Economy，1991（99）: 483-499.

[277] Martin Oppermann. Rural Tourism in Southern Germany [J]. Annals of Tourism Research，1996（23）: 86-102.

[278] Moschitz H.，Stolze M. The Influence of Policy Networks on Policy Output : A Comparison of Organic Farming Policy in the Czech Republic and Poland [J]. Food Policy，2010，35（3）: 247-255.

[279] Oyce P.，Woods A.，Backs. Networks and Partnership : Managing Change & Competition. Small Business & Enterprise Development，1995（2）: 11-18.

[280] Paul Elhorst J. Specification and Estimation of Spatial Panel Data Models [J]. International Regional Science Review，2003（3）：244-268.

[281] Peter Knorringa. Jre Meyer-Stamen New Dimensions in Enterprise Cooperation and Development：From Cluster to Industrial Districts，1998.

[282] Poter M. E. Cluster and the New Economics of Competition，Harvard Business Review，1988：11-12.

[283] Seufert V.，Ramankutty N.，Mayerhofer T. What is This Thing Xalled Organic? How Organic Farming is Codified in Regulations [J]. Food Policy，2017（68）：10-20.

[284] Shann E. An Economic History of Australia [M]. Cambridge，1938：220.

[285] Theo J. A. Roelandt，Pim den Hertog，Summary Report of the Focus Group Oncluster. OECD，1998.

[286] Walmsley D. J. Rural Tourism：case of Lifestyle Led Opportunities [J]. Australian Geographer，2003，34（1）：61-72.

[287] Windett N. Australia as Producer and Trader. 1933（8）：1920-1932.

附录：农村小微企业融资需求及融资可得性调查问卷

尊敬的小微企业经营者：

您好！首先感谢您在百忙之中填写这份问卷。本调查问卷所有问题旨在了解小微企业融资的基本情况，主要了解小微企业融资需求、融资可得性以及融资规模等，为相关部门提供决策依据，我们将做好保密工作。您宝贵的回答对本书分析有重要的贡献，谢谢您的支持与配合！

样本编号：__________

被调查者所在地区：__________市__________县（区）

一、企业的基本情况

（一）企业主基本信息

1. 您的年龄是（　　）

A. 20~27 岁　　B. 28~35 岁　　C. 36~43 岁　　D. 44 岁以上

2. 您现在的文化程度是（　　）

A. 初中及以下　　B. 高中及中专　　C. 大专

D. 本科　　E. 研究生及以上

3. 您的社会关系（　　）（包括银企关系、企政关系）

A. 非常不好　　B. 不好　　C. 一般　　D. 好

E. 非常好

（二）企业基本信息

1. 贵企业属于哪个行业（　　）

A. 农林牧渔业　　B. 工业　　C. 批发及零售业

D. 住宿和餐饮业　　E. 建筑业　　F. 交通运输及仓储业

G. 房地产开发经营及物业管理　　H. 信息传输业及软件和信息技术服务业

I. 其他

2. 贵企业企业要素类型属于（　　）

A. 技术密集型　　B. 资本密集型

C. 劳动密集型　　D. 其他

3. 贵企业属于企业发展的哪一阶段（　　）

A. 起步阶段　　B. 成长阶段　　C. 成熟阶段　　D. 衰退阶段

（三）企业财务状况

1. 贵企业 2016 年总资产规模为（　　）元

A. 50 万以内　　B. 50 万 ~150 万

C. 150 万 ~250 万　　D. 250 万以上

2. 贵企业是否有信用状况等级评级（　　）

A. 有　　B. 无

3. 贵企业若有信用等级评级信用等级为 _____

二、企业现有融资状况及评价

1. 贵企业最近一年是否有融资需求（　　）

A. 是　　B. 否

2. 贵企业最近一年是否有实质性融资行为（　　）

A. 是　　B. 否

3. 贵企业最近一年是否获得融资（　　）

A. 是　　B. 否

4. 贵企业最近一次融资中实际获得融资额度占期望融资额度的比重（%）为（　　）

A. 0　　B. 大于 0 小于 1/3

C. 大于 1/3 小于 2/3　　D.1

5. 贵企业在 2017 年融资规模为（　　）元

A. 50 万以内　　B. 50 万 ~150 万

C. 150 万 ~250 万　　D. 250 万以上

6. 企业在 2017 年的借款总金额是 ________

7. 贵企业 2017 年融资次数为（　　）

A. 0 次　　B. 1 次　　C. 2 次　　D. 3 次及其以上

8. 贵企业生产经营中面临的困难（　　）

A. 市场信息匮乏　　B. 规模偏小　　C. 违约欺诈多

D. 缺少资金　　E. 缺乏经营管理人才

9. 您获得的贷款是否到期不能偿还（　　）

A. 是　　B. 否

10. 如果不能贷款偿还，原因是什么（　　）

A. 贷款经营项目收入不高或亏损　　B. 贷款期限设计不合理

C. 企业资金周转困难　　D. 其他

11. 贵企业在融资过程中感觉融资难易程度如何（　　）

A. 困难　　B. 比较困难　　C. 一般　　D. 容易

12. 贵企业贷款难的主要原因（可多选）（　　）（按照影响程度从大到小排列）

A. 抵押担保不足　　B. 企业信用等级低

C. 企业规模小、经营状况不佳　　D. 贷款项目风险高

13. 在您获得贷款过程中，您对贷款银行最不满意的地方是（　　）（可多选）

A. 贷款利率高　　B. 可贷资金数额少

C. 贷款期限不长　　D. 贷款担保等手续烦琐

三、企业融资意愿

1. 贵企业今后（未来三年内）融资需求为（　　）元

A. 50 万以内　　B. 50 万 ~150 万

C. 150 万 ~250 万　　D.250 万以上

2. 贵企业今后（未来三年内）融资主要用于（　　）

A. 购买原材料　　B. 支付短期应付款　　C. 发放人员工资

D. 新项目开发　　E. 合同预付款　　F. 购买新设备

G. 偿还贷款　　H. 其他

3. 如果贵企业扩大经营规模需要外部融资，您理想的融资渠道是（　　）（可多选）

A. 民间借贷　　B. 贷款

C. 天使投资等风投　　D. 政府项目支持

四、企业融资环境与政策

1. 您对政府支持中小企业融资政策的了解状况（　　）

A. 很不清楚　　B. 不清楚　　C. 一般

D. 清楚　　E. 非常清楚

2. 贵企业是否获得政策支持（　　）

A. 是　　B. 否

3. 贵企业获得了什么政策支持（　　）

A. 政府直接补助　　B. 财政贴息　　C. 生产能力扩大　　D. 其他

4. 贵企业对促进小微企业信贷融资的政策建议

后　记

岁月荏苒，光阴似箭，历经漫长的创作之路，终于结稿。学术研究，有两种境界。孟子有云：“学问之道无他，求其放心而已”，此为学术的第一种境界，即“学问乃为己之学”；又王阳明有云：“夫道，天下之公道也；学，天下之公学也，非朱子可得而私也，非孔子可得而私也”，此为学术的另一种境界，即“学术乃天下之公器也”。然而于我而言，用知识充实自我的一己之学，却从未懈怠。正是在这种境界的支撑之下，我躲避了纷纷扰扰的世俗缠绕，潜心读书。尽管在书海森森的世界里，曾有多次放弃的念头，但一次次与古典名人的触碰又让我在艰难之中，捡起了那颗想要放弃的心。“衣带渐宽终不悔，为伊消得人憔悴”，一直以来的坚持使我终于敲完了这最后一字。

能够在太原科技大学经济管理学院工作我倍感幸福。这里就像一个大家庭，每位教师对教育都充满了热情，良好的环境是一位学者研究学术问题的基石。在此我首先要感谢的是经管学院的关海玲教授，没有关教授的大力帮助，就没有这本书的成形以至出版。我还要感谢经管学院院长乔彬教授以及我的教研室主任吕月英老师等各位领导及同仁，他（她）们为我的文章写作创造了一个相对宽松、自由、良好的环境，让我有更多的时间、精力进行我的论文写作，本书的顺利诞生可以说他（她）们功不可没，在此我要感谢每一位帮助过我的人。

此外，我要感谢我的学生们。因我工作忙碌，时间和精力也有限，故此他（她）们以极大的热情帮助我收集了部分的一手文献资料，从而在一定程度上减轻了我研究工作的压力，坚定了我完成该著作的决心与信心。投之以桃，报之以李。

感谢国家知识产权出版社编辑认真而细致的工作！在此同时，还要感谢所有参考文献的作者们，是我站在了巨人的肩膀上，完成了此项研究。

最后，我特别要感谢我的爱人靳黎忠，他用最无私最宽容的心去给予我支持和鼓励，让我可以心无旁骛去进行我的学术研究。工作中的风风雨雨，除去笔与纸对我的相伴，就是他在一直默默地支持着我，与我共同分担工作中的艰辛。此外，我要感谢我的父母，他们辛苦地帮我关照女儿，在我疲累时为我送上一杯暖茶、一句关怀，为我排解所有烦恼，让我感到幸运。

该著作的出版，对我而言意味着一种鼓励，激励我在未来要更加的努力和拼搏，继续努力攀登更加高耸的学术之峰。我想，只有这样才是我对所有帮助过我的人的最好的报答，在未来的学术研究中，我会以更严谨的态度，更负责任的心态对待学术研究，用自己的学术成果来回报大家。

2019 年 1 月